시진핑의 중국몽과 미디어 전략

나남
nanam

나남신서 2121

시진핑의 중국몽과 미디어 전략

2023년 3월 30일 발행
2023년 3월 30일 1쇄

지은이   정원교
발행자   趙相浩
발행처   (주) 나남
주소   10881 경기도 파주시 회동길 193
전화   (031) 955-4601 (代)
FAX   (031) 955-4555
등록   제 1-71호 (1979. 5. 12)
홈페이지   http://www.nanam.net
전자우편   post@nanam.net

ISBN 978-89-300-4121-8
ISBN 978-89-300-8655-4 (세트)

책값은 뒤표지에 있습니다.

이 책은 방일영문화재단의 지원을 받아 저술 출판되었습니다.

나남신서 2121

시진핑의 중국몽과 미디어 전략

정원교 지음

나남
nanam

Xi Jinping's Chinese Dream and Media Strategy

by

Chong Wongyo

nanam

미디어라는 창에 드러난 시진핑 신시대

1.

선전과 조직. 중국공산당을 떠받치는 두 개의 큰 기둥이다. 당의 방침을 인민들이 따라오도록 만들고(선전), 9600만여 명이나 되는 당원을 관리하는(조직) 일은 당의 어떤 기능보다 중요하다. 중공 창당 초기 공산혁명 시기에도 그랬고 지금도 여전히 그러하다.

중국 같은 1당지배 국가에서는 이 두 기능의 중요성이 더욱 높아질 수밖에 없다. 당중앙 직속기관 중에서 중앙선전부와 중앙조직부가 맨 앞자리를 차지하는 것도 이러한 이유 때문이다. 선전과 조직이 없었다면 중공의 100년 존속은 쉽지 않았을 것이다. 당이 국가를 이끄는 체제인 만큼 이러한 관점은 중화인민공화국에 대해서도 똑같이 적용될 수 있다.

중공이 중국을 G2 반열에 올려놓은 힘은 어디서 나왔을까? 수많은 요인들이 있겠지만 그 가운데 선전과 조직 측면을 보면 이렇게 말할 수 있을 것이다.

"다양한 미디어를 통한 선전활동은 당이 정하는 방향을 향해 인민들

5

이 한마음으로 움직이게 하는 동인動因을 제공했다. 조직 측면에서는 독일 인구보다 많은 1억 명 가까운 당원들이 거의 모든 조직에 포진함으로써 국가적 역량을 한곳으로 모았다."

물론 그 과정에서는 순기능 못지않게 역기능도 있었다. 즉, 선전을 위해 미디어의 '여론 선도' 기능을 강조하면 이는 곧 언론 통제로 이어진다. 이에 따른 부작용도 무시할 수 없다. 언론의 감시 기능은 사라지는 것이다.

시진핑習近平 시대 들어서는 '중화민족의 위대한 부흥'을 향해 나아가자며 사상 통제를 강화하고 있다. 이 과정에서 미디어에 대해서는 '당성黨性 원칙'을 요구한다. 미디어가 보도에 있어 당의 방침, 정책, 노선을 선전하는 진지 역할을 해야 한다는 것이다.

중국에 대한 이해를 돕는 책들은 많다. 그러나 미디어라는 창을 통해 중국 사회의 명암을 들여다보는 책은 흔치 않다. 그래서 이 책을 쓰기로 했다.

2.

우리 사회에는 언론자유를 위해 끊임없이 투쟁해온 역사가 있다. 이를 통해 권력으로부터의 언론자유 확보는 상당 수준까지 올랐다. 그럼에도 "자본으로부터는 과연 자유로운가?"라는 질문 앞에서는 떳떳하지 못하다. 우리는 왜 언론자유를 추구하는가? 언론의 감시 기능이 사회를 건강하게 해 준다는 믿음 때문이다.

그렇다면 중국은 어떤가? 주변 사람들은 말한다. "중국에는 언론자유도 없다면서요?", "그런데 더 이상 이야기할 게 뭐가 있나요?" 그리고는 그뿐이다. 어떠한 역사적 배경에서 이러한 상황에 이르렀는지, 미디어와 국가 경영은 어떤 관계에 있는지, 이를 서방국가의 미디어 시스템과 어떻게 비교할 것인지, 앞으로 중국의 미디어는 어떤 모습을 보일 것인지 등을 모르고서야 중국이라는 국가와 사회를 제대로 안다고 할 수 있을까?

3.

베이징에서 공부하면서 우연히 중국 친구의 이력서를 봤던 그때 느낌을 잊지 못한다. 신앙을 적는 칸에 '공산주의' 네 글자가 선명하게 자리 잡고 있었다. '믿고 받드는 일'이 신앙인 만큼 사상이나 이념도 당연히 신앙의 대상이 될 수 있다. 그럼에도 나에겐 그게 아주 생경하게 다가왔다. 중국이라는 사회는 우리와는 분명 다르다는 걸 깨닫는 또 하나의 작은 계기였다.

마오쩌둥毛澤東은 공산 혁명 초기 "붓대와 총대, 혁명은 이 두 개의 대에 의존해야 한다筆杆子槍杆子, 革命就靠這兩杆子"고 말했다. 이에 따라 미디어는 공산당의 '목구멍과 혀'가 돼야 했다. 이는 곧 혁명 완수를 위한 당의 나팔수 역할을 의미했다. 이런 상황은 덩샤오핑鄧小平, 장쩌민江澤民, 후진타오胡錦濤를 거치면서 다소 변화를 보이기도 했으나 미디어의 역할은 기본적으로 바뀌지 않았다. 시진핑 주석은 중국몽中國夢 실현을 위해 미디어가 여론 선도에 앞장서야 한다고 강조한다.

"아이는 적게 낳고 돼지를 많이 기르자", "피바다를 만들지언정 한 명도 더 낳지 못한다", "가정이 파탄 나더라도 나라가 망할 수는 없다." 이제는 사라졌지만 산아제한 정책이 한창이었을 때 중국 농촌에 난무했던 구호들이다. 지금 봐도 너무나 살벌해서 과연 이럴 수 있었을까 싶다.

하지만 필자가 베이징특파원으로 일할 때 직접 취재하고 목격했던 상황이다. 희박한 인권 개념, 국가주의 등이 진하게 묻어난다. 당시 둘째 아이를 임신한 주부가 공무원에게 끌려가 강제 낙태를 당하는 일도 심심찮게 일어났다. 왜 '피바다'라는 단어를 구호 속에 넣었는지 알 수 있었다.

4.

신앙, 언론, 인권. 앞에서 말한 이러한 개념들은 중국의 사회주의 체제와 자연스럽게 어우러지지 못하는 단어들이다. 언론의 경우 언론자유 부재라는 측면에서 특히 그렇다.

중국 당국의 언론 통제와 그에 따른 정보의 불투명성은 2020년 코로나19 초기에 사태를 걷잡을 수 없게 만든 주요 원인으로 꼽혔다. 그 뒤 유럽이 대혼란에 빠지고 중국은 안정기에 접어든 것처럼 보이자 관영 매체들은 일제히 중국 체제의 우월성이 증명됐다고 목소리를 높였다. 중국특색사회주의가 서방의 선거를 통한 민주주의보다 효율적이라는 것이다.

중국공산당과 코로나19. 둘 사이에는 엄청난 기호가 내재돼 있다. 무엇보다 '시진핑 신시대' 당 지도부의 의사결정 내막을 고스란히 드러냈다. '제로 코로나'를 돌격 앞으로 식으로 밀어붙일 때도, 대책 없이 '위드 코로나'로 급선회할 때도 중국 사회는 혹독한 대가를 치러야 했다. '당중앙의 집중통일영도集中統一領導' 아래 '당의 핵심' 시진핑의 의지에 따랐던 결과였다. 그 과정에서 당과 언론 간 관계도 극명하게 드러났다.

5.

2019년에서 2020년으로 넘어갈 무렵이었다. 중국 우한武漢에서 신종폐렴 환자가 집단으로 발생했지만 언론 통제 때문에 상황 파악이 제대로 안 된다는 게 아닌가. 이 폐렴이 사람 사이에 전염된다든지, 사스 SARS (중증급성호흡기증후군)와 비슷하다든지 하는 사실을 중국 당국이 쉬쉬하는 틈에 병은 통제 불가능한 상황으로 치달았다. 이에 시진핑 주석을 겨냥한 비판이 쏟아지기 시작했다. 그 통로는 소셜미디어였다. 시진핑을 비롯한 최고지도부는 이러한 분위기에 당황하는 기색이 역력했다.

중국의 언론상황을 실례를 들어가며 설명할 좋은 기회였다. 마침 대학원에서 중국 미디어에 대한 강의를 하고 있을 때여서 더욱 관심이 쏠리는 주제였다. 중국 인터넷 라디오 방송을 듣고 《인민일보》, 《신화통신》 등의 보도를 체크하기 시작했다. 《웨이신》, 《웨이보》, 《틱톡》 등 SNS도 챙겼다. 서방 매체와 홍콩 매체, 외교전문지가 전하는 관련 내용도 확인하는 등 자료를 준비했다. 그 뒤 시간이 흐르면서 20차 당대회가 지나갔고, 백지시위에 이어 제로 코로나는 위드 코로나로 바뀌었다.

6.

쉬쉬하다 초기 대응 실패, 그 뒤 국가총동원 체제 가동. 사스 때도 그랬고 코로나19 와중에도 그랬다. 중국에서 대규모 감염병이 퍼지면 이런 장면은 지속적으로 반복된다. 정치체제 때문에 피할 수 없는 현상이다.

코로나19는 중국의 미디어와 거버넌스 간 관계를 잘 보여 줬다. 그중에서도 다음 세 가지는 과거와 확연히 대비됐다.

첫째, 중국의 미디어 환경이 '모바일 인터넷' 중심으로 혁명적으로 바뀌었다는 사실이다. 이는 SNS 등을 통한 정보유통이 빛의 속도로 빨라졌음을 의미한다. 이에 따라 당국의 언론 통제가 과거 방식에서 크게 벗어나지는 않았지만 진상 은폐 기간이 짧아지는 등 변화가 보였다.

둘째, 중국은 코로나 초기 혼란상을 극복한 뒤 '중국 모델' 전파에 적극적으로 나섰다. 중국만의 방식으로 팬데믹을 통제한 경험을 다른 국가와 공유하겠다는 것이었다. 이를 통해 방역에 성공한 모범국가, 전 세계의 코로나 대응에 기여한 공헌국가란 이미지를 형성하려고 시도했다.

셋째, 코로나바이러스 발원지를 둘러싼 국제적 논란이 벌어지자 적극적으로 대응 논리를 전파하는 선전전을 전개했다. 코로나19가 우한에서 처음 발생한 건 맞지만, 이게 바이러스 발원지가 우한이란 의미는 아니라고 주장했다. 동시에 중국은 코로나바이러스를 퍼뜨린 나라가 아니라 오히려 자신을 희생해 세계 각국이 이에 대비할 시간을 벌어 줬다는 논리를 폈다.

우리는 중국 모델을 전파하고 바이러스 발원지 논란에 역공을 펼치는 상황이 시진핑 체제 아래서 진행됐다는 점에 주목해야 한다.

시진핑은 중국의 꿈을 앞세워 애국주의, 즉 민족주의를 고조시키고 있다. 이를 위해 관영 매체는 물론 《트위터》 등 소셜미디어를 적극적으로 활용한다. 이러한 모습은 중국의 미디어가 정치와 떼려야 뗄 수 없는 관계에 있다는 사실을 잘 보여 준다. 미디어는 당의 선전도구라는 태생적 한계를 벗어나지 못하고 있는 것이다.

7.

코로나 초기 내부고발자 의사 리원량李文亮이 사망한 뒤 중국 네티즌과 당국 사이에는 혼전 양상이 벌어졌다. 당국은 시진핑과 당 지도부를 비판하는 내용이 《웨이신》, 《웨이보》, 《틱톡》에 넘쳐나자 한때 이를 삭제하지도 못하고 그냥 뒀다. 검열을 완화한 것이다.

자칫 민중을 자극할까 우려했기 때문이다. 네티즌의 분노가 임계점에 도달한 상황을 실제로 느낄 수 있었던 사례였다. 이런 현상은 SNS가 중국에서 왜 '양날의 칼'인지 보여 줬다.

중국 체제는 기본적으로 '통제'와 '동원'을 그 특징으로 한다. 중국공산당으로선 특히 언론 통제를 포기하긴 어렵다. 국가 거버넌스의 기본축 가운데 하나이기 때문이다.

그렇다면 중국은 앞으로도 언론을 억누르며 안정적 국정 운영이란 과제를 수행해 나갈 수 있을까? 코로나 초기처럼 언론자유를 요구하는 목소리가 분출하는 상황이 다시 오지는 않을까? 만약 서방국가와 같은 수준의 언론자유를 허용한다면 중공이 혼란 없이 국정을 끌고 갈 수 있을까?

14개 국가와 국경을 맞대고 있고, 56개 민족에 인구 14억의 거대 중국이기에 더욱 주목된다.

8.

이 책은 '시진핑이 제시한 지도사상'이라는 브랜드가 붙은 중국몽과 미디어 간 관계에 초점을 맞췄다. 시진핑은 뉴스 여론 공작은 당과 국가의 운명과 직결된다고 밝혔다. 이에 따라 언론인은 정확한 정치 방향을 당중앙과 고도로 일치시키라고 주문했다. 이른바 '여론선도력'을 갖춰야 한다는 것이다. 이에 대해 국가 부강, 민족 진흥, 인민 행복을 실현하기 위해서라는 논리를 내세웠다.

먼저 중국몽을 실현하기 위해 중공이 미디어 관리를 어떻게 하고 있는지 살펴봤다. 뉴미디어 시대를 맞아 인터넷 통제를 위해서는 어떤 시스템을 구축하고 있는지도 소개했다.

특히 코로나19 때 중국 네티즌이 어떤 모습을 보였는지도 자세히 짚었다. 코로나19는 소셜미디어 시대에 처음으로 경험한 팬데믹이었다는 점에서 그럴 만한 가치가 있었다. 이 과정에서 벌어진 당국과의 시소게임도 지나치지 않았다.

이와 함께 중국 미디어가 현재의 모습에 이르게 된 출발점인 마오쩌둥 시기의 언론에 대해서도 설명했다. 고대로부터 지금에 이르기까지 중국 미디어의 변화 역사도 다뤘다.

책을 쓰면서 최대한 객관적 사실을 전달하기 위해 노력했다. 이를 위해 논문, 전문서적, 전문잡지, 언론보도, 관련 웹사이트, 필자의 직접 체험 등을 토대로 서술했다. 특히 국내에 아직 소개되지 않은 자료를 다수 포함시킬 수 있어서 보람을 느꼈다.

최근 반중 정서가 높아짐에 따라 중국에 대한 관심이 줄고 있다는 소식이 들린다. 하지만 중국에 대한 공부는 지피지기知彼知己 차원에서 여전히 필요하다고 본다. 중국을 연구하고, 중국에 대한 이해 수준을 높이는 것은 한중 간 분위기 변화와 상관없이 꾸준히 지속해 나가야 할 우리의 과제다. 이 분야에 관심 있는 중국 연구자나 일반 독자들이 이 책을 읽은 다음 새로운 무언가를 얻었다는 느낌이 들길 바란다.

2023년 3월
고성 바닷가에서

일러두기

우리는 1992년 한중 수교 전에는 중화인민공화국을 '중공'이라 불렀다. 6·25 전쟁 때 북한을 도와 참전했던 중국의 군대는 '중공군'으로 호칭했다. 지금은 똑같은 나라를 '중국'이라 부른다. 이에 따라 중공군은 '중국군'이라 부르고 있다. 중공이라고 하면 중국에 결례라도 되는 것처럼 생각하는 듯하다.

　이 책 독자들은 명확하게 알았으면 좋겠다. 중국은 국명國名이고 중공은 당명黨名이다. 즉 중국은 중화인민공화국을 가리키고, 중공은 중국공산당의 약칭일 뿐이다. 그러니 나라를 말할 때는 중국이라 하면 되고 당을 지칭할 때는 중공이라 부르면 아무 문제가 없다.

　그러면 중국 군대는 뭐라고 하는 게 맞을까? 중공군 또는 중국군 모두 괜찮다. 정식 명칭은 중국인민해방군이다. 군은 당이 영도하기 때문에 중국공산당의 군대라는 뜻에서 중공군으로 부르면 된다. 중국의 군대라는 의미에서는 중국군이라 호칭할 수도 있다. 중국에서는 주로 인민해방군 또는 해방군이라고 한다. 공산혁명 시기에는 홍군紅軍이 더 익숙한 호칭이었다.

　중국의 정치체제는 당이 국가에 우선하는 시스템이다. 당이 국가보다 상위 개념이다. 당이 국가 통치의 실질적인 권력을 행사한다. 1921년 출범한 중국공산당이 혁명을 거쳐 1949년 건설한 나라가 중화인민공화국이다. 중공이 새로운 나라, 즉 '신중국'을 만든 것이다.

이에 따라 당이 국가를 영도하고 있다. 이를 두고 당·국가party state체제라고 한다. 당이 국가를 이끄는 체제party-led state인 것이다. 이 체제에서는 당이 정부와 군대는 물론 사회 전반을 통제한다. 이를 두고 '당영도일체黨領導一切'라고 표현한다. 이때의 당은 '당중앙'을 가리킨다. 지금은 '집중통일영도'를 내세워 시진핑 1인에게 권력이 집중됐다.

따라서 누구나 예외 없이 '당과 국가'라고 하지 '국가와 당'이라고 말하지 않는다. "당이 국가를 다스린다以黨治國", "당은 정부 위에 있다黨在政上", "당이 정부를 대신한다以黨代政"라는 표현도 이런 배경에서 나온 것이다. 과거 국가 주석과 당 총서기가 분리됐던 시기에는 총서기가 주석보다 더 큰 권한을 행사했다. 바로 이런 이유에서다.

1980년대에 덩샤오핑은 "당정분리와 분권화黨政分開"라는 정치개혁 의제를 제시했다. 이는 당에 과도한 권력이 집중되면서 나타나는 폐해를 해소하려는 뜻이었다. 하지만 1989년 톈안먼 사건을 거치면서 이 의제는 힘을 잃기 시작했다.

1990년 이후에도 일부 학자들 사이에서는 당정분리 논의가 사라지지 않았다. 그러나 시진핑 시대에 접어들면서 이러한 분위기는 확 바뀌었다. 마침내 2017년 3월 5일 당시 정치국 상무위원 왕치산王岐山은 더 이상 당정분리는 없다고 말했다.

중국에서 당이라고 하면 바로 중국공산당을 가리킨다. 공산당 일당지배체제이기 때문이다. 공산당 외에 민주당파라고 부르는 당들이 있긴 하지만 허울뿐이다. 당의 최고권력기관인 중국공산당 중앙위원회는 보통 '중공중앙', '당중앙'이라고 호칭한다. 중공중앙은 전국대표대회(당대회) 폐회 기간 동안 당의 전체 업무를 관장한다.

당대회는 전국의 당대표들이 참가한 가운데 5년에 한 차례 열린다. 중공중앙은 매년 중앙위 전체회의(중전회)를 개최한다. 중공중앙은 총서기, 중앙정치국 상무위원, 중앙정치국 위원, 중앙서기처 서기, 중앙위원, 중앙후보위원으로 구성된다.

표기 원칙

1. 중국어 발음의 한글 표기는 국립국어원이 제시한 중국어 표기 원칙에 따랐다. 현재로서는 국립국어원의 원칙 외에 중국어 발음을 표기할 일관성 있는 기준이 없는 상황이다. 이 경우 현지 발음과 일치하지 않는 사례가 있다. 따라서 국립국어원 표기 원칙과 현지 발음이 뚜렷하게 다른 경우에는 예외적으로 현지 발음대로 적었다.

2. 중국어 고유명사는 현지 발음대로 표기하는 것을 원칙으로 하되 관행적 표기로 이미 굳어진 경우는 예외로 했다.

3. 언론 매체 이름과 책 제목을 나타낼 때는 《 》를 사용했다.

4. 문서 이름과 기사·논문·영화 제목 등에는 〈 〉를 썼다.

차
례

1장 시진핑 신시대와 중국몽

6장 마오쩌둥, 중국 미디어 토대 구축

시진핑 신시대와
중국몽

"애국주의는 중화민족의 가장 중요한 정신적 자원이다."

시진핑 체제의 당중앙과 국무원이 2019년 공동 발표한 〈신시대 애국주의 교육실시 강요綱要〉의 첫 문장이다. 〈강요〉는 1장에서 "중국몽의 실현은 애국주의 교육의 명확한 주제"라고 분명히 했다. 〈강요〉 5장에서는 "모든 미디어는 애국주의에 초점을 맞추라"고 요구했다.

중화인민공화국 건국 100주년이 되는 2049년 무렵 미국을 넘어서는 '사회주의 현대화 강국'을 이루겠다는 중국의 꿈! 그 중국몽 실현을 위한 애국주의를 퍼뜨리는 데 미디어와 교육이 앞장서라는 것이다.

중공은 이를 위해 '미디어는 당이 관리한다黨管媒體'는 원칙을 굳게 지킨다. 당이 실질적으로 여론을 주도하겠다는 뜻이다. 이에 따라 매일 각 언론사에 '보도지침'을 내려보낸다. 언론 매체는 이에 따라야 한다. 미디어가 이른바 '여론 선도' 기능을 해야 하기 때문이다.

시진핑 집권 3기에서는 사상 통제를 더욱 강화하고 있다. 지식인에 대한 검열과 감시도 심해졌다. 학생들에게는 "국가가 좋고 민족이 좋아야 나도 좋다"고 가르친다. 중공은 지금 '중화민족의 위대한 부흥'을 위해 전체 인민을 한 방향으로 몰아가고 있다. 그 중심에는 미디어가 있다.

시진핑은 총서기 신분이던 2012년 11월 29일 베이징 톈안먼 광장에 있는 국가박물관을 방문했다. 그곳에서 중화민족의 과거, 현재, 미래를 다룬 '부흥의 길' 전시를 관람했다. 그는 이 자리에서 "중화민족의 위대한 부흥을 실현하는 것이야말로 중국의 꿈"이라고 천명했다. 이날 참관에는 시 총서기를 비롯해 리커창, 장더장, 위정성, 류윈산, 왕치산, 장가오리 등 18차 당대회에서 선출된 새 지도부 7명 전원이 동행했다. (사진 =《신화통신》)

1. 시진핑 '중국의 꿈'을 말하다

중국몽 선전에 나선 미디어

2012년 11월 제18차 중국공산당 전국대표대회(당대회)에서 시진핑이 총서기에 올랐다. 그 뒤 중국 안팎에서는 변화와 개혁에 대한 기대가 높았다. 필자는 그때 일간지 베이징 특파원으로 일하면서 현장 분위기를 직접 느낄 수 있었다.

한 달 뒤인 12월 초, 그는 당 중앙정치국 회의에서 형식주의 타파를 외쳤다. 특히 "고위 지도자가 참석하는 회의와 활동 기사는 뉴스 가치에 따라 보도 여부를 결정해야 한다"고 강조했다. 《중국중앙텔레비전CCTV》, 《인민일보人民日報》 등 당 기관 매체들이 지도자의 동정을 습관적으로 주요 기사로 다뤄왔던 행태는 바뀌어야 한다는 것이었다.

《CCTV》는 저녁 종합뉴스 〈신원롄보新聞聯播〉 시작과 함께 남녀 앵커가 '정야오政要'라 부르는 주요 정치인들의 동정을 번갈아 가며 보도했다. 문화대혁명文化大革命(문혁) 때 마오쩌둥에 대한 개인숭배 열기 속에서 신문 머리기사가 거의 매일 마오 관련 뉴스로 채워진 뒤 굳어진 관행이었다.

그 뒤 〈신원롄보〉는 물가 걱정을 하는 중년 여성이 "이런 거 보도할 수 있어요?"라고 말하는 것을 톱뉴스로 내보내는 등 파격적 모습을 보이기도 했다. 《인민일보》, 《CCTV》, 《신화통신新華通訊》 등은 정부의 실정에 대한 비판 보도를 늘렸다.

시진핑은 "공산당도 헌법과 법률의 범위 안에서 활동해야 한다"거나 "권력은 제도라는 새장에 가두어야 한다"는 말도 했다. 이러한 분위기는 중국 인민들이 바람직한 변화를 상상하기에 충분했다.

상징적인 장면은 2013년 봄 양회 (전국인민대표대회와 중국인민정치협상회의) 가 열리기 직전 알려졌다. 시진핑 총서기가 3월 1일 베이징에서 택시를 탄 것이다. 전례가 없는 일이다. 불과 2주일 뒤 국가주석직에 오를 그는 택시기사와 베이징의 스모그에 관해 대화를 나누는 등 민생을 챙기는 행보를 보였다.

홍콩에서 발행되는 《대공보 大公報》는 당시 상황을 구체적으로 전했다. 보도 날짜는 시진핑의 택시 잠행 뒤 한 달 이상 지난 4월 18일이었다. 택시기사의 이름을 궈리신 郭立新이라고 밝히며 대화 내용은 물론 시진핑이 영수증에 써서 기사에게 건네준 글귀 '이판펑순 一帆風順'1 사진까지 실었다. 궈리신은 기념으로 이 글귀를 액자에 넣어 집 벽에 걸어 놓았다.

이 기사는 베이징 시정부 웹사이트와 국무원 신문판공실이 관리하는 인터넷 매체 《중국망 中國網》 등에 게재되며 국내외에 큰 반향을 일으켰다. 중국 네티즌은 격식을 따지지 않는 시 주석의 행보에 환호했다.

자세한 기사 내용을 보자. 택시기사는 그날 저녁 7시쯤 남성 승객 2명이 함께 탔다고 했다(한 명은 수행원이었던 셈이다). 그들은 영빈관인 댜오위타이 釣魚臺로 가자며, 베이징 지리에 익숙지 않으니 어떤 길로 가도 좋다고 했다. 승객은 스모그가 화제가 되자 "오염은 해결이 쉽지 않다" 며 "1분간 오염되면 해결하는 데 10분이 걸린다"고 했다. 그는 중국인 평균 수명이 늘어났다면서 정부가 환경오염 해소와 국민의 건강증진을 위해 많은 일을 했지만 단기간에 성과를 내기는 어렵다고 말했다. 그러

---

1 '순풍에 돛을 올린다'는 뜻으로, 여기서는 '모든 일이 순조롭기를 바란다'는 덕담이다.

면서 자본주의가 발달한 국가들도 기나긴 고통스러운 과정을 거쳤다고 덧붙였다. 말하는 내용이 예사롭지 않아 기사는 승객을 유심히 봤는데 얼굴이 무척 낯익었다. "혹시 사람들한테 시진핑 총서기를 닮았다는 이야기를 듣지 않습니까?"라고 묻자 남성은 "당신은 나를 알아본 첫 번째 택시기사"라고 했다. 두 사람은 그 뒤에도 택시기사 수입 등 민생 문제, 당과 정부의 일을 어떻게 생각하는지 등을 소재로 이야기를 나누었다.

그러나 《대공보》는 보도 당일 오후 인터넷 홈페이지를 통해 해당 기사가 사실이 아닌 것으로 드러났다고 밝혔다. 홈페이지에서 관련 기사를 삭제하고 독자들에게 사과의 뜻도 밝혔다. 《신화통신》은 이와 관련해 오락가락하는 태도를 보였다. 《신화통신》은 당초 "교통 당국에 확인해 보니 관련 보도가 진실로 드러났다"고 《웨이보》 계정에 밝혔으나, 이후 허위 보도라고 입장을 바꿨다. 2

나는 이것이 오보가 아니라고 본다. 중국처럼 언론 통제가 심한 나라에서 다른 사람도 아닌 최고지도자와 관련된 뉴스를 과연 날조해 보도할 수 있을까? 더욱이 당 총서기의 필적까지 위조할 수 있을까? 택시기사가 전한 대화 내용이나 전후 상황을 보면 당시 승객은 시진핑 본인이었을 가능성이 높다. 댜오위타이로 가자고 했다든지, "정부가 환경오염 해소를 위해 많은 일을 했다"고 발언한 것 등도 이를 뒷받침한다. 100년이 넘는 역사를 자랑하는 《대공보》가 곧 국가주석이 될 인물 관련 기사를 팩트조차 확인도 안 하고 보도했으리라고는 상상하기 어렵다.

---

2 〈시진핑, 택시 타고 민생 잠행 기사는 오보〉, 《국민일보》, 2013. 4. 18.

이처럼 시진핑 집권 1기(2012~2017년)가 막 시작됐을 때 개방적 사회 분위기가 조성될 수 있다는 관측이 한때나마 나돌았다. 그러나 돌이켜 보면 시진핑이 '중국몽'을 들고 나온 것은 이런 분위기와는 다른 흐름이었다.

시진핑은 총서기 신분이던 2012년 12월 29일 톈안먼天安門 광장 옆 국가박물관 내 '부흥의 길' 전시장에 다른 정치국 상무위원 6명과 함께 나타났다. 이 자리에서 그는 "중화민족의 위대한 부흥을 실현하는 것이야말로 중국의 꿈"이라 천명했다. 중화민족의 과거, 현재, 미래를 전시해 놓은 곳에서 내놓은 이런 발언은 국제사회의 주목을 받기에 충분했다.

당 기관지 《인민일보》는 다음 날인 30일 〈시진핑 총서기, 중국몽을 말하다〉란 제목과 함께 그의 연설 내용을 실었다. 《인민일보》새해 첫날 사설 제목은 〈우리 다 함께 꿈을 이루자〉였다. 《베이징TVBTV》는 〈꿈과 함께 날자〉란 신년특집 프로그램을 방영했다. 《베이징인민라디오》는 "서민에게 중국몽이란 하루하루 탈 없이 살아가는 것"이란 공익광고를 내보냈다.

마침내 중국몽은 2013년 1월 초 전국에서 180만 명이 응시한 대학원 입시의 정치 과목 문제로 출제됐다. 시진핑의 중국몽 연설 내용을 지문으로 제시한 뒤 "왜 중화민족의 부흥을 실현하는 것이 근대 이래 중화민족의 가장 위대한 꿈인가?"라는 질문을 던졌다.[3] 중국에서는 대학원 입시도 가오카오高考(우리나라의 수능시험에 해당함) 같은 전국적 시험

---

3 〈특파원코너: 중국몽〉, 《국민일보》, 2013. 1. 9.

을 치른다. 이처럼 언론·교육 등 사회 각 분야는 중국몽이라는 '주선율主旋律'4에 맞춰 합창 소리를 높여 갔다.

시진핑은 2013년 봄 전국인민대표대회(전인대) 폐막식에서 중국몽을 이루기 위해서는 반드시 '중국의 길'을 가야 하고, '중국의 정신'을 드높여야 하고, '중국의 힘'을 모아야 한다고 강조했다. 이에 강국몽強國夢, 강군몽強軍夢, 체육강국몽體育強國夢, 중국항천몽航天夢, 중국항모몽航母夢 등 각종 '몽'이 등장했다.

이처럼 모든 중화민족이 힘을 모아 중국이 세계 최고 자리에 갈 때까지 일사불란하게 나아가자는데 어떤 매체가 다른 목소리를 낼 수 있을까. 더욱이 미디어는 여론 선도 기능을 발휘해야 한다는 게 당의 기본 방침(〈19차 당대회 보고〉)이다. 나아가 "매체는 당이 관리한다"는 게 중공 미디어 정책의 대원칙이다. 무엇보다 중화민족의 위대한 부흥을 이루기 위해 당과 국가를 따르라고 중공의 핵심 시 주석이 직접 다그치고 있지 않은가. 이러한 중국몽 선전활동은 중화민족주의 부상에 따른 부작용을 낳긴 했지만 전체 중국 인민을 하나로 묶어내는 역할을 했다는 건 분명하다. 미디어를 통한 선전은 이처럼 중국 현대사의 고비마다 결정적인 작용을 해왔다. 그게 부정적이든 긍정적이든.

---

4 음악에서 주된 선율을 뜻하는데, 여기서는 당의 기본 노선을 가리키는 은유적 표현이다. 시대정신을 반영한 공연 예술 작품을 가리키기도 한다. 마오쩌둥 통치 시기에 유행했던 용어다.

중국의 꿈 vs 미국의 꿈

'중국몽'中國夢은 '중국의 꿈'이다. 중국의 꿈은 시진핑이 집권하기 훨씬 전인 2006년 처음 등장했다. 그 무렵 중국이 급속히 발전하면서 서방국가들은 '중국 위협론'을 제기했다. 이에 2005년 9월 15일 후진타오 당시 주석은 유엔총회 연설에서 '조화로운 세계 和諧世界' 개념을 설명했다.

그 뒤 외교부 산하 대학인 외교학원 원장 우젠민吳建民은 서양인과 소통할 필요성을 강조했다. 그러려면 서양인의 사고방식, 사상, 관념, 역사, 문화를 이해해야 한다고 지적했다. 특히 그는 미국 발전사에 '아메리칸 드림American Dream'(미국의 꿈)이 있다는 데 착안, 중국몽이란 말을 쓸 것을 제안했다.5 우젠민이 들고 나온 중국몽은 중국인들도 힘써 일하면 부자가 될 수 있다는 희망을 뜻하는 것이었다. 미국 이민자가 열심히 노력하면 부를 축적하고 사회적 신분 상승을 할 수 있다는 꿈이 아메리칸 드림이듯이.

그런데 시진핑이 총서기에 오른 뒤 제시한 중국몽은 우젠민이 말한 중국몽과는 그 개념에 차이가 있다. '중국인 자신들이 부자가 되는 꿈'에서 '중화민족의 위대한 부흥'으로 바뀐 것이다. 다시 말해, 시진핑이 말한 중국의 꿈은 "중국인들도 공산당이 시키는 대로 하면 세계 최고 국가의 국민이 될 수 있다"가 된다. 중국인 개개인보다 부강한 국가에 방점이 찍혀 있다. 중화민족이 세계의 으뜸이 되는 것, 즉 중화질서 회복이 목표가 된 것이다.

더욱이 이러한 목표를 달성하는 것은 공산당의 사명이라고 내세운

---

5 김인희, 《중국 애국주의 홍위병, 분노청년》, 푸른역사, 2021, p.234.

다. 이러한 내용은 시진핑이 2017년 10월 〈19차 당대회 보고〉에서 제시한 중국몽의 개념에 잘 나타난다. 그 핵심 부분을 살펴보자.

중국몽은 중화민족의 위대한 부흥을 실현하는 것으로 근대 이후 중화민족의 가장 위대한 꿈이다. 중국공산당은 출범한 뒤 공산주의를 실현하는 것을 당의 최고 이상이자 최종 목표로 삼았다. 이와 함께 중화민족의 위대한 부흥을 이루는 역사적 사명을 뒤돌아보지 않고 용감하게 짊어졌다. 구체적으로는 국가 부강, 민족 진흥, 인민 행복을 실현해야 한다. 이를 위해서는 중국특색 사회주의의 길을 가야 하며 민족정신을 드높이고 중국의 힘을 모아야 한다.6

여기서 중화민족이 기대하는 새로운 시대, 즉 중국의 꿈이 이뤄지는 시대를 만드는 것은 중국공산당의 사명이라고 분명히 했다. 당이 중국의 꿈 실현을 위해 앞장서서 인민들을 끌고 가겠다는 것이다. 인민들이 자발적으로 나서는 것과는 분명히 다르다. 그리고 이를 위해 국가 부강, 민족 진흥, 인민 행복을 실현해야 한다고 순서대로 열거했다. 부강한 국가를 먼저 이뤄야 하고 그럴 때에 행복한 인민도 가능하다는 논리다.

〈19차 당대회 보고〉는 이를 위한 실천 방안으로 '두 개의 100년' 목표를 제시했다. 공산당 창당 100주년(2021년)까지 전면적 샤오캉 사회 小康社會를 완성하고, 신중국新中國7 건국 100주년이 되는 2049년쯤에는 조화롭고 아름다운 사회주의 현대화 강국을 완성한다는 것이다. 그러면서 사회주의 현대화 강국과 관련해 "이때쯤이면 중국은 종합 국력과

---

6 〈中國夢〉,《百度百科》, https://baike.baidu.com.
7 중국공산당이 대륙에서 국민당을 몰아내고 건국한 중화인민공화국을 구시대 중국과 대비해 신중국이라 부른다.

국제 영향력에서 선두주자가 되며, 전체 인민의 공동부유를 실현하고, 중화민족이 세계 민족이라는 숲에 우뚝 서게 된다"고 밝혔다.

전면적 샤오캉 사회는 국무원 신문판공실이 2021년 9월 관련 백서를 발표하는 등 이미 달성했다고 선언했다. 샤오캉 사회는 단순히 등 따뜻하고 배부른 상태를 넘어 정치, 경제, 문화, 사회, 생태 등 각 방면에서 만족할 만한 상태를 뜻한다.

사실 '중화민족의 부흥'이라는 말도 시진핑이 집권한 뒤 처음 들고 나온 건 아니다. 전 주석 장쩌민이나 후진타오 때도 중화민족의 부흥이라는 표현을 사용했다. 하지만 그때 이 표현의 함의나 힘은 지금과는 비교가 안 된다. 지금 중국의 꿈은 중국 인민들이 미래에 대한 희망을 갖고 국가를 위해 헌신하도록 만드는 강력한 마취제가 돼 버렸다. 중국의 꿈에는 이제 '시진핑이 제시한 지도사상'이라는 브랜드가 붙었다. 바꿔 말하면 시진핑 사상은 중국몽을 실현하기 위한 행동지침이 됐다.

이처럼 중국몽은 인민들이 자신의 성취를 위해 스스로 추구하는 꿈이 아니라 당이 인민들을 동원하기 위해 외치는 구호인 것이다. 미국의 꿈은 미국 시민이 된 사람들이 자발적으로 추구하는 자신의 목표라면, 중국의 꿈은 국가, 정확하게는 중국공산당이 주도하는 희망 설득이라는 점에서 근본적인 차이가 있다. 미국의 꿈은 '미국 시민의 꿈'인 데 반해 중국의 꿈은 '중국공산당의 꿈'이자 '시진핑의 꿈'인 것이다. 책 제목에 '시진핑의 중국몽'을 넣은 것은 바로 이런 이유에서다.

이 경우 당은 인민들이 따라올 수 있도록 하는 논리를 지속적으로 개발해야 한다. 이에 따라 중국몽은 개인과 국가와 민족의 이익이 하나라고 강조한다. 중국 인민이면 누구든지 자신의 역량을 중국몽을 위해 모아야 한다는 논리다.

이렇게 볼 때 중국몽의 영어 표기는 중국인의 꿈이 아니라 중국이라는 국가의 꿈을 뜻하는 'China's Dream'이라고 해야 정확하다. 또는 중국 공산당CCP: Chinese Communist Party의 꿈을 의미하는 'CCP's Dream'이라고 도 할 수 있다. 그러나 중국은 중국몽의 공식 영어 표기로 'Chinese Dream'을 쓰고 있다.

이제 미국의 꿈에 대해 좀 더 알아보자. 잘 알다시피, 미국은 신대륙을 향해 건너간 청교도들로부터 시작된 나라인 만큼 기본적으로 이민자들이 만들었다. 그 과정에서 '아메리칸 드림'이 미국인의 정서를 대표하는 단어로 자연스럽게 떠올랐는데, 여기에는 민주·권리·자유·기회·평등 등의 개념이 녹아 있다. 특히 자유는 사회적 장벽 없이 누구나 노력하면 신분 상승과 성공을 이룰 수 있는 기회를 의미했다. 이뿐 아니다. 자유에는 신앙의 자유도 포함됐다. 미국 초기 역사에서 신앙에 대한 박해를 피해 영국을 떠난 청교도가 뉴잉글랜드에 정착한 게 그 배경이다.

아메리칸 드림이란 말은 저술가 제임스 트러슬로 애덤스James Truslow Adams (1878~1949년)에 의해 대중화됐다. 그는 1931년에 출간한 퓰리처상 수상작 《미국의 서사시 The Epic of America》 3부작 중 "모든 사람이 자신의 능력이나 성취에 따라 더 낫고 더 부유하고 더 풍부한 삶의 기회를 가질 수 있는 곳의 꿈"이란 표현을 썼다. 이 책이 세계적 베스트셀러가 되면서 아메리칸 드림이란 단어도 널리 쓰이게 된 것이다. 8

---

8 〈American Dream〉, 《Wikipedia》, https://en.wikipedia.org.

일부 학자들은 아메리칸 드림이란 개념은 미국 독립선언문에 뿌리를 두고 있다고 말한다. 독립선언문은 "모든 사람은 삶, 자유, 행복 추구를 위해 평등하게 태어났다"고 밝히고 있다. 미국 헌법 전문에 나오는 "우리 자신과 우리 후손에게 자유의 축복을 보장하기 위해"라는 내용도 아메리칸 드림과 깊은 관계가 있다고 본다.

그러나 미국의 꿈도 시대의 변화에 따라 퇴색하는 측면이 있다. 갈수록 소득 불균형이 심화되면서 경제적 지위 상승 기회는 줄어들고 따라서 사회적 계층이 고착화되는 현상이 나타나고 있는 것이다.

"모든 미디어는 애국주의에 초점 맞추라"

중공은 중국의 꿈을 이루기 위해서는 미디어나 교육 모두 적극적 역할을 해야 한다고 강조한다. 미디어나 교육 분야는 둘 다 이데올로기 영역에서 핵심적 위치를 차지하기 때문이다. 시진핑 집권기에 들어 '미디어는 당성 원칙을 지켜야 하며 이에 따라 미디어는 당이 관리한다'는 원칙이 강조된다. 이는 당이 이데올로기와 여론 분야를 주도한다는 의미다. 교육에서는 애국주의愛國主義가 중요한 가치로 부각됐다.

이런 교육의 기본 방침은 〈신시대 애국주의 교육실시 강요綱要〉에 담겨 있다. 중국공산당 중앙위원회와 국무원이 2019년 11월 13일 공동으로 발표한 이 강요(강령)는 시진핑 신시대 애국주의 교육의 의의와 방향을 제시했다. 강령은 애국주의 교육을 위해 신문·라디오·영화·텔레비전 등 대중매체는 물론 인터넷도 적극 활용해야 한다고 밝혔다.

강령 전문의 첫 문장은 이렇다.

애국주의는 중화민족의 마음이자 영혼으로 중화민족의 가장 중요한 정신적 자원이며, 중국인민과 중화민족이 민족 독립과 민족 존엄을 지키는 강력한 정신적 동력이다.9

애국주의는 곧 중화민족주의의 다른 표현임을 분명히 보여 준다. 강령은 제1장 '전체적 요구 사항'에서 "중화민족의 위대한 부흥을 가리키는 중국몽의 실현은 애국주의 교육의 명확한 주제"라고 강조하고 "애당愛黨·애국·애사회주의의 상호 통일을 견지한다"고 밝혔다. 이에 따라 애국은 곧 애당이자 애사회주의다.

당·국가체제 아래서 당이 국가를 이끄므로 애국은 당연히 애당이 된다. 당이 국가에 우선하는 시스템인 만큼 '애당'이 '애국'보다 앞에 열거돼 있다. 다시 말해, 공산당의 영도를 지지하는 것이 애국인 것이다. 중국은 국가사회주의 국가다. 개인은 국가에 복종해야 하며 심지어 국가 이익을 위해 무조건 희생해야 한다고 강조한다. 이렇게 볼 때 국가에 대한 사랑과 공산당, 사회주의에 대한 사랑은 분리할 수 없는 것이다.

주목할 부분은 강령 제3장이다. 애국주의 교육의 초점을 청소년에게 맞추라고 한 것이다. 이와 관련해서는 2022년 10월 〈20차 당대회 보고〉에서도 언급해 눈길을 끌었다. '당대회 보고'는 5년에 한 번 제시하는 국정 마스터플랜이다. 〈20차 당대회 보고〉는 '청년 사업'의 중요성을 강

---

9 〈新時代愛國主義教育實施綱要〉,《百度百科》, https://baike.baidu.com.

조하면서 청년을 당의 과학적 이론으로 무장시키고, 당이 청년의 '소울메이트知心人'가 되라고 주문했다. 그리하여 광범위한 청년들이 당의 말을 흔들림 없이 듣도록 해야 한다고 강조했다. 10 애국주의 교육은 '온라인 테러'를 서슴지 않는 중국 인터넷 극우 청년집단 '분노청년'의 부상과 밀접한 관계가 있다. 애국주의로 무장한 그들은 '출정'이라는 이름으로 해외 웹사이트를 무차별 공격한다.

강령 3장의 첫 부분은 "청소년을 애국주의 교육의 최우선 대상으로 삼고, 애국주의 정신이 학교 교육의 전 과정을 관통하도록 하며, 애국주의 교육이 교실·교재·학생들의 머리에 스며들도록 한다"고 밝혔다. 이어서 구체적 교육방법을 제시했다. 대학교의 경우 애국주의 교육을 철학·사회과학 과목과 연계하여 그 내용과 비중을 확대하고, 초·중·고교는 중국어·윤리와 법치·역사 등 과목의 교재 편찬과 수업을 통해 애국주의 교육을 실시하라고 했다. 애국주의 교육 실현을 위해 음악·미술·서예·무용·연극 등을 통해 흡인력을 높이라는 내용도 있다.

중국 교육부는 이에 따라 2021년 《시진핑 신시대 중국특색사회주의 사상 학생독본》을 전국 초·중·고·대학에 배포했다. 이를 통해 시진핑 사상을 통합교과 필수과목으로 가르친다. 또 어문 교과서에는 혁명전통 관련 내용이 대폭 늘어났다.

---

10 〈20차 당대회 보고〉는 "청년이 강하면 국가도 강하다"는 명제 아래 당은 청년의 소울메이트가 돼야 하고, 청년 사업을 열성적으로 하는 주체가 돼야 하고, 청년에게 길을 안내하는 사람이 돼야 한다고 밝혔다. 그리하여 사회주의 현대화 국가를 전면적으로 건설하는 데 청춘이 눈부시게 아름다운 꽃을 피우도록 하라고 강조했다.

애국주의를 전파하는 데 미디어의 역할은 결코 소홀히 다룰 수 없다. 강령은 제5장에서 이와 관련한 지침을 제시했다. 모든 종류의 미디어는 애국주의 주제에 초점을 맞추되 그 방법과 수단을 혁신하라고 요구했다. 특히 지방 행정단위 현縣에 '온·오프라인 융합 미디어센터'를 건설해야 한다고 강조했다. 애국에 관한 이야기를 생동감 있게 들려주고 주류 이데올로기를 대대적으로 확산시키란 내용도 있다. 강령은 역사를 부정하고 주류 이데올로기를 해체하는 잘못된 사상과 언론은 바로 반박하고 분석하여 여론을 올바르게 이끌어야 한다고 밝혔다. 라디오 방송국과 텔레비전 방송국은 매일 정해진 시간에 국가를 방송하란 요구도 있다.

인터넷을 활용한 애국주의 교육 방안은 더욱 구체적이다. 5장에서는 이에 대해 "애국주의 온라인 콘텐츠를 구축하고, 온라인 주제교육 활동을 폭넓게 전개하고, 온라인 전파에 적합한 오디오·숏폼 동영상·온라인 텍스트·다큐멘터리·단편영화 등에 애국주의 내용을 담아서 애국주의가 인터넷 공간에 가득하도록 한다"고 밝혔다. 나아가 애국주의 디지털 건설 프로젝트를 시행하고, 애국주의 교육기지·홍색여행·인터넷 커뮤니케이션의 유기적 결합을 추진하도록 했다. 홍색여행은 공산당 혁명 성지를 둘러보는 여행을 가리킨다.

이와 함께 통신 수단을 혁신하고, 《웨이신微信》(《위챗》, 중국판 카카오톡)와 《웨이보微博》(중국판 트위터)·소셜미디어·동영상 사이트 등 커뮤니케이션 플랫폼을 적극 활용하며, 가상현실·증강현실 등 신기술을 사용해 생생한 온라인 애국주의 교육을 실시하라고 주문했다. 더욱이 시진핑 숭배 분위기를 띄우는 사이트 《쉬시창궈學習强國》[11]가 애국주의 교육에서 충분한 역할을 하게 하라는 지침도 제시했다. 강령은 또 네티즌이 스스로 국가 명예를 훼손하거나 중화민족의 우수한 전통문화를 부정하는 잘못된 언행을 자제하도록 이끌어야 한다고 강조했다.

강령은 끝부분에서 "애국주의 교육은 사상의 세례이며 정신을 교화하는 것"이라고 분명히 하면서 그 과정에서 형식주의와 관료주의를 반대해야 한다고 강조했다. 이처럼 애국주의 교육은 주로 청소년을 대상으로 애당·애국을 세뇌시키는 것이다. 여기서 우리는 중화민족의 위대한 부흥, 즉 중국의 꿈을 실현하려면 애국주의가 필요하고, 애국주의를 전파하려면 미디어와 교육의 역할이 절실하다는 관계를 알 수 있다.

이와 관련해 《CCTV》의 행보는 주목을 끌었다. 《CCTV》는 중공 창당 100주년인 2021년 애국주의 열풍을 주도, 〈신시대 애국주의 교육실시 강요〉에 충실히 따르는 모범을 보였다. 2021년 한 해 동안 이른바 '국뽕' 영화를 적극적으로 소개하며 관람을 독려했다. 〈1921〉, 〈혁명자革命者〉, 〈1950년, 그들은 젊었다1950 他們正年輕〉, 〈장진호長津湖〉 등이 그 예이다.

〈1950년, 그들은 젊었다〉는 6·25 전쟁 참전 생존자 50명을 취재, 그중 26명의 인터뷰를 엮은 다큐멘터리 영화다. 6·25 전사자 유해를 한국 정부로부터 넘겨받으면서 이 영화를 만들었다. 〈장진호〉는 6·25 전쟁 때인 1950년 11월 함경남도 장진군에 있는 장진호까지 진출했던 미 해병 1사단 등 유엔군이 중공군 7사단에 포위된 뒤 이를 뚫고 흥남까지 철수한 전사戰史를 바탕으로 만들었다. 미국과 중국은 이를 두고 서

---

11 '시진핑을 배워 강국을 이루자' 또는 '강국이 되는 법을 배우자'는 뜻의 사이트로 시진핑 사상을 전파하는 게 목적이다.

로 자신이 승리한 전투라고 말한다.

《CCTV》는 영화만 소개한 게 아니라 TV 드라마도 방송했다. 중국 공산당 창당 과정을 그린 43부작 〈각성의 시대覺醒年代〉, 6·25 전쟁을 중국 시각에서 풀어 나간 40부작 〈압록강을 건너다跨過鴨綠江〉가 그것이다.[12]

이처럼 《CCTV》가 6·25 관련 영화와 드라마를 부각시키는 것은 '위대한 항미원조抗美援朝 정신'을 인민들에게 심어 주기 위해서다. 중공은 항미원조정신에 대해 "마르크스·레닌주의, 마오쩌둥 사상이 정의로운 전쟁의 위대한 실천과 결합한 것"이며 "중국 인민의 지극히 소중한 정신적 재산"이라고 한다. 특히 "애국주의를 핵심으로 하는 민족정신의 구현이며 초기 중국공산당인들의 정신적 계보에 포함되는 위대한 정신"이라고 강조한다.

《CCTV》, 즉 《중국중앙TV》는 국영 TV로서 《인민일보》, 《신화통신》과 함께 당중앙의 선전활동을 책임지는 3대 매체인 만큼 이러한 모습을 보인 것은 당연하다.

---

12 박진범, 〈영화 '장진호'와 《CCTV》의 애국주의〉, 《한중저널》, 2021년 겨울호, p.85.

현대 중국의 대표적 사상가 리쩌허우는 "민족주의에 포퓰리즘이 결합하면 국가사회주의, 즉 나치즘이 되는 것"이라며 중국에 이미 나치즘이 등장했다고 경고했다. 여기서 포퓰리즘은 마오쩌둥 좌파사상을 가리킨다. 그는 톈안먼 사건 때 학생들의 입장을 지지하다 중국 정부와 등지게 됐다. 그 뒤 미국으로 떠나 강의와 연구를 계속했고 2021년 별세했다. 향년 91세. (사진 =《신랑웨이보》)

2. 중국몽과 나치즘

'핵심' 시진핑, '퓌러' 히틀러

시진핑의 중국몽은 히틀러Adolf Hitler의 나치즘Nazism과 아주 유사하다. 시대적 배경과 사회적 환경이 다른데도 어쩌면 이렇게 닮았는지 의아할 정도다.

무엇보다 중국공산당이 선전하는 '중화민족'의 위대한 부흥이 나치Nazi가 내세웠던 '아리아민족'의 위대성을 회복하겠다는 약속과 매우 흡사하다. 이를 위해 최고지도자에 대한 무조건적 복종을 강조하는 것도 마찬가지다. 지금 중국은 시진핑 1인 지배를 공고화하는 '두 개의 확립兩個確立'13과 '두 개의 수호兩個維護'14를 외치고 있다. 나치 독일은 히틀러와 독일을 동일시하는 지도자국가Führerstaat15 사상을 제시했다. 중공이나 나치 모두 청소년층을 애국 교육의 주요 대상으로 삼은 것도 판박이다. 중공에 중국공산주의청년단(공청단)이 있다면 나치엔 히틀러유겐트Hitler-Jugend가 있었다. 게다가 중국몽이나 나치즘은 모두 국가사회주의와 민족주의에 기반을 두었다.

---

13 두 개의 확립은 시진핑의 당중앙 및 전당의 핵심 지위 확립, 그리고 시진핑 신시대 중국특색사회주의사상의 지도적 지위 확립을 의미한다. 당초 두 개의 확립은 20차 당 대회에서 당장에 새로 들어갈 것이라는 관측이 대두됐다. 그러나 개정된 당장에 삽입되지 않은 것으로 드러났다. 이에 따라 시진핑 1인 지배에도 한계가 존재한다는 분석이 나온다.

14 두 개의 수호는 시진핑의 당중앙 핵심 지위 및 전당 핵심 지위, 그리고 당중앙의 권위와 집중통일영도를 각각 결연히 수호한다는 것이다. 20차 당대회에서 당장에 삽입됐다.

15 Führerstaat는 Führer(지도자)와 Staat(국가)를 합친 단어로, 지도자(히틀러)가 곧 국가(독일)라는 의미다. 나치가 사용한 주요 정치 개념으로 히틀러의 독재에 정당성을 부여했다.

이러한 바탕 위에서 나치 독일은 당시의 패권국 영국에 도전했다. 제2차 세계대전은 그 결과였다. 지금 시진핑의 중국은 패권국 미국의 질서에 도전하고 있다. 특히 '하나의 중국' 원칙을 고수해온 중국은 중국몽 실현을 앞세워 대만 무력 침공도 포기하지 않겠다고 선언했다.

그럼 둘 사이의 유사점을 하나씩 살펴보자.

먼저, 중화민족의 위대한 부흥과 아리아민족의 위대성 회복은 둘 다 민족의 미래를 위한 투쟁과 인내를 강조했다. '중화민족'이라는 용어는 근대 시기 중화사상과 민족이 결합해 생성됐다. 따라서 이 단어는 당연히 중화사상을 담고 있다. 중화中華의 '華'는 고대어에서 '花'와 같은 의미로 사용됐다. 중화는 '세상의 중심에 있는 꽃'이라는 뜻이다. 세상은 중국을 중심으로 움직여야 한다는 것이다. 따라서 중화민족의 위대한 부흥은 중화민족이 가장 번성했던 시기를 재현하는 것을 뜻한다.[16] 즉, 중국몽 실현이다. 그 시기는 언제를 말하는가? 천하관에 입각한 중화 질서가 세계를 지배했던 시기를 가리킨다. 이러한 중국몽을 달성하려면 애국주의로 무장해야 한다는 논리다.

이런 관점에서 중공이 2012년 11월 18차 당대회 때 제시한 '인류운명공동체人類命運共同體' 개념도 주목된다. 중공은 공식적으로는 이 용어가 하나밖에 없는 지구상에서 각국이 서로 협력해 지속가능한 발전을 이루자는 것이라고 밝힌다. 하지만 그 속내를 들여다보면 다르다. 시 주석은 2014년 외교 업무와 관련한 당중앙 강연에서 "중국은 반드시 대국 외교를 해야 하며 … 중화민족의 위대한 부흥과 인류운명공동체를 실현하겠

---

16 김인희, 앞의 책, p.238.

다"고 강조했다. 중국이 인류운명공동체 실현의 주체가 되겠다고 밝힌 것이다. 세계질서 속에서 중국이 단순한 '게임 참여자game player'가 아니라 '게임 주도자game maker'가 되겠다는 의미다. 인류운명공동체는 중국이 중화질서를 회복해 세계를 이끌겠다는 중국몽의 해외 확장판임이 드러난다.17

이것은 독일인, 즉 아리아민족이 위대성을 회복해 세계의 지배 인종이 돼야 한다고 했던 나치의 주장과 무엇이 다른가? 이와 관련해 한나 아렌트Hannah Arendt가 《예루살렘의 아이히만》에서 언급한 대목을 보자. 전시에 독일 국민을 속인 가장 효과적인 거짓말은 히틀러와 괴벨스Paul Joseph Goebbels가 내세운 '독일 민족을 위한 운명의 전투'라는 구호였다는 것이다. 이 구호는 세 가지 측면에서 쉽게 자기기만에 빠지게 했다고 지적했다. 하나, 전쟁은 전쟁이 아니라고 암시했다. 또 하나, 전쟁을 시작한 것은 운명이지 독일이 아니라는 것이다. 마지막으로, 전쟁은 독일인의 생사가 걸린 문제로, 적을 전멸시켜야지 그러지 않으면 전멸당하게 된다는 것이다.18

'독일 민족을 위한 운명의 전투'라는 선전 책동과 '중화민족의 위대한 부흥'이라는 구호 아래 당과 국가를 위해 헌신하도록 몰고 가는 논리는 아주 비슷하다. 둘 사이에 전시와 평시라는 차이가 있을 뿐이다. 이와 관련, 대만과의 평화적 통일이 불가능하다고 판단되면 중국은 무력 사용을 포기하지 않을 것이라고 〈20차 당대회 보고〉에서 선언한 사실은

---

17 김인희, 앞의 책, p.239.
18 한나 아렌트, 《예루살렘의 아이히만: 악의 평범성에 대한 보고서》, 김선욱 옮김, 한길사, 2021, p.110.

주목된다. 20차 당대회에서는 대만 통일을 중화민족의 위대한 부흥 실현을 위한 필연적 요소라고 밝혔다.

둘째, 최고지도자에게 절대적 권위를 부여해 국민들이 무조건 그를 따르도록 하는 것이다. 시진핑은 마오쩌둥에 이어 자신의 이름을 딴 사상을 생전에 당장黨章(당헌黨憲)에 넣은 두 번째 지도자가 됐다. 19차 당대회에서였다. 시진핑 사상의 정확한 명칭은 '시진핑 신시대 중국특색사회주의사상'이다. 최고지도자의 이름이 당의 지도사상이 됐다는 것은 그에게 일체의 오류가 없다는 뜻이다. 더욱이 20차 당대회에서는 한 걸음 더 나아가서 시진핑의 당 핵심 지위와, 당중앙의 권위와 집중통일영도를 각각 수호한다는 '두 개의 수호'를 당헌에 새로 포함시켰다.

　나치가 내세운 '지도자국가' 사상은 지도자인 히틀러가 곧 국가인 독일이라는 개념이다. 최고지도자 히틀러는 절대적 권위를 가지며 국민은 지도자의 지시에 무조건 따라야 한다는 주장을 담고 있다. 이에 따라 체제 내의 다양한 구성 집단들은 히틀러의 구상을 실현하기 위해 경쟁적으로 충성하는 상황이 벌어졌다. 그들은 오로지 '퓌러'만 보고 일했던 것이다.[19] 퓌러Führer는 지도자라는 보통명사이면서 히틀러를 가리키는 고유명사였다. 나치 선전장관이었던 괴벨스는 "한 민족, 한 제국, 한 지도자"라는 구호로 히틀러 신격화에 앞장섰다. 나아가 니체Friedrich Nietzsche의 '초인' 개념을 히틀러에게 적용하기도 했다. 지금 중국에서 벌어지는 상황과 무슨 차이가 있는가?

19　케빈 패스모어, 《파시즘》, 이지원 옮김, 교유서가, 2016, p.125.

셋째, 청소년층을 투쟁 목표 달성의 전위대로 내세운 것이다. 전체주의 정권이 청소년층을 선전선동의 주요 타깃으로 삼은 사례는 역사에서 이미 많이 봤다. 나치 당시 히틀러유겐트, 문화대혁명 때 홍위병紅衛兵이 좋은 예다.

독일의 10대들은 2차 세계대전 중 가장 극단적이고 잔인한 형태의 국가사회주의를 경험했다. 나치는 청소년들을 나치즘 추종자로 만들기 위해 학교 교육과정을 대폭 수정했고 특히 생물학과 역사 과목의 내용을 왜곡했다. 20 인종적 편견을 고쳐시키고 민족주의를 드높이기 위해서였다. 인종주의는 홀로코스트를 낳았고, 민족주의는 제3제국의 독일인들이 나치식 유토피아 건설에 나서도록 몰고 갔다.

이러한 교육을 받은 청소년들은 히틀러유겐트에 편성됐다. 나치는 단원을 늘리기 위해 1936년 1월 〈히틀러유겐트법〉을 통과시켜 모든 독일 젊은이들이 의무적으로 히틀러유겐트에 가입하도록 했다. 그들은 2차 세계대전 막바지까지 가장 필사적으로 연합군에 맞서 싸우는 모습을 보였다. 결국 1944년 노르망디 전투에서 거의 전멸했다.

홍위병은 문혁 초기 혁명의 광기를 전국적으로 퍼뜨린 일등공신이었다. 마오쩌둥은 이들을 지원하고 동원함으로써 혁명의 불쏘시개로 썼다. 홍위병은 《마오 주석 어록毛主席語錄》, 21 즉 《홍보서》를 학습하고 선전하면서 계급투쟁의 선봉에 섰다. '조반유리造反有理', 즉 "반란을 일으키

---

20 매튜 휴즈·크리스 만, 《히틀러가 바꾼 세계》, 박수민 옮김, 플래닛 미디어, 2011, p.108.

21 《마오 주석 어록》은 《홍보서紅寶書》 또는 《소홍서小紅書》라고도 불렀다. 각각 '빨간 표지의 보석 같은 책', '빨간 표지의 작은 책'이라는 뜻이다. 수첩 형태로 제작된 이 책은 문혁 당시 홍위병들이 인민복 윗 주머니에 넣고 다니며 성경처럼 읽고 학습했다.

는 데는 그만한 이유가 있다"는 마오의 구호를 앞장서서 외쳤다. 마오쩌둥은 그 시효가 다하자 이들을 '지식청년知識青年'이란 이름 아래 농촌으로 하방下放했다.

시진핑 시대라고 이와 크게 다르지 않다. 〈신시대 애국주의 교육실시 강요〉는 애국주의 교육의 초점을 청소년에게 맞추라고 분명히 밝혔다. 이에 따라 전국 각급 학교는 시진핑 사상을 통합교과 필수과목으로 가르치기 시작했다. 이러한 과정을 거쳐 '시진핑의 애국주의 홍위병'이 쏟아져 나온다.

더욱이 중공은 당중앙 산하에 공청단을 두고 있다. 공청단은 공산당의 예비군이자 조수이다. 공청단은 스스로를 '중공이 영도하는 선진 청년의 단체 조직'이라고 그 성격을 밝히고 있다. 가입 대상은 만 14세부터 28세까지 청년이다. 이들 중에서 공청단 내규를 받아들이고 적극적으로 활동하면서 공청단의 결의를 집행하고 회비를 납부하면 심사를 거쳐 가입 여부가 결정된다. [22]

나치의 히틀러유겐트는 가입 대상이 14세부터 17세까지였다. 18세부터는 나치당에 가입했다. 가입 시작 연령은 공청단과 같았지만 단원 자격이 끝나는 시기는 훨씬 빨랐다. 나치는 소년들에게 나치즘을 주입하고 군복무를 준비시키는 수단으로 히틀러유겐트를 활용했다. [23] 공청단과 히틀러유겐트는 이처럼 공산당과 나치당의 예비 인력이라는 게 공통점이다. 그러나 둘 사이에 두드러진 차이점도 있다. 공청단과 달리 히틀러유겐트는 준군사조직이었다는 사실이다.

---

22 〈中國共產主義青年團〉,《百度百科》, https://baike.baidu.com.
23 매튜 휴즈·크리스 만, 앞의 책, p.98.

넷째, 국가사회주의와 민족주의에 관해 알아보자. 1936년 이후 10대가 된 독일 청소년들은 히틀러 이전 시기를 경험하지 못했고 국가사회주의사상에 기반을 둔 교과과정으로 교육받았다. 국가사회주의란 국가를 통해 사회주의를 실현하려는 사상이다. 따라서 개인에게 국가에 대한 무조건적 희생을 요구한다. 여기에는 열광적 민족주의, 대중선동, 독재적 지배 등이 나타난다. 이처럼 국가사회주의는 민족주의와 자연스럽게 결합된다.

히틀러유겐트에 속했던 한 학생의 인터뷰는 당시 분위기를 잘 드러낸다.

"조국이라는 주문呪文을 듣거나, 독일의 명예와 위대함이 언급되면 하던 생각을 멈췄다."[24]

지금 중국의 링링허우零零後(2000년대 출생자들)나 주링허우九零後(1990년대 출생자들)가 경험하는 상황도 이와 크게 다르지 않다. 이들이 떠받드는 애국주의는 국가사회주의와 중화민족주의가 결합된 형태다. 이들은 '애국 무죄'를 믿는다. '샤오펀훙小粉紅' 같은 인터넷 애국청년 조직은 외국에 대한 인터넷 테러를 자행하는 등 극단적 행동을 하면서도 당연하다고 느낀다. 중국의 '애국주의'는 '애당주의'이자 '애사회주의'이다.

중국 국가주의자들, 즉 국가사회주의자들은 국가가 모든 통제권을 장악하고 사회주의를 실현할 때 중국이 위대한 부흥을 할 수 있다고 말한다. 그러면서 인민이 단결해 외부에 대항하도록 부추긴다. 시진핑은 이런 목표를 달성하려면 '4개의 자신四個自信'을 가져야 한다고 강조했다. 2016년 7월 1일 중국공산당 출범 95주년 기념식에서다. 중국특색사회주의 노선, 이론, 제도, 문화 등 네 가지 측면에서 자신감을 가져야 한다는 것이다.[25]

---

24 매튜 휴즈·크리스 만, 앞의 책, p.94.

25 〈四個自信〉,《百度百科》, https://baike.baidu.com.

중국 저명 사상가, "중국에 이미 나치즘 등장"

현대 중국의 대표적 사상가 리쩌허우李澤厚는 중국에 이미 나치즘이 출현했다고 경고했다. 그는 2010년 유명 역사학자 이중톈易中天과의 대담에서 "민족주의에 포퓰리즘이 더해지면 국가사회주의, 즉 나치즘이 되는 것"이라며 이렇게 밝혔다. 대담 내용은 베이징에서 발행되는 유력지 《신경보》가 〈중국은 어디로 가는 것이 가장 위험한가?〉라는 제목으로 보도했다(2010. 9. 19). 그는 나아가 "중국 용이 세계를 주재한다는 민족주의가 일단 포퓰리즘과 결합하면 매우 위험하며 대외적으로 전쟁을 발동하고 대내적으로 독재를 하게 된다"고 지적했다. 지금 중국 상황을 이미 내다본 혜안이 돋보인다. 여기서 말하는 포퓰리즘은 급진좌파 사상, 즉 마오쩌둥 좌파사상을 가리킨다. [26]

리쩌허우는 '중국 사상사 3부작'을 펴낸 중국 사상계의 거목이다. 먼저 《중국근대사상사론》을 쓴 데 이어 《중국고대사상사론》, 《중국현대사상사론》을 집필했다. 톈안먼 사건 때 학생들의 민주화 요구 시위에 귀 기울일 것을 요구하는 청원서에 서명한 뒤 중국 정부로부터 배척당했다. 그는 결국 미국으로 떠나 콜로라도대 등에서 연구와 강의를 계속했다. 1989년 국제철학아카데미의 종신회원이 됐다. 2021년 91세를 일기로 별세했다.

실제로 시진핑이 강력한 1인 지배를 유지하는 동안 대만과의 전쟁을 일으킬 가능성이 높다는 관측이 고조되고 있다. 대만 통일은 중국몽의 실현이라는 점에서 시진핑에게는 피할 수 없는 시대적 과제가 돼 버렸

---

26 김인희, 앞의 책, p.262.

기 때문이다. 특히 20차 당대회에서 대만과의 통일에 있어 "무력 사용을 포기하겠다는 약속을 절대 하지 않겠다"고 밝힌 뒤에는 더욱 그러하다. 대만 수복(중국은 이렇게 표현한다)을 통한 중화제국으로의 귀환, 즉 중화민족의 위대한 부흥을 이뤄내지 못한다면 시진핑 3연임의 정당성에도 금이 갈 수밖에 없는 상황이다. 중국은 인민해방군 창설 100주년을 맞는 2027년까지 군 현대화를 완료한다는 목표를 내걸었다. 시 주석의 3연임이 끝나고 4연임 여부가 결정되는 시기도 2027년이다. 이에 따라 미 의회, 미군 당국, 싱크탱크 등은 '2027년 대만 침공 시나리오'를 제기한다.[27] 특히 2023년 2월 중순 미의회조사국CRS은 〈대만 정치 안보 이슈〉 보고서에서 중국이 2027년까지 대만을 성공적으로 침공할 태세를 갖출 것으로 봤다. 한편에서는 시진핑은 중국의 군사력이 아직 자신이 원하는 수준에 도달할 준비가 되지 않았다고 본다는 관측도 있다.[28] 시진핑으로선 대만 침공을 포기한다면 자신이 전 인민을 상대로 내세운 중국몽을 스스로 폐기하는 셈이 된다. 이 경우 이미 '대만을 향한 무력 포기 불가' 선언까지 한 시진핑 체제가 순항할 수 있을까?

이 대목에서 시진핑의 지도사상인 '중국몽'을 다시 한번 보자. 중국몽은 애국주의를 통해 실현될 수 있다는 점에서 둘 사이는 아주 밀접한 관계다. 중국몽은 중화민족주의와 마오쩌둥 좌파사상이 결합된 것이다. 이러한 중국몽이 대내외적으로 우려를 불러일으키고 있다. 중국몽은 사

---

27 〈中, 2027년까지 대만 침공 태세 갖출 것〉, 《동아일보》, 2023. 2. 22. https:// www.donga.com.

28 Bonny Lin and Joel Wuthnow, 〈The weakness behind China's strong façade: Xi's reach exceeds his military's grasp〉, 《Foreign Affairs》, Nov. 10, 2022.

회주의 이념에 대한 신념의 위기를 메우고 국민통합을 꾀할 수 있지만, 민중에게 대규모 집단행동의 공간을 열어 주어 정치 불안의 씨앗이 될 수도 있다. 중국 외부에서는 중국 위협론이 더욱 고조될 수도 있다. 이런 이유 때문에 과거 지도부는 민족주의 정서 확산에 아주 신중했으나, 시진핑 시대 들어 이러한 기류가 달라졌다. 중국의 꿈을 통해 전 세계에서 지도적 위치를 확보하겠다는 것이다. 29 이에 따라 중국과 외부 세계의 갈등 소지는 갈수록 커지고 있다.

괴벨스를 떠올리게 한 선전 전략

코로나바이러스Corona Virus의 기원을 둘러싼 논란이 계속되던 2021년 8월 12일, 세계보건기구WHO는 성명을 발표했다. 성명은 WHO의 전문가들과 중국 과학자들이 우한에서 바이러스의 유래를 밝히기 위한 2단계 조사를 진행할 것이라고 밝혔다. 30

이에 앞선 3월 WHO는 1단계 우한 현지조사 결과를 발표했다. 요지는 바이러스가 인수人獸공통 전염성을 가졌으며, 박쥐에게서 유래했을 가능성이 높지만 바이러스의 실험실 기원 가능성은 극히 낮다는 것이었다. 1단계 조사는 2021년 1월 실시됐다. 그러나 미국과 EU의 과학자들은 1단계 조사 결과에 대해 투명성이 부족하며 근거 자료도 충분히 확보하지 못했다고 지적했다. 그 뒤 중국 측 반대로 2단계 조사는 이뤄지지 않고 있다.

---

29 이문기, 〈정치 변동과 국가 거버넌스 개혁〉,《중국의 길을 찾다》, 책과 함께, 2021, p.81.

30 WHO는 당초 코로나바이러스 기원과 관련한 조사를 2단계로 진행할 것이라고 선언했었다. 이러한 방침을 밝힌 것은 2020년 11월이었다(〈Investigations into the origin of COVID-19〉,《Wikipedia》, https://en.wikipedia.org).

중공은 '중국 책임론'을 무력화하기 위해 한 해 전 코로나19 초기부터 정교하게 기획된 선전전을 꾸준히 펼쳤다. 필자는 여기서 코로나바이러스 기원을 논하려는 게 아니다. 코로나19가 전 세계로 퍼진 뒤 중국이 전개한 선전 전략을 살펴볼 뿐이다. 미국 군인이 코로나바이러스를 중국에 옮겼을 수 있다는 '미국 음모론', 전 세계의 코로나19 퇴치를 위해 중국이 시간을 벌어 줬다는 '중국 공헌론', 중국이 이런 논리를 편 것은 전체 선전 시나리오 중 일부였다.

그러면서 WHO의 1단계 조사에서는 원시 데이터를 제대로 제공하지 않는 등 소극적 태도를 보였다. 이러한 상황에서 2단계 조사를 실시한다고 하니 떨떠름한 표정이었다. 이런 분위기는 언론보도에서 그대로 나타났다. WHO가 2단계 조사 방침을 밝힌 이틀 뒤인 8월 14일 《중국국제라디오CRI》는 "WHO가 2단계 조사 계획을 밝히며 탈정치화가 중요하다고 강조했다"고 전했다. 자기들 구미에 맞는 부분만 부각한 것이다.

이런 경향은 《신화통신》 등 다른 관영 매체도 마찬가지였다. 중국은 줄곧 미국이 바이러스 기원을 놓고 정치 공세를 벌인다고 주장했다. 《CRI》는 그로부터 일주일 뒤인 8월 21일에는 "바이러스의 연구소 실험실 유출설은 전혀 근거 없는 것"이라는 외국 전문가와의 인터뷰를 보도했다.

이러한 선전 공세는 2020년 상반기, 그중에서도 3월에 특히 두드러졌다. 우한 봉쇄 뒤 국가총동원 체제 아래 전염병 퇴치를 위한 이른바 '인민전쟁'을 벌이던 때였다. 미국과는 치열한 책임 공방 중이었다. 《중앙인민라디오CNR: China National Radio》, 《베이징뉴스라디오BNR: Beijing News Radio》 등 관영 언론은 당시 중국에 우호적인 외국 지도자와 정치인, 전문가를 인터뷰한 기사를 집중적으로 내보냈다. 인터뷰 대상은 주로 아프리카, 중앙아시아, 서남아시아 국가 출신이었다. 동남아, 남미, 유럽 일부 국가 인사도 간혹 있었다.

그 주요 내용은 다음과 같다.

중국이 첫 번째로 코로나19를 퇴치하느라 애쓰면서 다른 나라의 방역에 도움이 됐다. ⋯ 중국이 의약품 등 방역 물품을 지원해 줘서 참으로 감사하다. ⋯ 시진핑 주석이 코로나19 퇴치 과정에서 보여 준 뛰어난 지도력에 감명받았다. ⋯ 코로나바이러스가 연구소 실험실에서 유출됐다는 주장은 근거 없는 황당무계한 것이다. ⋯ 미국은 코로나바이러스 기원을 밝히는 문제를 정치화하고 있다.

코로나19 초기 상황을 면밀히 체크했던 나로선 터무니없다는 느낌이 드는 부분이 꽤 있었다.

이처럼 코로나19 팬데믹 와중에 중국이 보여 준 선전활동은 현란할 정도였다. 중국이 동원한 방식은 "입맛에 맞는 정보를 선택하고 상대에게 불리한 측면을 확대하며 프레임을 구성한다", "참과 거짓에 관계없이 오로지 의미 부여를 통해 선전 목적을 달성한다"는 것이었다.

이 대목에서 나치 선전장관 괴벨스가 떠오른 것은 왜일까? 그는 "국내 선전에 좌절을 주는 메시지는 제거돼야 한다"고 했다. 중국이 실제로 그렇게 했던 것처럼 말이다.

괴벨스가 남긴 다음의 한마디는 더욱 인상적이다.

"사랑과 마찬가지로 선전에서도 성공한 것은 무엇이든 용인된다."[31]

중공도 '선전이 성공만 한다면 그 과정은 뭐든 오케이'라고 생각하는 모습이었다. 하지만 코로나19 이후 중국을 보는 다른 나라의 인식은 훨씬 악화된 것으로 나타났다.

히틀러는 1933년 정부의 한 정책 선언에서 다음과 같이 밝혔다.

> 정부는 곧 민족의 도덕적·물질적 건강을 회복하기 위한 체계적 캠페인에 착수할 것이다. 전체적 교육체계와 연극·영화·문학·언론·방송, 이 모든 것은 그러한 목적을 수행하기 위한 수단으로 이용될 것이다. 그것들은 우리 민족의 고결한 본성을 이루는 영원한 가치들을 보존하는 데 이바지하도록 활용될 것이다.[32]

시진핑 시대 들어 발표한 〈신시대 애국주의 교육실시 강요〉와 비슷하지 않은가? 히틀러의 정책 선언은 '아리아인의 도덕적·물질적 건강성 회복을 위한 캠페인'을 벌일 것이라고 했다. 시진핑의 〈강요〉는 '중화민족의 정신적 자원으로서의 애국주의 교육'을 실시할 것이라고 밝혔다. 정책 선언이나 〈강요〉는 똑같이 이를 위해 예술과 언론을 활용해야 한다고 했다. 나아가 히틀러가 말한 '민족의 고결한 본성'과 〈강요〉의 '중화민족의 정신적 동력'은 다 같이 민족의 정신적 측면을 강조했다.

이처럼 시진핑과 히틀러는 각각 중화민족과 아리아인의 위대함을 드러내 보이기 위해 대대적인 캠페인을 벌인다는 점에서 차이가 없다. 이런 유사성이 둘 사이의 선전 전략도 닮게 만들었다.

---

31 데이비드 웰시, 《독일 제3제국의 선전정책》, 최용찬 옮김, 혜안, 2001, p.37.
32 데이비드 웰시, 앞의 책, p.38.

인터넷 라디오 방송 《앙광망央廣網》은 〈매일일습화每日一習話〉라는 프로그램 아래 시진핑 육성 연설을 하루에 하나씩 내보내고 있다. 이를 통해 여론 선도 작업을 펼치는 것이다. 2023년 2월 17일 방송분은 시 주석이 20차 당대회 기간 중인 2022년 10월 17일 광시좡족자치구 대표단을 만났을 때 발언한 내용이었다. 시 주석은 당시 "중국식 현대화는 중국 대지에 뿌리내리고 중국 현실에 부합해야 한다"고 강조했다. 《앙광망》은 《중국중앙라디오TV총국China Media Group》 산하 관영 매체다. 《중국중앙라디오TV총국》에는 《CCTV》와 《중앙인민라디오》 등 다수 매체가 속해 있다. (사진 =《앙광망》 홈페이지)

3. 당이 이끄는 미디어

여론 감독과 여론 선도

중공은 그들이 말하는 '여론'은 마르크스주의Marxism 여론 개념을 계승했다고 말한다. 즉, 마르크스주의의 여론 개념과 시대 변화에 따라 발전된 중국특색사회주의가 결합된 형태라는 것이다. 그중에서도 '여론 감독'과 '여론 선도'는 양대 핵심 요소라고 설명한다.33 여론 감독은 일반적으로 언론의 감시 역할로 통한다. 그러나 엄밀히 말하면 여론 감독은 공중公衆의 감시 역할을 의미한다. 따라서 중공이 말하는 미디어의 감시 역할은 여론 감독의 일부이다. 여론 선도는 여론을 일정한 방향으로 유도하는 행위를 가리킨다. 이는 언론보도 등 선전활동을 통해 가능하다는 것이다.

시진핑은 2016년 2월 19일 열린 당 주최 뉴스여론공작 좌담회에서 이와 관련해, "여론 감독과 여론 선도는 여론 공작에서 동전의 양면과 같은 것"이라며 "따라서 여론 선도와 여론 감독은 '투 트랙 전략'으로 추진해야 한다"고 밝혔다.

중화인민공화국 출범 뒤 여론 관련 사상의 변화를 대략 살펴보자.34 마오쩌둥은 '여론 감독'이란 말을 직접 사용하지 않았고, 대신 '신문 비평'

---

33 沈正賦, 〈輿論監督與輿論引導: 新時代中國共產黨新聞輿論思想的核心理論〉,《新聞與傳播研究》, 2018年第11期, p.18.

34 沈正賦, 앞의 논문, p.19.

이란 표현을 썼다. 지금의 여론 감독에 해당한다. 여론 감독이란 말을 처음 공식적으로 사용한 지도자는 덩샤오핑이었다. 그는 1987년 13차 당대회 정치보고에서 "각종 현대화된 뉴스와 선전도구를 통해 정무와 당무 활동에 대한 보도를 늘림으로써 여론 감독 작용을 발휘하도록 해야 한다"고 밝혔다. 그리하여 군중들의 비평활동 중 잘못에 대처하고, 관료주의에 반대하고, 각종 나쁜 기풍과 투쟁을 벌여야 한다는 것이다. 이로부터 여론 감독은 정식으로 중공의 정치이론 용어가 됐다.

장쩌민은 1992년 14차 당대회, 1997년 15차 당대회, 2002년 16차 당대회에서 세 차례 연이어 보고를 했는데, 이를 통해 감독체계의 완비를 강조했다. 특히 〈15차 당대회 보고〉에서는 "당내감독, 법률감독, 군중감독을 결합하여 여론 감독 작용을 발휘해야 한다"고 밝혔다.

후진타오는 〈18차 당대회 보고〉에서 "인민이 권력을 감독하게 함으로써 권력이 태양 아래서 행사되도록 해야 한다"고 강조했다. 그는 장쩌민이 제시한 '당내감독', '법률감독', '군중감독', '여론 감독' 외에 '민주감독' 개념을 추가했다.

시진핑은 〈19차 당대회 보고〉를 통해 "당내감독과 국가기관감독, 민주감독, 사법감독, 군중감독, 여론 감독을 긴밀히 연결시켜야 한다"고 밝혔다. 새로 '국가기관감독'을 추가하면서 '여론 감독'은 맨 뒤에 언급했다. 당의 통일적 지휘를 우선시하겠다는 의지를 보여 준다. 이는 곧 언론 매체 자체의 자유로운 운신의 폭이 줄어들게 됨을 의미한다.

중국공산당의 여론 감독 이론은 중공의 혁명, 건설, 개혁이라는 3개 역사적 단계를 거치면서 중국의 정세國情에 맞게 변화해왔다. 35 덩샤오핑의 개혁·개방 선언 뒤에는 사상해방 대조류 속에서 언론의 여론 감독 기능에도 긍정적 변화가 보였다.

대표적 사례는 '보하이渤海 2호 침몰 사건'이다. 1979년 11월 25일 석유시추선 보하이 2호가 안전 수칙을 어기고 작업하던 중 침몰, 승선 인원 74명 가운데 72명이 사망하는 참사가 일어났다. 그 뒤 《톈진일보天津日報》, 《공인일보工人日報》 등 다수 매체가 취재를 통해 사고 원인과 침몰 당시 상황을 알아냈으나 보도할 수 없었다. 당중앙의 허가가 떨어지지 않았기 때문이다. 당중앙 소속인 《신화통신》 기자는 사고 발생 뒤 현장 취재를 했으나 '네이찬內參'만 송고했을 뿐 공개적 보도는 하지 못했다. 네이찬이란 '내부참고'를 뜻하는데, 각급 당정 기관에 내부 보고용으로 보내는 정보를 가리킨다. 중국의 관영 매체들은 공개적으로 보도하는 뉴스보다 네이찬을 더 중시하는 경향을 보인다.

결국 다음해인 1980년 4월 범정부 차원의 조사를 벌였고, 사고가 '심각한 인재'라는 결론에 이르게 된다. 이에 따라 7월, 당중앙은 이 사건을 중앙기율검사위에 넘겨 처리하도록 했다. 같은 달 《신화통신》 기자와 《인민일보》 기자가 공동으로 관련 기사를 작성한 뒤 《신화통신》이 보도, 여타 매체들은 이를 받아서 보도하도록 했다. 참사 발생 8개월 만에 제1보가 언론을 통해 보도된 것이다. 석유부 장관 해임, 관련자 형사처벌, 국무원 사과 등의 조치가 뒤따랐다.

신중국 출범 뒤 30년이 지난 그때까지 국무원(행정부에 해당)은 잘못이 있어도 인민들에게 사과한 전례가 없었다.[36] 따라서 이러한 사후 처

---

35 沈正賦, 앞의 논문, p.20.
36 趙雲澤, 《作爲政治的傳播》, 中國人民大學出版社, 2017, p.204.

리는 그나마 상당히 발전된 모습이었다. 이전에는 대형 참사의 경우 아예 보도하지 않고 묻어 버렸다. 이러한 모든 과정은 당중앙의 막후 조율에 따라 진행됐다.

그 뒤 1990년대 들어 여론 감독을 표방하는 시사평론 콘텐츠가 텔레비전과 신문에 등장하기 시작했다. 그중에서도 《CCTV》가 선보인 시사 프로그램 〈초점방담〉, 《남방미디어그룹南方報業傳媒集團》이 발행하는 주말신문 《남방주말南方週末》의 심층 평론 등이 눈길을 끌었다.

시진핑 시대 들어서는 인터넷 미디어의 발달에 따라 여론 감독 기능이 다양화되면서 당국의 대응도 더욱 주도면밀하게 바뀌고 있다. 무엇보다 미디어 수용자가 단순한 뉴스 소비자가 아니라 뉴스 생산자 역할도 하게 됐기 때문이다. 이런 현상을 두고 그들은 "누구나 마이크를 가졌고 누구나 기자인 시대"라고 말한다. 이에 따라 탈권위·탈중심을 외치는 목소리도 갈수록 높아지고 있다.

이러한 상황에서 인터넷 여론에 상당한 영향을 미치는 '인터넷 다브이大v'도 등장했다. '大V'의 V는 VIP를 뜻한다. VIP 앞에 '大'자가 붙었으니 VVIP 정도 되는 셈이다. 이들은 인터넷 여론을 좌우하는 만큼 '민간의 여론 영수'로 불리기도 한다. 그러나 당국은 이들이 진정한 오피니언 리더 역할을 할 수는 없다고 본다. 당의 직접 지도를 받는 주류 매체라야 여론 선도를 하는 리더가 될 수 있다는 것이다.

시 주석은 이와 관련해 2016년 당 주최 뉴스여론공작 좌담회에서 처음으로 '여론선도력'을 강조했다. 그는 2017년 〈19차 당대회 보고〉에서도 여론선도력을 거론하면서 여론의 전파력, 선도력, 영향력, 공신력을 높여야 한다고 강조했다.

이처럼 인터넷 환경 아래서 다원화된 의견이 분출할수록 주류 매체의 여론 선도 기능이 더욱 강조된다. 이들 매체가 여론 선도를 통해 여론을 집약하는 역할을 해야 한다는 것이다. 이와 함께 당국의 인터넷 매체에 대한 감시 기능도 갈수록 강화되는 상황이다. 물론 당국은 네티즌의 뉴스 생산자 역할 중 긍정적인 부분은 적극 활용하는 모습을 보인다. 전체적으로는 국가와 미디어 수용자가 이른바 '시소게임'을 벌이는 형국이다. 이런 와중에 중국 언론의 여론 감독 기능은 시기에 따라 좀 나아졌다가 과거로 돌아가기를 반복했다. 이에 따라 여론 감독이 미디어 수용자들의 기대에는 못 미치는 상황이 지속되고 있다.

주목해야 할 것은 여론 감독 기능과 관련해 중국의 현실에서 나타난 몇 가지 병폐이다.[37]

첫째, 특정 성·시 등 지방의 당 지도자는 자신의 관할 지역 내에서 발생한 사건을 철저히 숨기거나, 미디어가 이를 취재하거나 보도하지 못하도록 막는 경향을 보인다. 자기 지역의 이미지가 훼손되거나 자신의 업적에 금이 가는 걸 꺼리기 때문이다. 이에 따라 부정적 뉴스가 생기면 현지 매체에 대해서는 함구령을 내려 보도를 막고, 타지 매체의 경우 강온 양면 대책을 동원해 최대한 보도를 방해하거나 저지하려 한다.

둘째, 타지 매체가 현지 매체처럼 통제가 쉽지 않기 때문에 생기는 현상이다. 즉, 타지 매체는 특정 성·시가 숨기려는 사실을 과감하게

---

37 沈正賦, 앞의 논문, pp.20~21.

보도하기도 한다. 이에 대해 구체적으로 이해하려면 다음과 같은 사실을 알아야 한다. 중국공산당 체제 아래서 각 관영 매체는 여론 감독 권한을 행사할 수 있는, 즉 보도할 수 있는 대상과 관련해 수직적 등급이 있다. 등급이 높은 매체일수록 여론 감독 권한도 크다.

예를 들면, 《인민일보》나 《CCTV》처럼 당중앙급 매체는 전국의 뉴스나 사건을 모두 다룰 수 있지만, 직할시급 기관 매체, 시급 기관 매체 등은 상위급 행정단위의 뉴스를 마음대로 보도할 수 없다. 당이 매체를 통제하고 있기 때문에 벌어지는 상황이다. 따라서 각 행정단위별 기관 매체는 그 행정단위의 1인자 휘하에 있다고 볼 수 있다. 이때 상위 등급 또는 같은 등급의 타지 매체나 '시장화 매체'는 직접적 통제 범위 밖에 있게 된다. 따라서 현지 매체와는 다른 보도 경향을 보이게 된다.

필자는 2012년 2월 드러난 정치스캔들 '보시라이 사건' 초기 《충칭일보重慶日報》가 《인민일보》 등 베이징 매체들과 상반된 보도를 하는 것을 보고 어리둥절한 적이 있다. 베이징 매체들은 보시라이 당시 충칭시 당 서기의 정치적 부패를 폭로하는데, 《충칭일보》는 그를 옹호했다. 《충칭일보》는 충칭시 기관보로 충칭시 서기의 관장 아래 있다는 것을 그때 뒤늦게 알았다. 당중앙이 관할하는 《인민일보》, 《CCTV》 등은 물론 베이징에서 발행되는 《신경보新京報》 등 여타 매체들은 당연히 충칭시 당위원회의 눈치를 볼 것 없이 관련 기사를 보도했던 것이다.

여기서 눈여겨봐야 할 것은 시장화 매체다. 시장화 매체란 관영 매체에 대비되는 개념으로, 미디어 시장에서 독자들의 호불호에 따라 성장과 쇠퇴가 결정된다. 따라서 이들 매체는 뉴스 보도에서 당보다 뉴스 수용자의 반응에 상대적으로 더 관심을 보인다. 이 경우 이념성보다 뉴스 가치를 상대적으로 더 중시하게 되는 여지가 생긴다. 이에 비해 관영 매체는 해당 행정단위로부터 보조금을 받기 때문에 매체 경영에 구애받지 않고 당의 지침에 따르는 보도를 충실하게 한다.

셋째, 여론 감독에 대한 법률적 보장이 제대로 이뤄지지 않는 문제다. 민법과 여타 법률의 관련 조항은 여론 감독을 제약하는 내용을 담고 있다. 이로 인해 비판적 보도를 했을 경우 해당 기자가 어려운 상황에 처해도 제도적 도움을 받지 못하게 된다. 비판적 보도를 한 미디어나 기자는 고립무원에 빠지는 것이다. 이 경우 정당한 취재와 보도를 할 권리가 침해되는 결과로 이어진다. 더욱이 재산과 생명의 안전을 위협받기도 한다.

당관매체 원칙은 바뀔 수 없다

시진핑 주석은 2016년 2월 19일 당 주최 뉴스여론공작 좌담회에서 "당성 원칙을 지킨다는 것은 근본적으로 당이 뉴스 여론 공작을 영도한다는 의미"라고 강조했다. 38 그는 "당관매체黨管媒體 원칙과 제도는 변할 수 없다"39고 밝혔고 "당과 정부가 주관하는 미디어는 당과 정부의 선전 진지이며, 그 성씨는 마땅히 '당黨'이다必需姓黨"40라고 공언했다. 1990년대 초에 벌어졌던 "개혁개방은 성이 '사'씨인가? '자'씨인가? 姓社姓資",

38 《習近平總書記黨的新聞輿論工作座談會重要講話精神學習輔助材料》, 學習出版社, 2016, p.6.

39 《習近平關於全面建成小康社會論述摘編》, 中央文獻出版社, 2016, p.125.

40 《習近平總書記黨的新聞輿論工作座談會重要講話精神學習輔助材料》, 學習出版社, 2016, p.6.

즉 "개혁개방은 사회주의인가? 자본주의인가?" 논쟁에 빗대 이렇게 표현했다.

'당성 원칙'을 지킨다는 것은 미디어가 뉴스를 보도할 때 당의 방침·정책과 노선을 선전하는 진지 역할을 해야 한다는 뜻이다. 이를 통해 당의 건설에 복무하게 된다. 당성을 견지하면 정확한 정치적 방향을 지키게 되며, 정치적 입장을 굳건하게 할 수 있다고 보는 것이다. 중공은 언론계 종사자가 여론 선도에서 당성과 함께 '인민성 人民性'도 견지해야 한다고 강조한다. 인민성은 인민의 근본 이익을 출발점이자 목적지로 삼는 성품이라고 본다.

시진핑은 "당성과 인민성은 여태껏 항상 일치되고 통일됐다"고 했다. 중공은 인민군중이야말로 당과 국가의 역사 발전을 촉진하는 근본 역량이라고 강조한다. 당과 정부의 영도 아래 달성한 훌륭한 정치적 업적을 선전하면 국가의 공신력을 높일 수 있을 뿐만 아니라, 인민군중이 이룬 선진적이고 전형적인 성과에 대한 보도를 강화하면 인민의 투지를 드높일 수 있다는 것이다.

당성 원칙은 곧 '당관매체'로 연결된다. 미디어는 당이 관리한다는 원칙이다. 당관매체는 당이 실질적으로 이데올로기와 여론 분야를 주도한다는 뜻이다. 중국공산당은 당관매체를 견지하는 것은 정확한 여론 향방을 장악하고, 당의 이데올로기에 대한 관리·통제권을 견고하게 하는 기초가 된다고 본다.

시진핑은 뉴스여론공작 좌담회 당시 뉴스 여론 공작은 국가를 안정시키고 공고히 하는 근본적 문제임을 밝혔다.

뉴스 여론 공작을 집행하는 것은 깃발과 노선과 관계되며, 당의 이론과 노선·방침·정책을 실현하는 것과 관계되며, 당과 국가의 각종 사업을 순조롭게 추진하는 것과 관계되며, 전체 당과 전국 각 민족이 중심을 향해 결집하는 것과 관계되며, 당과 국가의 향후 운명과 관계된다.

시진핑은 특히 언론인이 이러한 원칙을 실천하려면 '정치성'을 갖추어야 한다고 강조했다. 언론인이 기본적 자격을 갖추었는지 알려면 그가 정치성을 우선순위에 두는지 아닌지 보아야 한다는 것이다. 이는 뉴스를 보도하는 데 있어 정치가의 시각을 가지라는 의미다. 다시 말해, 당중앙의 입장에서 뉴스를 판단하고 보도하라는 주문이다.

이런 논리는 2016년 11월 17일 열린 중화전국뉴스공작자협회 제9기 이사회 제1차 회의에서 시진핑이 제시했다. 그 요지는 다음과 같다.

첫째, 정확한 정치 방향을 당중앙과 고도로 일치시켜야 하며, 당과 인민의 입장을 굳게 지키고, 중국특색사회주의와 마르크스주의 언론관을 견지해야 한다. 이를 통해 정치적으로 확고한 뉴스종사자가 돼야 한다.

둘째, 정확한 여론 향방을 지켜야 하고 당의 이론과 노선·방침·정책을 깊이 있게 선전해야 한다. 이에 따라 중공은 2019년 10월부터 중국 언론인이 5년에 한 번 기자증을 갱신할 때마다 시진핑 사상 시험을 의무적으로 치르도록 했다.41 이를 통과하지 못하면 기자증 갱신이 불가능해진다. 기자는 정확한 정치 방향을 당중앙과 고도로 일치시키라

---

41 〈중국 기자들 '시진핑 사상' 시험 본다 … 불합격하면 자격 박탈〉, 《조선일보》, 2019. 10. 25.

는 요구가 이런 방식으로 나타난 것이다.

기자가 당중앙의 입장에서 뉴스를 보도하라니? 자본주의 국가와는 비교 자체가 불가능한 언론관이다. 하지만 어떻게 이러한 주장에 이르게 됐는지 살펴보는 것은 의미가 있다. 중국의 언론상황을 이해하는 것은 중국의 국정 國情 을 파악하는 중요한 출발점이 될 수 있기 때문이다.

중공은 특히 마르크스Karl Marx·엥겔스Friedrich Engels가 노동자신문을 자산계급과 투쟁을 벌이는 진지로 활용했던 당보사상黨報思想이 당관매체 개념과 맞닿아 있다고 강조한다. 42 레닌Vladimir Lenin은 당관매체를 3단계로 나눠 설명했다. 당을 건설하고, 정권을 획득하고, 사회주의를 건설하는 각 단계별로 미디어가 핵심적 역할을 할 수 있도록 관리해야 한다는 게 그것이다. 43

중공은 지금 당의 언론 정책이 공산당운동 초기 언론관과 일치된다는 점을 부각하고 있는 것이다. 이에 따라 중화민족의 위대한 부흥을 실현하고 나아가 인류운명공동체를 건설하는 과제가 언론보도와 긴밀히 관련돼 있다고 주장한다. 다시 말해, 당관매체를 실천할 때 총체적 국가 안전을 확보하게 되며, 이를 바탕으로 미디어가 여론 선도 기능을 발휘할 수 있다는 논리다.

42 卿志軍, 〈發展歷程, 邏輯基礎與戰略路徑: 習近平黨管媒體重要論述研究〉, 《現代傳播》, 2021年 第4期, p.81.

43 卿志軍, 앞의 논문, pp.81~82.

당중앙 정책은 신성불가침인가?

"당중앙의 국정 방침을 함부로 논의하는 것은 당의 집중통일을 파괴하는 기율위반 행위다."

〈중국공산당기율처분조례〉 제46조 2항 내용이다. 당중앙은 2015년 10월 이 조례를 발표했다. '당중앙을 무분별하게 비판하는 것妄議中央'은 여론 감독이 아니란 것이다. 조례는 당원들이 항상 당중앙과 보조를 일치시키라고 요구한다. 중국 학자는 이 조례가 당원들이 선진성先進性을 유지하게 해준다고 설명한다.44 즉, 조례는 당내 단결과 응집력 강화를 위한 목적에서 만들었다는 것이다. 이러한 논리는 당중앙의 의제 및 정책 장악을 우선시하는 '정층설계頂層設計'(하향식) 방침에 따른 것이다.

그러나 이 조례가 나오자 다른 목소리가 대두됐다. 크게 두 가지 비판이었다. 첫째, 당중앙 정책을 마음대로 논의하지 못하게 한다면 언론자유를 탄압하는 것과 무엇이 다른가? 이는 공산당의 작동에서 큰 역할을 한 비판과 자아비판을 부정하는 것이다. 둘째, 일부 당 간부들이 사람들을 위협하고 기만하는 데 이 조례를 악용한다는 것이었다. 즉, 조례를 방패막이 삼아 여론 감독을 막는 현상이 나타났다. 당중앙이 무분별한 비판의 대상이 될 수 없다면, 당조직의 지도자나 지방 당조직 간부도 마찬가지로 비판에서 제외돼야 한다는 논리를 앞세웠던 것이다.

44　靖鳴·劉自艱,〈習近平關於輿論監督重要論述和理論體系的核心內容〉,《新聞愛好者》, 2020年, 2月, p.17.

이런 비판에 대해 징밍靖鳴 난징사범대 언론학원 교수는 조례를 곡해해서는 안 된다며 자세한 설명을 덧붙였다. 45 '함부로 논의하는 것妄議'은 '논의하지 않는 것不議'과 다르며 언론자유를 막는 것과는 더더욱 다르다는 것이다. 여기서 '망의妄議'는 아무런 근거도 없이 지껄이는 것, 책임지지 않고 그 결과도 생각하지 않고 맘대로 말하는 것이라고 해석했다. 따라서 '망의'는 여론 감독의 '여론'과는 본질적으로 다르다고 주장했다.

다음으로, 조례가 금지한 것은 당중앙의 국정 방침에 대한 망의라는 점을 지적했다. 동시에 당의 국정 방침은 국정을 이끄는 방향이자 지침이라고 강조했다. 국정 방침은 강령 성격의 지도 문건으로 다방면의 논증을 거쳤다는 사실도 일깨운다. 따라서 당원 간부는 기존의 조직 내 절차에 따라 개인 의견을 밝힐 수 있지만 공개적으로 중앙의 국정 방침에 반대하는 입장을 표명하는 것은 기율위반이라고 주장한다. 이러한 행위는 무엇보다 당의 집중통일을 파괴하는 것이라고 비판한다.

시진핑 주석도 이에 대해 입장을 밝혔다. 2016년 1월 열린 제18기 중앙기율검사위원회 제6차 전체회의에서였다. 그는 "당원과 간부는 당중앙에 대해 무책임하게 비판해서는 안 되지만 의견 제시조차 못 하게 하는 것은 아니다"라며 "심지어 비판적 의견도 제시할 수 있다"고 했다. 그러면서 "중대한 정치적 원칙에 대해 당중앙과 반대되는 주장을 하거나 정치적 자유주의 입장을 보여서는 안 된다는 것"이라고 밝혔다. 그는 또 중앙에 대해 무책임하게 비판해서는 안 된다고 해서 여론 감독을

---

45 靖鳴・劉自艱, 앞의 논문, p.17.

부정해서는 안 된다고도 했다. 시 주석은 같은 해 2월 뉴스여론공작 좌담회에서는 "여론 감독 기능을 발휘하는 것과 뉴스 보도에서 긍정적인 면을 부각하는 것正面宣傳은 서로 모순되지 않는다"고 강조했다. 정면선전을 한다고 해서 여론 감독을 포기하는 게 아니라는 논리다.

하지만 이러한 논리에 대해 당원 간부들이 얼마나 공감할지는 의문이다. 이 같은 분위기에서 그들이 과연 조직 내부에서라도 자신의 의견을 거리낌 없이 제시할 수 있을까? 당중앙을 멋대로 비판할 수는 없지만 여론 감독 기능은 존중돼야 한다는 논리를 현장에서는 어떻게 적용할 것인가? 이러한 상황에서는 '망의중앙'인지 '여론 감독'인지 구분하기가 쉽지 않아 결국 당 지도부가 자의적 판단을 내릴 가능성이 높다. 그럴 때에 언론 매체는 '망의중앙'으로 내몰릴 가능성이 있는 보도를 할 수 있을까? '망의중앙'을 금지하는 건 봉건시대에 황제에게 인정했던 무오류성을 지금 당중앙, 그중에서도 시진핑에게 적용하려는 것이다.

시진핑은 이미 황제에 버금가는 위치에 올라 있다. 그는 마오쩌둥에 이어 자신의 이름을 딴 사상(시진핑 신시대 중국특색사회주의사상)을 생전에 당헌에 넣은 두 번째 지도자가 됐다. 그가 누구도 비판할 수 없는 존재가 됐음을 의미한다. 46

---

46 김인희, 앞의 책, p.244.

시진핑 집권 뒤 중국은 '논쟁할 수 없는 사회'가 돼가고 있다.
사상 통제는 갈수록 강화됐다. 이러한 상황에서 지식인들은
"감히 말하지도 못하고, 감히 쓰지도 못한다"고 자조한다. 이에
따라 마오쩌둥이 주도한 문화대혁명 시기로 회귀하고 있다는
시각이 대두되고 있다. 사진은 2016년 4월 11일 자 시사주간지
《타임》의 표지. 시진핑이 마오 시대로 되돌아가고 있음을 패러
디했다. (사진 =《구글》 이미지)

4. 통제와 감시의 그늘

하루도 빠짐없이 보도지침은 내려온다

당 중앙선전부는 베이징 창안제에 위치한 본부에서 매일 각 언론사에 '보도지침'을 내려보낸다. 중앙선전부는 중국의 관념 세계, 즉 중국인의 사상 또는 이념과 관련된 영역에서 광범위한 권력을 행사한다. 당중앙에 소속된 최고위 선전조직이다. 업무 성격상 강력한 힘을 은밀하게 행사한다. 전국의 인터넷, 텔레비전, 신문, 라디오, 잡지 등 미디어를 통제한다. 교과서는 물론 옥외광고 내용도 중앙선전부 소관 사항이다. 교수들의 입에 재갈을 물리거나, 언론사 편집자를 쫓아내거나, 영화 상영을 거부하거나, 특정 서적을 판금하는 것도 중앙선전부와 관계된다.

보도지침은 무엇은 되고 무엇은 안 되는지, 키울 기사는 뭐고 줄일 기사는 뭔지, 주요 기사는 어떤 방향으로 보도할지 등에 대해 구체적 방향을 제시한다. 중국 당국은 여론통제를 위해 선전과 검열이라는 수단을 동원한다. 〈인터넷안전법網絡安全法〉, 〈인터넷정보관리규정〉, 인터넷정보판공실 등이 검열과 관련된 규정과 기구라면, 보도지침은 선전과 관계된다. 마오쩌둥이 사상투쟁의 핵심 수단으로 선전과 검열을 앞세웠던 것을 충실히 따르는 것이다. 이를 통해 사람들의 생각을 지배 이데올로기와 일치시키려 한다.

보도지침은 중국 내 언론사에 내려보내는 것 외에 중국 주재 외국 언론사에도 전달됐다. 시진핑은 권력을 승계한 직후 2013년부터 대대적 반부패운동을 벌였다. 이런 와중에 고위공직자 재산공개를 요구하는 네티즌들의 목소리가 높아졌고, 공무원에게 뇌물을 제공한 사실을 공개하는 인터넷 사이트가 생겨났다. 이에 당내에서는 "부패와의 전쟁을 소홀히 하면 나라가 망할 수 있지만, 부패와의 전쟁이 심해지면 당이 망할 수 있다"는 얘기가 나돌았다. 이 무렵 중앙선전부는 외신에 공지를 배포, "뇌물수수 의혹을 받는 관리들에 대해 보도할 때 당국에서 제공하는 정보를 따르라"면서 "추측하거나 과장하거나 조사하지 말고, 인터넷에 떠도는 말을 인용하지 말라"고 했다. [47]

보도지침은 우리나라에서도 군부통치 시절인 1980년대 전두환 정권 때 문제가 된 적이 있다. 이 보도지침은 문화공보부 내 홍보조정실이 언론보도를 통제하기 위해 각 언론사에 보냈던 '협조요청 사항'이었다. 협조요청이라지만 이를 거부할 분위기는 아니었다. 민주언론운동협의회는 1986년 9월 6일 기관지인 월간 《말》 특집호를 통해 〈보도지침 사례집〉을 보도했다. 국가 권력과 제도 언론이 정보를 왜곡한 실상을 만천하에 폭로한 것이다.

중국에서는 언론 매체가 중국공산당의 선전도구여야 하는 만큼 보도지침은 당연한 것이 된다. 이 지침은 언론사 내부용일 뿐 대외비로 돼 있다. 일반 국민은 당중앙의 선전 전략을 알 필요가 없다는 뜻이다. 보도지침을 외부로 유출한 기자가 징역 10년형을 선고받은 사례도 있다. 2005년의 일이다.

그 뒤 중앙선전부는 보도지침 유출 방지를 위해 구두로 이를 전달하는 것을 선호했다. 그 시절 언론사 간부들은 책상 위에 보도지침 수신

---

47 에번 오스노스, 《야망의 시대: 새로운 중국의 부, 진실, 믿음》, 고기탁 옮김, 열린책들, 2015, p.510.

전용 빨강 전화기를 두었다. 해당 언론사 각 부서는 회의를 통해 지침을 전달받았다. 이 회의에 들어가는 부서 책임자들은 "수업 들어간다"고 농담하곤 했다. 이러한 보도지침 하달에서 보듯 언론 매체 통제는 중앙선전부 업무 중 가장 중요한 위치를 차지한다. 이를 통해 뉴스로 보도되거나 보도되지 말아야 할 목록을 지속적으로 업데이트함으로써 언론이 주선율에 따라 같은 목소리를 내도록 했다. 언론 매체에 지침을 따르는 것 외에 다른 선택권은 주어지지 않았다.

나와 오랫동안 알고 지내며 친해진 중국 기자는 저녁 식사 자리에서 자신이 전달받은 보도지침에 대해 얘기한 적이 있다. 미중 무역 갈등 와중이던 2018년 여름 베이징에서였다. 그는 휴대전화에 저장된 내용을 보면서 말했다. 나에겐 슬쩍 한 번 보여 줬을 뿐 그걸 전송해 줄 수 있느냐고 묻자 곤란하다고 했다. 혹시라도 문제가 될 것을 걱정하는 눈치였다.

그날 보도지침은 주로 미중 무역 갈등과 관련된 내용이었다. 첫째, 미국은 '바링覇凌 국가'임을 부각시킬 것. 둘째, 이번 갈등의 책임은 먼저 도발한 미국에 있음을 명확히 할 것. 셋째, 중국은 선의의 피해자임을 알릴 것. 넷째, 중국은 미국의 일방적 조치에 굴복하지 않으며 자신을 지켜낼 능력이 있음을 강조할 것 등이다.

말하자면 '미국은 악, 중국은 선'이라는 구도를 국내외에 주지시켜야 한다는 것이다. '바링 국가'에서 '바링'이란 영어 'bully'를 음역한 것으로 깡패, 양아치라는 뜻이다. 여기서 바링 국가는 무역 분쟁에서 상대국을 모욕하고 압력을 가하는 방식으로 문제를 해결하는 국가를 가리킨다.

그 무렵 당중앙 기관보 《인민일보》 보도를 살펴보자. 2018년 7월

14일 자 2면에 실린 기사의 제목은 〈상황이 오늘에 이른 모든 책임은 미국 측에 있다〉였다. 핵심 내용은 "미국 측이 인내심을 갖고 중국을 대했지만 중국 측이 관심을 보이지 않았다는 미국 측 주장은 사실과 다르다. 중국 측은 양국 무역 갈등을 해소하려고 적극적으로 노력했다"는 것이다. 중앙선전부의 보도지침과도 부합하는 제목과 내용이다. 이에 중국 독자들은 "미국은 만악의 근원", "반격을 흔들림 없이 지지한다", "조국의 번영을 기원합니다"와 같은 댓글을 달았다.

《인민일보》는 앞서 〈중미 무역전쟁, 결말은?〉이라는 제목의 기사 (2018. 4. 4)에서는 "중미 무역전쟁은 미국이 도발했지만 중국은 쉽지 않은 상대"라면서 "달러 패권을 유지하려는 미국의 계획은 조기에 실패할 것"이라고 주장했다.

이 신문이 전개한 논리를 살펴보자.

미국이 1970년대, 1990년대에 서유럽, 일본을 상대로 각각 벌인 무역전쟁은 미국 입장에서는 아주 편했다. 첫째, 체급이 상대를 압도했기 때문이다. 미국은 인구가 3억 명에 가까운데 반해 독일, 프랑스, 일본 등은 기껏해야 1억 명 정도였다. 이들 국가는 시장이 작아 미국의 상대가 될 수 없었다. 둘째, 유럽 및 일본과의 무역전쟁 당시 주요 분야는 미국이 보호해야 할 강철, 자동차, 농산품 등이었다. 그런 만큼 미국이 이러한 품목에 대해 관세를 높이면 곧바로 자국 산업에 이득이 되는 구조였다. 그러나 중국의 경우는 다르다. 중국과 미국 간 산업구조가 아주 높은 상호보완적 관계를 나타내기 때문이다. 미국이 중국에 수출하는 품목은 대부분 중국에 없다. 중국이 미국에 수출하는 상품은 미국이 국내에서 생산하기를 원하지 않는 것이다. 이는 김용金庸 소설 〈의천도룡기倚天屠龍記〉에 나오는 '칠상권七傷拳'처럼 상대를 한 대 가격하면 자신도 한 대 맞는 꼴이 된다. 이렇듯 중국이 압력에 견디는 능력은 과거 미국의 상대와는 비교가 안 된다.

이에 대해 네티즌들은 "중국이 민족 부흥을 통해 새로운 국제질서를 만들어야 한다"는가 하면 "적을 얕잡아 봐서는 안 된다", "이건 아큐의 정신승리 아닌가?", "미국이 무역전쟁을 중단하는 순간 우리도 끌려가듯 그만둘 것인가?", "무역전쟁을 이기면 중국인에게 좋은 것은 뭔가?" 등 다양한 댓글을 달았다. **48**

논쟁할 수 없는 사회, 문혁 시기로 회귀 중

시진핑은 2017년 10월 19차 당대회에서 "중국이 2012년 18차 당대회 이래 신시대에 들어섰다"고 선언했다. 당시 '시진핑 신시대 중국특색사회주의사상'이 당의 헌법인 당장(당헌)에 명기됐다. 이 사상이 당의 지도이념이 된 것이다. 다음해인 2018년 3월에는 전국인민대표대회에서 이 사상을 헌법에 넣었다. 이 사상은 간단히 말하면 중화민족의 위대한 부흥, 즉 중국몽을 실현하기 위한 행동지침이다.

시진핑 집권 1기(2012~2017년)와 2기(2017~2022년) 10년은 시진핑을 당중앙의 핵심으로 하는 권력 집중화 및 당중앙의 집중통일영도를 추진한 시기다. 집중통일영도集中統一領導는 당중앙, 그중에서도 중공 최고지도부인 중앙정치국 상무위원회 의사결정 과정에서 시진핑에게 특별

---

48 〈中美貿易戰, 終局大推演〉, 《人民日報》, 2018. 4. 4, https://baijiahao.baidu.com.

한 지위를 부여한다는 의미다. 이러한 권력집중화는 중국몽을 이루기 위해 강력한 지도력이 필요하다는 논리에 따른 것이다.

2022년 10월 20차 당대회를 거치면서는 시진핑 1인 지배가 더 견고해졌다. 당헌에 '두 개의 수호'를 추가한 데 따른 것이다. 이로써 당 최고 지도부인 정치국 상무위원회 내의 구도는 시진핑을 정점으로 하는 수직적 위계관계가 뚜렷해졌다. 시진핑 외 다른 상무위원들은 시진핑에게 충성도 높은 친위세력일 뿐이다.

19차 당대회 뒤부터는 시진핑 개인숭배 움직임이 갈수록 고조됐다. 《CCTV》는 2018년 설날을 앞두고 시 주석의 삶을 그린 특집 프로그램 〈인민의 영수 人民領袖〉를 방송했다. 〈인민의 영수〉는 시 주석이 청소년기부터 그때까지 오직 인민만을 걱정하고 인민의 행복을 위해 살아왔다고 했다. 영수는 중국에서 '최고의 지도자'를 가리킨다.

19차 당대회 뒤 시진핑 흉상도 판매되었다. 마오쩌둥 이후 처음이다. '살아 있는 신' 마오를 시진핑이 흉내 내는 것이다. 이뿐 아니다. '시진핑 사상'이 전국 초·중·고교와 대학에서 필수과목이 됐다. 이를 통해 어린 학생부터 대학생까지 시진핑 사상을 배운다. 문화대혁명 때 홍위병들이 마오의 어록을 담은 《소홍서》를 성경처럼 애독했던 상황을 연상시킨다.

시진핑 사상을 선전하는 웹사이트도 등장했다. 이 사이트는 《쉐시창궈》란 이름을 가졌는데 당 중앙선전부가 직접 관리한다. '온라인 《소홍서》'인 셈이다. 2019년 1월 개설됐다. 《쉐시창궈 學習强國》는 '강국이 되는 법을 배우자'는 뜻이다. '쉐시 學習'는 단순히 '배우자, 학습하자'는 의미 이외에 '시진핑을 배우자'는 뜻도 갖고 있다. 이 사이트는 시

진핑의 주요 연설과 관련 기사, 사상, 업적 등을 텍스트와 영상으로 올린다. **49**

시진핑 숭배에 맞춰 사상 통제는 더욱 강화됐다. 지식인들에 대한 검열과 감시도 심해졌다. 이러한 분위기 아래서 지식인들은 "감히 말하지도 못하고, 감히 쓰지도 못한다不敢說 不敢寫"고 자조한다. 시진핑 신시대는 논쟁할 수 없는 사회가 돼 버렸다. 특히 대학교수들은 수업 시간에도 자유롭게 얘기하지 못한다. 수업 내용을 감시받기 때문이다. 감시 주체는 각 대학이 당위원회 아래 새로 설치한 '교사공작부教師工作部'다. 여기서 교사는 교수를 말한다. 중국 각 대학에는 당위원회가 있다. 강의실에는 수업을 감시하는 CCTV가 설치돼 있다.

'학생 프락치'도 있다. 학생 프락치는 강의 중 당과 정부를 비판하거나 이른바 주선율과 어긋나는 내용을 말하는 교수를 교사공작부로 몰래 신고한다. 이 경우 해당 교수는 학교에서 쫓겨난다. 《BBC》 등 서방 언론은 이처럼 졸지에 교수직을 잃은 당사자 인터뷰를 전하기도 했다. 학생 프락치는 교사공작부가 암암리에 심어 놓았다. 문혁 당시 홍위병이 교사를 비판했던 것과 비슷한 상황이 재연되는 셈이다. 이쯤 되면 '문혁의 부활', '홍위병의 재등장'이라고 할 만하다. 문혁 때는 홍위병이 스승을 때려죽이기도 했으니 그보다는 덜하다고 해야 할까?

교사공작부 설치는 당중앙의 뜻에 따른 것이다. 당중앙은 공개적으로 "교사 대오隊伍 건설 문제를 고도로 중시하고 있다"고 밝혔다. 이에

---

49 〈學習强國〉,《百度百科》, https://baike.baidu.com.

따라 대학교수에 대한 사상정치 공작을 더욱 강화하고 개선해야 한다는 것이다. 당중앙의 논리에 따르면, 대학교수들은 전문지식을 가르치고 연구하는 일 뿐만 아니라 시진핑 시대 들어 강조하는 '사회주의 핵심가치관'을 널리 전파할 책임도 짊어지고 있기 때문이다. 그렇게 할 때 대학교에 대한 당의 전면적 영도를 심화할 수 있다는 주장이다.

이러한 상황이다 보니 대학들은 교사공작부를 경쟁적으로 설치했다. 중공은 이러한 교사공작부에 대해 결코 없어서는 안 되며 그 역할이 참으로 중대하다고 말한다. 그러면서 교수들 사상의 순결성과 선진성을 높이는 일은 교사공작부의 역사적 사명이라고 강조한다.

2023년 2월 18일 안후이성安徽省 한 고교에서는 중국의 교육현장이 어떻게 돌아가고 있는지 극명하게 보여 주는 사건이 벌어졌다. 특강에 초청된 저명 대학교수가 강연 시작에 앞서 공부를 하면 돈을 벌 수 있고 외국인 결혼 상대를 만날 수도 있다고 했다가 봉변을 당했다. 한 학생이 그로부터 마이크를 빼앗아 외국을 맹목적으로 숭배한다며 그를 공개 비판한 것이다. 그 뒤 해당 교수는 시련을 겪어야 했다. 강연과 전후 상황을 담은 동영상은 《더우인》, 《빌리빌리》, 《하오칸동영상》, 《아이치이》 등 중국의 각종 동영상 사이트에 올려졌다.

특강 주제는 '은혜에 감사하고 분발하자'였다. 장소는 안후이성 루장고. 안후이성 성도 허페이合肥 루장현에 있다. 전국 100대 고교로 꼽히는 명문이다. 강사는 천훙여우陳宏友 허페이사범대 부교수. 안후이성 교육계에서는 유명 인사로 꼽힌다. 교육학 분야 전문가로 외부 특강을 1000번 이상 했을 정도다. 이날 특강은 학교 강당에서 진행됐다. 천 교수는 무대 쪽 스크린에 파워포인트PPT 화면이 뜨기 전 분위기를 살리기 위해 몇 마디 했다. "공부는 돈을 벌기 위한 것"이라든지 "공부를 하면 외국의 좋은 유전자와 결합해 더욱 강력한 유전자를 만들 수 있다" 등등.

그러자 한 학생이 서둘러 무대 위로 올라간다. 곧이어 천 교수로부터 마이크를 빼앗은 뒤 그에게 손가락질을 하며 "그의 눈에는 돈만 보일 뿐"이라고 포문을 열었다. 그러고는 "외국을 맹목적으로 숭배하고 외국인과 결탁하려고 한다崇洋媚外"고 비판했다. 그는 이어서 "우리는 왜 공부를 하는가?"라고 묻고는 "중화민족의 위대한 부흥을 위해서다"라고 왼팔을 위로 치켜 올리며 외쳤다. 나는 이 대목에서 소름이 끼쳤다. 문혁 당시 학생들이 스승을 조리돌림 하던 장면이 떠올랐기 때문이다.

그사이 천 교수는 마이크를 빼앗아오려 했으나 학생은 이를 뿌리치면서 자신의 발언을 이어갔다. 학생은 무대를 내려가기 직전 "동학들이여, 계속 공부하자. 중화민족의 위대한 부흥을 위해"라고 다시 한번 목소리를 높였다. 무대 밑 학생들 일부는 박수를 치며 호응했다. 이러한 상황에서 분위기가 산만해지면서 강연은 흐지부지됐다.

문제는 그다음이었다. 해당 학생은 아무 일 없었고 천 교수는 곤경에 빠졌다. 루장고 측은 학생이 용감했다며 그를 처벌하지 않을 것이라고 밝혔다. 그러나 허페이사범대는 즉각 홈페이지에서 천 교수 프로필을 내렸다. 그리고 그가 맡은 모든 과목의 강의를 중단시켰다. 미디어들은 학생에게 우호적인 논조를 보였다. 일부 언론은 "교수의 3관(인생관, 가치관, 세계관)에 문제가 많다"고 지적했다.

교육 당국도 바빠졌다. 안후이성 교육청은 허페이사범대 당위원회에 대해 즉각 조사팀을 구성토록 했다. 이에 허페이사범대 조사팀은 천 교수를 상대로 경위를 조사했다. 루장현 정부는 허페이시 정부의 요구에 따라 자체적으로 천 교수와 루장고에 대해 조사를 벌였다. 천 교수는 사건 발생 뒤《신경보》와의 인터뷰에서 "링링허우(2000년대 출생자들)에 대한 이해와 소통이 부족했다"며 "지금은 집에서 (나의 발언에 대해) 심각하게 반성하고 있다"고 말했다.

이 사건은 왜 주목을 끄는가? 시진핑 집권 이후 강화해온 애국주의 교육의 현실을 상징적으로 보여 주기 때문이다. 더욱이 〈신시대 애국주의 교육실시 강요〉의 시행에 따라 앞으로 무수한 애국주의 홍위병 출현이 예정돼 있다. 그렇다면 '루장고 사건' 같은 일이 한 번만으로 끝날까.

교육부는 교수들에 대한 사상 통제를 위해 2018년 11월 〈신시대 대학교사 직업행위 10항 준칙〉을 발표했다. 이와 함께 초·중·고교 교사, 유치원 교사에게 적용할 준칙도 각각 따로 제정해 발표했다. 이 행위준칙은 '시진핑 신시대 중국특색사회주의사상'과 '국무원의 신시대 교사대오 건설개혁 심화에 관한 의견'을 철저히 관철하기 위한 것이라고 밝혔다. 간단히 말해, 각급 교사들이 이 준칙을 통해 시진핑 사상을 실천하라는 것이고, 그 핵심은 당과 정부를 비판하거나 국가 이익에 위배되는 행위를 하지 말라는 경고이다.

10개항 중 대표적인 부분은 정치적 방향을 굳건히 하고堅定政治方向 (1항), 애국과 법 준수를 깨달으며自覺愛國守法 (2항), 우수한 문화를 전파해야 한다傳播優秀文化 (3항)는 것이다. 준칙은 각 항의 구체적 함의도 풀이해 놓았다. 이에 따르면, 1항은 교육·수업 활동 및 기타 상황에서 당중앙의 권위를 '손상시키거나' 당의 노선·방침·정책을 위배하는 언행을 해서는 안 된다는 뜻이다. 2항은 국가이익과 사회의 공공이익을 손상시키거나, 사회의 공공질서와 미풍양속을 위배해서는 안 된다는 의미다. 2항의 뜻풀이 앞부분에서는 "조국과 인민에 충성해야 한다"고 명기해 놓았다. 3항은 잘못된 시각을 발표하거나 옮기거나, 가짜 또는 불량 정보를 조작·확산시켜서는 안 된다는 것이다. 3항은 수업뿐만 아니라 포럼, 특강, 인터넷, 기타 경로를 통해서도 이런 행위를 하면 안 된다고 규정했다. 초·중·고교 교사와 유치원 교사에게 적용하는 준칙도 전체 내용이 이와 크게 다르지 않다.

준칙은 특히 금지된 행위를 하다 적발된 교사는 법과 규정에 따라 엄중하게 처벌해야 하며 결코 관대하게 처리해서는 안 된다고 명시했다. 만약 제대로 처리하지 않은 사례가 발견되면 학교 간부에게 책임을 물을 것이라고 밝혔다. 준칙은 마지막으로 각 학교는 이 준칙 실천 상황을 신속히 교육부에 보고하라고 강조했다.

이러한 '동토凍土의 왕국' 아래서 과연 지식인들이 자신의 목소리를 낼 수 있을까? 간혹 용기 있게 당의 노선과 다른 말을 하는 교수는 학교에서 쫓겨날 각오를 해야 한다. 뿐만 아니라 관련 법에 따라 별도 처벌을 받을 수도 있다.

이처럼 교수들은 행위 준칙으로 옭아매 당 노선에 대한 비판을 못 하게 하고, 당원들은 기율처분 조례로 묶어 당중앙 방침에 반대하지 못하게 하며, 나아가 언론은 당이 관리한다는 원칙에 따라 당과 다른 목소리를 내지 못하게 하는 것이 시진핑 신시대의 현주소다. 중국몽 실현의 길에는 통제와 감시, 그에 따른 침묵이 깊숙이 자리 잡고 있는 것이다.

하지만 중공은 '백년대변국百年大變局'으로 불리는 대전환기에 사상의 자유는 사회 혼란과 분열을 초래할 뿐이라고 강조한다. 〈20차 당대회 보고〉는 이에 따라 '중국식 현대화'라는 새로운 개념을 제시했다. 중국은 서구식 현대화의 길이 아니라 중국 실정에 맞는 사회주의 현대화를 추진하겠다는 것이다. 이는 중국의 꿈 실현을 위해 당이 주도적 역할을 하겠다는 뜻이다.

그러나 사회에 대한 감시나 사상 통제를 통해 이러한 목표를 달성하겠다는 방침은 일사불란한 정책 추진이 가능하지만, 거꾸로 불안요인이 될 수도 있다. 이러한 방식은 공산당에 대한 냉소주의를 키우고 반작용을 불러올 수 있기 때문이다.

집권 3기와 미디어 전략, 사상 통제 강화의 길로

'당대회 보고'는 중공이 향후 5년 동안 추진할 국정 기본 방침을 담고 있다. 국정 마스터플랜이라 할 수 있다. 당이 국가를 이끄는 체제이니 당대회에서 발표한 문건이 그대로 국정에 반영되는 것이다. 따라서 2022년 10월 있었던 〈20차 당대회 보고〉 가운데 언론 분야 내용을 보면 시진핑 집권 3기에 시행할 미디어 관련 정책의 방향을 명확히 알 수 있다. 물론 2017년 10월 〈19차 당대회 보고〉와 비교하면 미디어 정책이 어떻게 바뀌고 있는지도 판단할 수 있다.

'당대회 보고'는 언론 관련 정책을 언급할 때 '언론 분야'나 '언론 정책'이라고 하지 않고 '뉴스 여론 공작'이라고 표현한다. 언론 매체는 중공의 노선에 맞는 여론을 형성하는 데 있어 그 도구 역할을 해야 한다고 분명히 한 것이다. 무엇보다 시진핑은 뉴스 여론 공작을 이데올로기 공작, 즉 사상 공작의 한 부분이라고 본다. 이는 마오쩌둥이 1950년대에 보여 준 언론관과도 일치한다.

시진핑은 나아가 이데올로기가 문화의 발전 방향을 결정한다고 강조한다. 따라서 미디어는 이데올로기나 문화에 종속되는 개념으로 규정된다. 미디어를 통한 여론 공작은 응집력과 선도력을 갖춘 사회주의 이데올로기를 형성하는 데 기여해야 한다는 것이다. 중공은 사상의 방어선이 무너지면 여타 분야 방어선은 지키기 어렵게 된다고 본다.

〈20차 당대회 보고〉 내용을 보자. 〈20차 당대회 보고〉는 과거에 비해 전반적으로 사용하는 어휘가 강경해졌다. 강력한 1인 지배체제를 바탕으로 중국식 현대화를 추진한다는 노선에 따른 것이다. 언론 분야에 관한 내용이 포함된 제8절의 제목은 '문화 자신 自信과 자강 自强을 추진하고 새롭고 휘황찬란한 사회주의 문화를 주조 鑄就한다'로 돼 있다. 〈19차 당대회 보고〉에서는 언론 분야가 제7절에 언급됐다. 그 제목은 '문화 자신을 견고히 하고 사회주의 문화의 번영과 흥성을 추진한다'였다.

19차와 20차 당대회 보고를 비교해 보자. 20차 때는 '문화 자강'이 새로 추가됐고, 19차 때의 '사회주의 문화의 번영과 흥성 추진'이 '휘황찬란한 사회주의 문화 주조'로 바뀌었다. 여기서 언급한 '자강'은 '중국식 현대화' 노선과도 맥이 닿아 있다.[50] 사회주의 문화 번영의 '추진'을 '주조'로 바꾼 것은 문화 분야를 더욱더 당이 원하는 방향으로 끌고 가겠다는 의지를 드러낸 것이다.

---

50 〈20차 당대회 보고〉는 서두에 제시한 '대회 주제'에도 '자신 자강'을 새로 넣었다. 자신 자강을 국정 전반에 반영한다는 의미다.

이제 〈20차 당대회 보고〉 중 언론 분야의 구체적 내용을 살펴볼 차례다. 20차 당대회에서는 사회주의 이데올로기 공작과 관련한 미디어의 역할을 특히 강조했다. 이데올로기 공작의 중요성을 먼저 강조한 뒤 언론의 역할, 미디어 시스템, 인터넷 생태계에 관해 밝혔다.

관련 내용은 한 문장, 6개 구절로 돼 있다. 문장을 그대로 옮긴다.

우리는 강대한 응집력과 선도력을 갖춘 사회주의 이데올로기를 건설해야 하며, 당의 이데올로기 공작에 대한 영도권을 확실하게 장악해야 하며, 이데올로기 공작 책임제를 전면적으로 실시해야 하며, 신시대의 주류 사상 여론을 공고히 해야 하며, 전 매체 커뮤니케이션 시스템 건설을 강화해야 하며, 양호한 인터넷 생태계 형성을 추진해야 한다.

앞의 세 구절은 이데올로기 공작과 관련된 내용이다. 뒤에 나오는 세 구절이 언론 관련 부분이다. 우선 사회주의 이데올로기를 건설하기 위해서는 당이 이에 대한 영도력을 장악해야 한다고 밝혔다. 이데올로기 공작 책임제도 19차 당대회에 이어 언급했다. 미디어는 이데올로기 공작을 위해 존재한다는 점을 분명히 한 것이다.

언론 분야에 대해 주문한 내용은 세 가지다. 첫째, 미디어에 대해 신시대의 주류 사상, 즉 시진핑 사상을 공고히 하는 역할을 하도록 했다. 둘째로 밝힌 전 매체 커뮤니케이션 시스템 구축이란 전통 미디어와 뉴미디어 간 융합 발전을 의미한다. 소셜미디어를 포함한 뉴미디어가 뉴스 커뮤니케이션을 주도하는 상황에서 전통 미디어의 활로 개척이 필요함을 지적했다. 셋째, 양호한 인터넷 생태계 형성을 강조한 것은 인터넷에 대한 감시와 통제를 강화해야 한다는 말이다.

그럼 〈19차 당대회 보고〉 중 언론 관련 내용을 알아보자. 시진핑 주석
이 〈19차 당대회 보고〉에서 언급한 언론 정책은 크게 두 가지다. 첫째
는 커뮤니케이션 수단 혁신, 둘째는 인터넷 종합관리체계 구축이다.
　그 내용은 다음과 같이 두 문장, 5개 구절로 이뤄졌다.

　　커뮤니케이션 수단의 구축과 혁신을 특히 중요시하고, 뉴스 여론의 전파력·
　　선도력·영향력·공신력을 높여야 한다. 인터넷 콘텐츠 구축을 강화하고, 인터
　　넷 종합관리체계를 만들고, 맑고 깨끗한 인터넷 공간을 건설해야 한다.[51]

　첫 문장 두 구절은 뉴스 여론 공작에 대한 요구를, 둘째 문장 세 구절
은 뉴스 시장을 이미 지배한 인터넷에 대한 요구를 각각 담았다. 각 구
절별 함의는 다음과 같다.
　첫째, 커뮤니케이션 수단의 구축과 혁신은 전통 미디어와 뉴미디어 간
미디어 융합을 뜻한다. 둘째, 뉴스의 전파력 등을 높여야 한다는 것은 이
러한 역량이 민심 향배와 직접 관계되기 때문이다.
　다음으로 인터넷과 관련, 첫 번째로 인터넷 콘텐츠 구축을 강조한 것
은 이 분야에서 구호만 앞세우고 내실은 없는 상황이 여전히 사라지지 않
고 있기 때문이다.
　둘째, 인터넷 종합관리시스템을 만들도록 요구한 것은 그 배경이 단

51　陳力丹, 〈堅持正確輿論導嚮, 加强互聯網內容建設: 學習十九大報告關於新聞輿論工作的論述〉, 《國際
　　新聞界》, 2017, pp.6~9.

순하지 않다. 현행 중국의 인터넷 관리는 전통 미디어에 대한 관리 방식과 기본적으로 다르지 않다는 문제를 안고 있다. 인터넷 관리를 단순히 차단하거나, 막거나, 삭제하는 식으로 하고 있는 것이다. 특히 인터넷 관리에 있어 지도하는 상급기관의 눈치만 보고 네티즌, 즉 인민은 쉽게 대하는 태도가 여전하다.

셋째, 깨끗한 인터넷 공간 건설은 주로 검열을 통해 이뤄지는데 말처럼 쉽지 않은 상황이다. 대부분 인공지능에 의존해 인터넷에 올라온 뉴스나 콘텐츠를 식별하다 보니 파생되는 문제가 적지 않다.

이처럼 시진핑 집권 3기에는 2기에 비해 언론의 사상 공작이 더욱 강화될 것임을 알 수 있다. 이는 곧 미디어가 중국몽의 실현과 중국식 현대화를 위해 여론 선도 역할을 적극적으로 한다는 것을 의미한다. 이 과정에서 주류 사상을 벗어나는 목소리는 철저하게 배제될 수밖에 없다. 이에 대해서는 〈20차 당대회 보고〉에서 당이 이데올로기 공작의 영도권을 장악해야 한다면서 사상 통제를 강화할 것임을 분명히 밝혔다. 따라서 앞으로 중국에서 한목소리만 들릴 위험이 커졌다. 이 경우 시진핑 1인 지배 권력이 과단성 있게 정책을 추진할 수도 있지만, 독단적 행보 때문에 정국의 불안정성과 불확실성이 증대될 수도 있다. [52]

강력한 1인 지배체제에서는 오류가 있어도 수정할 기회를 갖지 못하는 한계가 있다. 문혁 때 '양보일간兩報一刊'[53]을 비롯한 모든 매체가 주

52 Jude Blanchette, 〈Party of one: The CCP congress and Xi Jinping's quest to control China〉, 《Foreign Affairs》, Oct. 14, 2022.

53 중공중앙 기관보 《인민일보》, 인민해방군 기관보 《해방군보解放軍報》, 중공중앙 이론지인 잡지 《홍기紅旗》를 가리킨다.

선율에 따라 한목소리를 낸 결과는 어땠는가? 역사의 퇴보와 반동을 불러왔을 뿐이다. 마오쩌둥이 1969년 9차 당대회에서 최고지도부(정치국 위원)를 자신에 대한 충성파로 채워 권력을 독점한 뒤 전개된 상황은 시사하는 바가 크다. 당시 정치국 개편으로 문혁 급진파가 과반수를 차지했다. 결국 그는 '엄중한 재난을 가져온 내란'54을 일으킨 역사적 과오 속에 눈을 감았다.

---

54 중국공산당은 1981년 6월 중공 11기 6중전회에서 〈건국 이래 당의 약간의 역사 문제에 관한 결의〉를 채택, 문화대혁명에 대해 "영도자가 잘못 시작하고 반혁명집단이 이를 이용함으로써 당, 국가, 각 민족의 인민에게 엄중한 재난을 초래한 내란"이라는 평가를 내렸다. 〈결의〉는 마오쩌둥이 이에 대한 주요 책임이 있다고 밝혔다. 그러면서도 마오의 중국 혁명에 대한 공적이 잘못보다 훨씬 크다면서 공적이 첫째요, 잘못은 둘째라고 명시했다.

2장

시진핑의 중국몽과
뉴미디어

시진핑 주석은 "인터넷 안전이 없으면 국가 안전도 없다"고 강조했다. 2018년 4월 전국 인터넷안전 및 정보화회의에서였다. 인터넷 안전은 당의 장기 집권에 직결된 다고도 했다. 인터넷이 체제 위협 요소가 될 수 있다는 인식을 드러낸다.

"인터넷 매체를 철저히 통제해 여론을 이끌어라."

그는 2020년 2월 코로나19가 한창 유행할 때는 이렇게 지시했다. 온라인 매체, 특히 소셜미디어 통제를 소홀히 할 수 없다는 것이다. 당과 정부의 코로나 늑장대응을 비판하는 목소리가 SNS에 한창 넘쳐날 때였다.

빠르게 발전하는 인터넷 사회와 이에 못 미치는 국가운영 시스템. 지금 중국 사회의 갈등은 상당 부분 여기서 비롯된다. 국가운영 시스템을 금방 바꿀 수 없다면 가장 손쉬운 수단은 검열과 통제다.

이를 위해 〈인터넷안전법〉도 만들고 인터넷정보판공실도 뒀다. 〈인터넷안전법〉은 인터넷 검열을 합법화했다. 그 검열의 전위대가 인터넷정보판공실이다. 인터넷 감시의 그물망은 이밖에도 촘촘하게 쳐져 있다.

당은 인터넷 애국청년 조직 '샤오펀훙小粉紅'도 키웠다. 이들은 시진핑 체제를 옹호하는 인터넷 전사를 자처한다. 바로 이들이 백지시위 세대와 겹친다는 사실은 주목을 끈다.

코로나19 초기인 2020년 2월 초순 내부고발자 의사 리원량이 사망하자 소셜미디어에서는 시진핑과 당정을 비판하는 목소리가 폭발했다. 사진은 한 네티즌이 당시 상황을 풍자한 것. 우한 중난루파출소는 출두한 리원량에게 훈계서를 통해 "위법 활동을 계속하면 법률 제재를 받을 수 있다. 알아들었느냐?"고 물었고, 리원량은 "알아들었다明白"고 쓰고 지장을 찍었다. 이를 두고 "(세상이) 캄캄하다는 것을 알아들었다明白暗黑"고 비틀어 표현했다. (사진 =《페이스북》캡처)

1. 인터넷 안전은 당의 장기집권에 직결

시진핑, 코로나 때 "인터넷부터 통제하라"

"간부들은 인터넷 매체를 철저히 통제하고 여론을 이끌어 신종 코로나와의 싸움에서 이겨야 한다."

코로나19 초기의 대혼란은 1989년 톈안먼 사건 이후 중국공산당이 직면한 최대의 도전으로 불릴 정도였다.[1] 시진핑 주석은 당과 정부의 코로나19 늑장 대응을 놓고 비판의 목소리가 SNS를 중심으로 고조되자 이에 적극 대응할 것을 주문했다. 2020년 2월 3일 소집된 정치국 상무위원회 회의에서였다.[2] 인터넷 통제를 신종 코로나 퇴치를 위한 대책의 하나로 강조한 것이다. 온라인 매체, 그중에서도 소셜미디어 통제는 여론 선도에서 놓치면 안 된다는 인식을 보여 준다.

중국공산당은 집권 이래 체제 안정을 최우선 가치로 내세웠다. 당의 집권을 해치는 요소를 제거하는 것은 다른 어떤 일보다 중요했다. 이 과정에서 미디어 통제를 통한 여론 공작은 필수 과업이었다. 특히 인터넷 등장 이후 권위주의적 통제에서 벗어나려는 네티즌의 움직임이 두드러지자 이에 대한 대응을 한층 강화했다.

시진핑 시대 들어 '중앙인터넷안전 및 정보화 영도소조'가 2014년 2월 출범한 것은 인터넷 통제를 위한 두드러진 행보였다. 이 소조의 조장은

---

1 鄧聿文, 〈疫情大考: 習近平的生死戰?〉, 《NYT中文網》, 2020. 3. 5, https://www. nytimes.com.

2 당 최고지도부를 구성하는 정치국 상무위원회 회의는 외부에 알리지 않는데 이례적으로 이를 공개했다. '시진핑 살리기'를 위해서였다. 매월 한 번씩 개최되는 정치국 회의는 공개해왔다.

시진핑이 직접 맡았다. 인터넷 여론을 통제하는 컨트롤 타워 역할을 자임한 것이었다. 시 주석은 "인터넷 안전 없이는 국가 안전도 없고, 정보화 없이는 현대화도 없다"고 강조하면서 SNS에 대한 통제를 강화했다.

이 영도소조는 2018년 3월 당중앙이 발표한 〈당과 국가의 기구개혁 방안〉에 따라 '중앙인터넷안전 및 정보화위원회'로 바뀌었다. 그때 이 영도소조뿐 아니라 '중앙전면심화개혁 영도소조' '중앙재경 영도소조' '중앙외사공작 영도소조' 등도 '○○ 영도소조'에서 '○○ 위원회'로 이름이 바뀐다. '중앙인터넷안전 및 정보화위원회'는 뒤에 따로 설명하는 '국가인터넷정보판공실'과 동일한 조직이지만 두 간판 아래 활동한다. 인터넷정보판공실은 인터넷 검열과 통제를 주관하는 조직이다. 둘 다 당중앙 직속이다.

2017년 6월에는 인터넷 검열과 처벌 근거 등을 명시한 〈인터넷안전법〉이 시행됐다. 이 법은 인터넷 통제와 관련한 모법母法으로 인터넷 검열을 합법화했다. 같은 해 10월에는 〈인터넷댓글서비스관리규정〉이 시행됐다. 이 규정은 《웨이신》, 《웨이보》 등 댓글서비스 제공자가 자체적으로 댓글을 감시하고 삭제하는 의무를 지도록 했다.

인터넷 실명제도 시행되고 있다. 〈인터넷사용자계정명칭관리규정〉, 〈인터넷댓글서비스관리규정〉, 〈인터넷커뮤니티서비스관리규정〉에 이와 관련된 조항을 담았다. 실명제는 모든 웹사이트와 스마트폰 앱 모두에 적용된다. 다만 실제 인터넷에 표기되는 이용자 이름은 익명으로 가능하다. 이뿐 아니다. 〈인터넷정보콘텐츠생태계관리규정〉을 통해 국가 안전을 이유로 인터넷에 올려서는 안 되는 내용을 구체적으로 밝히고 있다. 이에 대해서는 뒤에 자세히 서술한다.

시진핑 주석이 인터넷 매체를 통제하도록 지시한 뒤 후베이성 우한에서 활동하던 시민기자 천추스陳秋實, 팡빈方斌, 리쩌화李澤華가 임의로 연행됐다. 이들은 우한 봉쇄 뒤의 참혹한 실정을 현지에서 전하던 중이었다. 신종 코로나 확산을 경고했던 의사 리원량이 사망한 뒤에는 그를 추모하는 글이 《웨이보》 등에서 삭제됐다. 칭화대 법대의 쉬장룬許章潤 교수는 당국에 체포되면서 외부와 연락이 단절되기도 했다. 그는 당시 소셜미디어에 올린 〈분노한 인민은 더는 두려워하지 않는다〉는 글에서 신종 코로나 대응을 놓고 시진핑 주석을 직접 비판했다. 신종 코로나 초기 시진핑의 사임을 요구하는 〈권퇴서勸退書〉를 발표했던 인권운동가 쉬즈융許志永도 체포됐다. 그때 불법 연행되거나 갑자기 연락이 끊긴 사람들은 모두 인터넷 미디어를 통해 정보를 전달하거나 자신의 주장을 펼쳤었다.

시진핑이 상무위에서 발언한 일주일 뒤인 2월 10일엔 최고인민법원, 최고인민검찰원, 국무원 공안부와 사법부가 합동으로 〈코로나바이러스 전염병 퇴치를 방해하는 위법행위의 처벌에 관한 의견〉3을 발표했다. 의사 리원량 사망 이후 여론이 들끓던 시점이었다. 〈의견〉은 전염병 퇴치에 저항하는 행위, 가짜를 만들고 파는 행위 등 10대 범죄를 엄하게 처벌하는 내용을 담았다. 그 직전인 2월 7일까지 22개성 검찰은 이미 코로나19 퇴치를 방해한 사범 363건을 적발해 기소하거나 조사를 벌였다. 관영 언론을 포함한 매체들은 전염병 구제활동 등 긍정적 뉴스를 주로 보도하라는 지침을 받았다. 4

---

3 〈兩高兩部: 嚴懲妨害疫情防控犯罪 推動提高依法治理能力〉, 《人民網》, 2020. 2. 11, http:// news. china.com.cn.

4 Raymond Zhong, 〈China clamps down on coronavirus coverage as cases surge〉, 《New York Times》, Feb. 5, 2020, https://www.nytimes.com.

이러한 일은 새로운 게 아니다. 초대형 전염병이 번지면 언제나 그랬 듯 이번에도 언론은 당국의 지침에 따라 취재한 내용만 보도해야 했다. 국가인터넷정보판공실은 평소 하던 대로 사회 안정을 해칠 우려가 있는 전염병 관련 뉴스는 검열을 통해 걸러냈다.

소셜미디어 검열 완화했던 이유는?

세계적 현상이지만, 인터넷 등장 뒤 중국 미디어 환경은 획기적으로 변했다. '미디어 혁명'으로 불리는 인터넷 미디어의 발전은 공론장을 완전히 바꿔 놓았다. 사회 중간계층에 속하는 네티즌이 인터넷에서 상당한 발언권을 행사하게 된 것이다. 그 과정에서 뉴미디어의 의제설정 기능도 점점 강화됐다. 이에 따라 코로나19 초기 여론형성 과정에서도 과거와 확실히 다른 현상이 나타났다. 당 지도부의 엉터리 대응에 지식인과 시민기자는 물론 일반 네티즌들도 분노를 쏟아냈다.

코로나 발생 직후인 2020년 3월 기준 중국의 인터넷 사용 인구는 9억 400만 명으로 전체 인구의 64.5%였다. 그 뒤 인터넷 사용 인구는 10억 명을 넘었다. 2022년 6월 기준 10억 5100만 명이다(인터넷 보급률 74.4%).[5] 코로나 초기 우한에서 참상이 벌어졌을 때 네티즌이 가장 활발하게 이용한 소셜미디어는 《웨이신》이었다. 《웨이신》 월별 이용자는 2019년 9월 기준 11억 5천만 명. 그야말로 스마트폰과 소셜미디어가 초연결사회 hyper-connected society를 구현한 것이다.

---

5 〈第50次 中國互聯網絡發展狀況統計報告〉,《中國互聯網絡信息中心CNNIC》, 2022. 8. 31.

이에 비해 사스가 확산된 2003년 7월 기준 인터넷 사용 인구는 6980만 명에 불과했다. 전체 인구의 5% 수준이다. 사스 첫 환자는 2002년 11월 중순 광둥성 순더에서 나왔다. 그러나 제도권 주류 언론은 5개월 이상이나 사스에 대해 입도 벙긋하지 못하는 '집단 실어증'에 빠져 있었다. 《CCTV》 뉴스 채널은 2003년 5월 1일에야 비로소 사스 보도를 시작할 정도였다. 이에 따라 온갖 흉흉한 유언비어가 나돌았고 인민들은 정신적 공황상태에 빠졌다. 그럼에도 코로나 초기와 같은 민초들의 저항은 없었다. 인터넷 사용자가 미미한 수준이었기 때문이다.

사스 때 난징대 사회학과와 난징시 여론조사센터가 공동으로 실시한 여론조사 결과는 당국의 언론 통제 실상을 잘 보여 준다. 6 이 조사는 2003년 5월 베이징, 상하이, 광저우, 충칭, 난징 등 5대 도시에서 진행됐다. 광저우에 사는 응답자 가운데 60%는 "제도권 언론 밖에서 사스 관련 정보를 얻었다"고 밝혔다. 또 전체 응답자 중 40.9%는 "주류 매체로부터 먼저 사스 정보를 접하지 못했다"고 했다. 사스 관련 소문을 알게 된 경로에 대한 응답은 "다른 사람이 하는 말을 들었다(56.7%)", "다른 사람과 대화하면서 알게 됐다(19.4%)", "인터넷을 통해 알게 됐다(14.2%)" 등이었다.

관영 언론을 통해 관련 정보를 입수했다는 대답은 없는 데다 인터넷으로 관련 정보를 획득한 비율도 아주 낮은 수준이었다. 대신 휴대전화 문자가 소식을 전파하는 데 큰 역할을 한 것으로 확인됐다. 당시 광저우 일대에서 사스 관련 휴대전화 문자가 오간 상황은 2003년 2월 8일

6   胡正榮·李煜,《社會透鏡: 新中國媒介變遷 60年, 1949~2009》, 淸華大學出版社, 2010, p.334.

4000만 회, 2월 9일 4100만 회, 2월 10일 4500만 회로 나타났다. 대다수 사람들은 권위 있는 정부 당국의 발표를 인용한 보도를 믿고 싶어 했으나 그렇게 할 기회는 없었다.

사실 중국 사회가 지금 직면한 최대 갈등은 빠르게 발전하는 인터넷 사회와 이를 따라가지 못하는 국가운영 시스템 간 부조화에서 시작된다. 국가운영 시스템 문제를 짧은 시간에 해결하지 못한다면 가장 손쉬운 방법은 인터넷 통제와 검열이다. 당과 관련된 폐단을 공개적으로 지적하는 것을 막거나 사후적으로 걸러내는 것이다. 이에 따라 중앙선전부와 국가인터넷정보판공실은 상시적으로 인터넷 여론을 통제하거나 검열하는 기능을 한다. 이와 함께 중앙선전부, 인터넷정보판공실, 공안부, 문화부 등은 '정망淨網' '검망劍網' 등의 이름 아래 정기적으로 인터넷 분야에 대한 집중 단속을 실시한다.

이런 기조 아래서 코로나19 초기에도 언론 규제, 그중에서도 인터넷 통제를 주요 대응책으로 채택했다. 그러나 이러한 대응에도 한계는 있다. 시진핑 비난 여론이 한창 고조되던 2020년 2월 초·중순으로 돌아가 보자. 검열 당국은 리원량 사망 직후인 2월 7일부터 시진핑을 비롯해 당정을 비판하는 목소리가 인터넷에서 폭발적으로 분출하자 검열을 일시적으로 완화했다. 《위챗》 등 소셜미디어에 올라온 이러한 내용을 삭제하지 못하고 그대로 둔 것이다.

당국은 여론을 자극해 불난 데 기름을 붓는 결과가 될 것을 우려했다. 민중들에게 감정을 배출할 기회를 준 것이다. 리원량 사망 뒤 경찰에서 그가 훈계서를 쓴 전후 상황을 조사하기 위해 국가감찰위원회가 서둘러 전담팀을 구성한 것도 네티즌의 분노를 달래기 위한 조치였다.

이는 지극히 이례적인 일이었다. 정부의 정보 봉쇄와 무력한 전염병 대응을 놓고 고조된 불만을 누그러뜨리기 위한 고육책이었다. 시진핑이 네티즌의 분노 앞에서 엄청난 불안감을 느끼고 있었음을 드러내는 정황이다. 당시 인터넷 매체가 아닌 일부 제도권 매체들도 당중앙을 직접 겨냥하지 못했을 뿐 당국을 비판하는 기사를 쏟아냈다.

"인터넷 안전 없으면 국가 안전도 없다"

"인터넷 안전이 없으면 국가 안전도 없다没有網絡安全就沒有國家安全."

시진핑 주석이 2018년 4월 20일 전국 인터넷안전 및 정보화회의에서 강조한 말이다.7 〈공산당이 없으면 신중국도 없다没有共產黨就沒有新中國〉는 1940년대 혁명가요 제목과 운율이 비슷해 기억하기도 쉽다.

시 주석은 이어 "정보화가 안 되면 현대화도 안 된다"며 "인터넷 안전과 정보화는 당의 장기 집권, 국가의 장기적 안정, 경제사회 발전과 인민군중 복지와 긴밀하게 관계된다"고 밝혔다. 중국공산당이 인터넷 안전을 얼마나 중시하는지 잘 보여 준다. 인터넷 안전은 곧 정보 통제를 통해 확보된다.

중국에서 인터넷 검열은 〈인터넷안전법〉에 의해 합법화됐다. 이 법은 2016년 11월에 제정돼 2017년 6월 1일부터 시행됐다.

이 법 제5조는 다음과 같이 규정했다.

---

7 張壘, 〈習近平總書記關於網絡强國的重要思想發展脈絡及其對新聞輿論工作的指導意義〉, 《中國出版》, 2021年 第11期, p.8.

국가는 중화인민공화국 안팎으로부터 오는 인터넷 안전 관련 위험과 위협에 대해 조치·감시·방어·처분을 하고, 핵심적 정보기초시설이 공격·침입·교란·파괴되지 않도록 보호하고, 인터넷에서 법을 어긴 범죄활동을 법에 따라 처벌하고, 인터넷 공간의 안전과 질서를 유지한다.[8]

당국이 인터넷 정보를 규제하고 삭제하는 권한, 검열하는 권한 등을 가진 것은 이 규정에 의해서다. 구체적으로는 '인터넷 공간의 안전과 질서를 유지한다'는 부분이 그 근거다. 검열은 주로 국가와 사회체제를 비판하는 내용, 국가나 사회 등에 손해를 끼치는 내용에 대해 이뤄진다. 이러한 내용이 아니라도 당국이 자의적으로 민감하다고 판단하면 검열하는 행위가 광범위하게 이뤄진다.

이와 함께 인터넷 기업은 불법정보를 발견하면 전송중단, 삭제, 확산방지, 기록보관 등 조치를 취하고 유관기관에 보고해야 한다. 인터넷에서 법을 어긴 행위에 대한 처벌 근거도 이 법 제5조에 명시해 놓았다. 이 밖에 "중화인민공화국 안팎으로부터 오는 인터넷 안전 관련 위험과 위협"이라고 밝힌 것은 외국의 소셜미디어 등 인터넷 플랫폼도 규제하겠다는 의도를 분명히 한 것이다. 중국 국내에서는 《페이스북》, 《구글》, 《유튜브》, 《트위터》, 《인스타그램》 등을 막아 놓았다.

---

8 〈中華人民共和國網絡安全法〉,《百度百科》, 2017. 6. 1, https://baike.baidu.com.

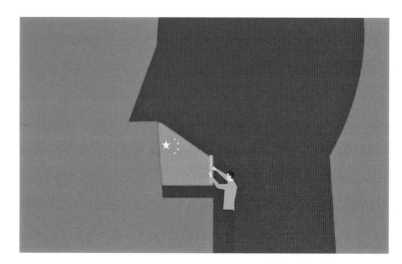

《BBC 중문망》(중문 사이트)은 2020년 3월 2일 강화된 〈인터넷정보콘텐츠생태계관리규정〉
이 발효됐다는 기사를 보도하면서 이 삽화를 함께 실었다. 새 관리규정이 사람 입에 재갈을
물리는 상황을 상징하고 있다. (사진 =《BBC 중문망》)

2. 인터넷 감시의 그물망

인터넷 검열 전위대, 인터넷정보판공실

인터넷 통제 및 관리를 위해 법적으로 〈인터넷안전법〉과 관련 규정들을 마련했다면, 제도적으로는 '국가인터넷정보판공실國家互聯網信息辦公室'을 두었다. 이 기구는 인터넷 매체에 대한 최고위 관리감독기관으로 2011년 5월 출범했다. 중국에서는 이를 줄여 '국가 왕신반' 또는 '왕신반'으로 부른다. 중공중앙 직속이다. 국가 왕신반은 베이징에 중앙 왕신반을 두는 것 외에 성·시·자치구 등 행정단위별로 거미줄 같은 전국적 조직을 갖추었다. 인터넷 정보 관련 정책을 집행할 뿐만 아니라 관련 법률과 제도를 만든다. 인터넷 검열도 여기서 한다. 그 운영은 자세히 공개되지 않았다.

중앙 왕신반 홈페이지에서 주요 직무를 간략히 소개하는데, 그 내용은 아래와 같다.

인터넷 정보 전파와 관련한 정책을 집행하고 법률과 제도를 만든다. 관련 부문이 인터넷 정보의 내용을 관리하는 것을 지도·협조·감독하고, 법과 규정을 위반한 사이트를 법에 따라 조사하고 처리한다. 직무 범위 내에서 각 지역 인터넷 관련 부문이 업무를 보는 것을 지도한다.

여기서 "관련 부문이 인터넷 정보의 내용을 관리하는 것을 지도·협조·감독하고"라는 부분은 공안부나 문화부 등이 '정망淨網'이라는 명목으로 인터넷에 대한 단속을 실시할 경우 국가 왕신반이 지도와 협조 등을 한다는 의미다. "인터넷 정보 내용 관리"에서는 인터넷 검열과 통제가 주를 이룬다.

나의 박사과정 동료 가운데 왕신반에서 근무하는 중국 친구가 있었다. 언론검열 파트에서 일했는데, 내가 물어보면 자신이 하는 일에 대해 대강 말할 뿐 자세히 설명하지 않았다. 왕신반이 전국적으로 시골 지역까지 조직을 갖추었다고는 했지만, 내부의 구체적 업무 시스템에 대해서는 밝히기를 꺼렸다. 사회적으로 민감한 이슈가 있을 때는 업무량도 많아지고 스트레스도 커진다고 했다. 야근이나 시간 외 근무를 해야 할 때가 적지 않다고도 했다. 왕신반 직원 중에는 언론검열 쪽 종사자가 제일 많다고도 했는데 그건 이미 알려진 사실이었다. 그가 불편해하지 않도록 선을 지켜 주는 게 필요했다.

중국에서 인터넷 통제와 검열은 일반적으로 다음 세 가지 방식으로 진행하는 것으로 알려져 있다. 9

첫째, '만리방화벽'이라고 불리는 필터를 통하는 것이다. 영어로는 'Great Firewall'이라고 하는데 'Great Wall'(만리장성)과 'Fire Wall'(방화벽)을 합친 단어이다. 이는 《페이스북》이나 《트위터》 같은 외국의 특정 사이트나 소셜미디어를 막는 것이다. 사회 안정을 이유로 외부로부터 들어오는 트래픽을 차단하기 위한 목적이다.

그러나 해외 인터넷 우회접속 프로그램인 가상사설망VPN: Virtual Private

9　Xinyuan Wang, 《*Social Media in Industrial China*》, UCL Press, 2016.

Network을 이용하면 해외 웹사이트 접속이 가능하다. VPN 사용은 원칙적으로 금지돼 있지만 네티즌들이 이를 이용하는 데 큰 어려움이 없다. 물론 중국 당국은 필요하면 이를 단속한다. 예를 들어 2022년 11월 백지시위 뒤에는 시위 참가자를 색출하기 위해 경찰이 휴대전화에 VPN 앱이 깔려 있는지 확인하기도 했다.

만리방화벽을 통한 인터넷 통제는 톈안먼 민주화시위 기념일이나 중공 당대회 등 정치적으로 민감한 시기에는 더욱 두드러진다. 그 예로 중공 20차 당대회 직전인 2022년 10월 초순에는 《틱톡TikTok》의 중국 국내 버전인 《더우인抖音》마저 차단되기도 했다.10 《더우인》에서 광둥어로 진행하는 라이브 커머스였다. 차단된 화면에는 "인식할 수 없는 언어나 텍스트가 포함돼 있다"는 창이 떴다. 광둥어 콘텐츠는 언어 장벽 때문에 검열이 어려워지자 문제발생 소지를 없애기 위해 아예 차단했던 것이다.

둘째, 키워드를 통해 민감한 콘텐츠를 걸러내는 방식이다. 이를 '키워드 블로킹keyword blocking'이라고 부른다. 즉, 특정 단어나 구가 포함된 콘텐츠는 자동으로 인터넷에 올리는 것이 막힌다. 하지만 중국 네티즌은 이러한 통제를 헤쳐 나가는 방법을 알고 있다. 인터넷 검열이 상시적으로 이뤄지는 환경에서 터득한 자구책인 셈이다.

중국 네티즌은 이러한 방식에 아주 익숙하다. 즉, 차단되는 단어 대신 발음이 비슷한 다른 단어를 쓰는 것이다. 또는 검열에 통과될 수 있는 단어를 쓰면서도 이 단어가 무엇을 의미하는지 교묘하게 네티즌이 알 수 있도록 한다. 중국 대륙에서 쓰는 간체 대신 번체를 쓰거나 갑골

---

10 〈중국, 당대회 앞두고 일부 인터넷 가상사설망도 차단〉, 《연합뉴스》, 2022. 10. 7, https://www.yna.co.kr.

문자를 사용하고 영어로 표현하기도 한다. 이 밖에 문장을 거꾸로 배열하는 방식을 동원하기도 한다. 코로나19 초기 당국의 인터넷 검열이 심해지자 중국 네티즌은 이처럼 다양한 수단을 통해 삭제되는 내용을 기사회생시키는 모습을 보였다.

셋째, 앞의 두 가지 방식으로도 막지 못한 '부적절한' 정보는 사람이 직접 검열을 통해 찾아낸다. 인터넷에서 유통되는 엄청난 정보를 감안해 검열 작업에 동원되는 인원도 상상을 초월한다. 우선 '왕징 網警'이라 불리는 인터넷 경찰이 있다. 다음으로는 인터넷 관리원을 가리키는 '왕관 網管'도 검열에 참여한다. 왕징과 왕관은 전국적으로 수만 또는 수십만 명으로 알려져 있으나 정확한 수는 공개된 적이 없다. 세 번째로 '우마오당 五毛黨'. 중공에 고용된 댓글부대다. 댓글 하나에 5마오를 받는다고 이런 이름이 붙었다. 마오毛는 중국 위안화의 위안元 아래 화폐단위다. 이들의 수는 수십만 명으로 알려져 있다. 이마저도 보수적 추산일 뿐이다.

여기에다 개별 인터넷 플랫폼이 자체 검열을 위해 고용한 재택근무자도 있다. 중국의 주요 인터넷 플랫폼은 당국의 요구에 따라 정교한 자체 검열 메커니즘을 구축한다. 이들 플랫폼은 자체 검열을 위해 고용 인력 외에 인공지능 알고리즘도 활용한다. 이처럼 검열 작업에 동원되는 인력을 모두 합하면 수백만 명에 달할 것으로 추정된다.11 이와 관련해 검열 관련 전체 인력을 수천만 명으로 보는 시각도 있다. 추정치 간 차이가 이렇게 큰 것은 정확한 통계가 없기 때문에 빚어지는 불가피한 현상이다.

---

11 《BBC》는 2013년에 중국의 인터넷 검열 인력이 200만 명에 달한다고 중국 관영 매체를 인용해 보도한 적이 있다. 정확한 보도일은 2013년 10월 4일로 이미 10년 전이다. 따라서 지금은 이보다 훨씬 많을 것으로 추정된다(〈Internet censorship in China〉, 《Wikipedia》, https://en.wikipedia.org).

〈인터넷댓글서비스관리규정〉

중국에서는 2017년 10월부터 〈인터넷댓글서비스관리규정〉을 시행하고 있다. 〈인터넷안전법〉에 근거한 것이다. 댓글을 통해 유통되는 정치적으로 민감한 정보를 사전에 통제하는 것이 목적이다. 이에 따라 인터넷 댓글서비스 제공자는 서비스 이용자가 등록(회원가입) 할 때 그의 정확한 신분을 확인할 의무를 진다(제5조 1항).

이뿐 아니다. 댓글서비스 제공자는 댓글을 실시간으로 확인하는 시스템을 만들고, 위법한 정보는 즉시 발견해 처분하는 동시에 관할 부문에 보고해야 한다(제5조 5항). 댓글서비스 제공자는 또 관할 부문이 법에 따라 감독 검사를 할 때는 필요한 기술, 자료, 데이터를 제공하는 등 협력해야 한다(제5조 8항). 이 규정은 댓글서비스 제공자, 즉《웨이신》,《웨이보》등 소셜미디어 플랫폼이 자체적으로 댓글을 감시하고 삭제하는 의무를 지도록 한 것이다.

이처럼 중국에서는 인터넷에 올리는 내용뿐만 아니라 댓글에 이르기까지 관련 법과 규정을 통해 촘촘한 감시망을 구축했다. 이러한 상황에서는 플랫폼 측이 당국의 눈치를 보느라 별문제 없는 내용도 과도하게 규제하는 경향이 나타난다.

이와 관련해 보충 설명을 해야 할 게 있다. 중국에는 다른 나라에서는 볼 수 없는 독특한 형사사법제도가 많은데 그중 하나가 '웨탄約談'이다. '웨탄'의 우리말 발음은 '약담'으로 그 뜻은 '미리 약속해서 대화를 나눈다'는 것이다. 특정 행정기관 관계자가 하급기관 또는 관할 아래 있는 민간조직 및 기업의 간부를 불러 업무와 관련해 잘못된 부분을 지적하고 관련 법규나 정책을 학습하게 함으로써 문제를 해결하는 방식이다. 정식 처벌에 앞서 동원하는 일종의 행정수단이다.

이뿐 아니다. 업무상 과오가 없더라도 상급조직이 하급조직에 특별한 방침을 전달할 때 웨탄 형식을 활용한다. 웨탄 뒤에는 자칫하면 형사처벌 단계로 넘어가기 때문에 그 구속력은 결코 가볍지 않다. 이러한 웨탄은 각 분야별·업종별로 이뤄진다.

인터넷 플랫폼을 포함한 미디어 분야는 중앙과 지방 정부의 선전부나 인터넷정보판공실이 관련 기업이나 기관을 상대로 웨탄을 한다. 예를 들어 당조직이 필요할 경우 《바이두百度》, 《알리바바》, 《텅쉰》(《텐센트》), 《신랑》(《시나》) 등 인터넷 기업의 고위 간부들을 불러서 종종 웨탄을 한다. 〈인터넷안전법〉(제56조)은 이에 대해 다음과 같이 명시해 놓았다.

성省급 이상 인민정부 관련 부문은 인터넷 안전 감독·관리 직무를 수행하는 중, 인터넷에 비교적 큰 안전상 위험이 존재하거나 안전 사건이 발생했을 경우 규정상 권한과 절차에 따라 해당 인터넷 플랫폼의 법정 대표나 주요 책임자와 웨탄을 할 수 있다. 해당 인터넷 플랫폼은 마땅히 요구에 따라 조치를 취하고, 정리 개선하고, 잠복된 문제를 제거해야 한다.

코로나19 초기 당국과 시진핑을 비판하는 내용이나 댓글이 《웨이신》에 올라오자 지체 없이 사라지는 현상이 계속됐다.12 당시 《웨이신》 측이 선제적으로 자체 검열을 했을 가능성이 제기됐던 것은 바로 이런 규정 때문이다.

여기에다 〈인터넷정보콘텐츠생태계관리규정〉은 인터넷 업체와 네티즌이 플랫폼상에 무엇을 전파할 수 있고, 무엇을 퍼뜨려서는 안 되는지 구체적으로 밝혔다. 쉽게 말해, '국가 안전을 해치는 내용'은 금지된다. 이와 관련해 〈인터넷안전법〉은 국가 안전을 해치는 내용을 전파한 행위자에 대한 처벌 근거를 명시했다(제5조).

언론자유 옥죄는 새 인터넷정보 관리규정

2020년 3월 1일, 중국에서 인터넷 감시를 더욱 강화하는 새로운 규정이 정식 발효됐다. 정확한 명칭은 〈인터넷정보콘텐츠생태계관리규정〉이다. 국가인터넷정보판공실이 2019년 12월 15일 심의를 거쳐 이 규정을 발표했고, 2개월여 뒤 시행에 들어간 것이다.

당시는 코로나19를 초기에 제대로 막지 못해 비판 여론이 고조되자 국가 총동원 체제로 위기 상황에 맞서던 국면이었다. 당과 정부에 대한 비판은 《웨이신》, 《웨이보》 등 인터넷을 매개로 한 SNS가 주도하고 있었다. 이 규정은 인터넷 정보콘텐츠 생산자, 콘텐츠 서비스 플랫폼, 서비스 이용자가 각각 무엇을 해야 하고 무엇을 해서는 안 되는지 구체적으로 밝혔다.13

---

12 이런 검열이 당국에 의한 것인지, 《웨이신》측이 자발적으로 한 것인지는 확인되지 않았다. 인터넷 기업 내에 당지부가 설치돼 있어 어느 쪽의 소행인지 구분하는 것이 무의미할 수 있다. 인터넷 기업은 〈인터넷안전법〉에 따라 플랫폼상에서 오간 콘텐츠에 책임져야 한다.

13 〈網絡信息內容生態治理規定〉, 《百度百科》, https://baike.baidu.com.

이 가운데 주요 내용은 콘텐츠 생산자와 관련돼 있다. 국가 왕신반 책임자는 이에 대해 "양호한 인터넷 생태계를 조성하고, 국민·법인·기타 조직의 합법적 권익을 보장하고, 국가 안전과 공공 이익을 보호하기 위한 것"이라고 밝혔다. 그러나 인터넷 통제의 고삐를 더욱 조이는 내용이라는 것을 쉽게 알 수 있다.

그럼 콘텐츠 생산자가 인터넷에서 무엇을 할 수 있는가? 무엇보다 중국공산당의 방침, 정책, 핵심가치관과 일치되는 선전은 결코 문제가 없다. 규정 제5조는 인터넷 정보콘텐츠 생산자로 하여금 다음과 같은 콘텐츠를 제작, 복제, 발표하도록 권장하고 있다.

첫째, 시진핑 신시대 중국특색사회주의사상 선전. 둘째, 당의 이론 노선 방침과 정책 그리고 당중앙의 중요 정책 이행과 관련한 선전. 셋째, 경제·사회 발전의 밝은 면 및 인민군중들의 위대한 분투, 열렬한 태도 등 부각. 넷째, 사회주의 핵심가치관 선양 및 우수한 도덕 문화와 시대정신 선전.

말하자면 당과 동일한 보조를 취하면서 당의 이념과 노선을 선전하는 일에 앞장서라는 것이다. 특히 중국 사회의 밝은 면을 전파함으로써 시대정신을 함양하는 역할을 하라는 요구를 담고 있다.

다음으로 콘텐츠 생산자에게 무엇을 금지했는지 살펴보자. 규정 제6조는 '위법한 정보'를 아주 광범위하게 열거했다. '말해서는 안 되는 것'을 규정한 것인데 너무 포괄적이다. 이에 따르면 콘텐츠 생산자는 아래와 같은 내용의 위법한 정보를 제작, 복제, 발표해서는 안 된다.

첫째, 헌법 기본 원칙 반대. 둘째, 국가 안전 위해, 국가 기밀 누설, 국가 정권 전복, 국가 통일 파괴. 셋째, 국가의 영예와 이익에 손해 초래. 넷째, 영웅 열사의 사적과 정신에 대한 왜곡, 희화화, 모독, 부정. 이 밖에도 테러리즘 미화, 민족 갈등 선동, 사교邪敎와 봉건적 미신 미화, 루머 퍼뜨리기, 외설적 내용 전파 등도 금지 항목에 들어가 있다.

한눈에 봐도 대부분 조항이 구체적이지 않다. 따라서 어떤 내용이 어떤 금지 항목에 해당하는지 당국이 자의적 판단을 할 소지가 있다. 그런데도 부족하다고 느꼈던지 제6조 마지막에 특별히 하나 더 추가했다. '법률이나 행정 법규로 금지한 기타 내용'도 단속 대상이라고 밝혔다. 이 기타 내용 때문에 애매한 이유로 처벌될 가능성이 우려된다.

이게 전부가 아니다. 규정 제7조는 콘텐츠 생산자가 마땅히 배척해야 할 '불량 정보'도 열거해 놓았다. 즉, 과장된 제목을 달아 본문과 제목이 일치하지 않는 정보, 섹스 스캔들이나 추문, 자연 재해나 중대 사고에 대한 부적절한 논평, 성적 표현이나 성희롱 관련 내용, 특정 지역이나 사람들을 차별하는 정보 등이다.

이처럼 인터넷 감시망을 더욱 촘촘하게 하는 규정을 새로 시행하는 것은 중국에서 새로운 뉴스가 못 된다. 지난 수년 동안 지속적으로 이러한 추세를 보였기 때문이다. 이번에 선보인 규정은 〈인터넷안전법〉, 〈인터넷정보서비스관리법〉에 근거를 뒀다. 새 인터넷정보 관리규정은 한마디로 콘텐츠 생산자들이 시진핑 사상 등 중공 지도이념을 선전하는 것 외에 당과 정부를 비판하는 내용은 만들거나 유포할 수 없다는 것이다.

이 규정 발효는 코로나19 확산에 따라 정보의 투명성에 대한 중국 민중들의 욕구가 한층 높아졌던 때라 더욱 관심을 끌었다. 2월 7일 '휘슬블로어' 의사 리원량의 갑작스런 죽음 뒤 중국의 교수, 변호사 등 지식인들은 언론자유를 공개적으로 요구했다. 이러한 언론자유 요구 목소리는 일찍이 보지 못했을 만큼 높았다. 더욱이 '국경 없는 기자회'는 이 규정 발효 일주일 전인 2월 24일 중국 당국의 언론검열을 비판하는 성명을 발표했다.

성명 요지는 이렇다.

중국 당국은 소셜미디어와 인터넷 채팅방에 대한 통제를 더욱 강화했다. 일부 기자와 블로거들은 이들 미디어와 《웨이신》 채팅방을 통해 대담하고 독립적인 보도를 하기도 했다. 이러한 상황에서 수많은 네티즌들은 분노에 찬 목소리로 언론검열을 그치라고 용감하게 요구하고 있다.[14]

코로나와의 전쟁 기간에는 당국과 네티즌 간 인터넷상 힘겨루기가 일진일퇴의 모습을 보였다. 그랬던 만큼 새로운 규정이 발효되면서 엄청난 반응을 불러일으킨 건 당연했다. 《웨이보》에선 게시글 '#인터넷 정보콘텐츠 생태계 관리규정 오늘 발효#'가 하루 뒤인 3월 2일 오후까지 조회수 396만 회를 기록했다. 이에 검열 당국은 댓글 다는 기능을 막기도 했다. 댓글 중에는 "앞으론 좋은 뉴스가 갈수록 많아지겠군"이란 탄식이 다수였다. 물론 신상 털기나 낚시성 제목에 넌더리를 내는 댓글도 있었다.

결국 새 규정은 앞으로 인터넷 통제를 위한 더 많은 구실을 검열 당국에 제공하는 역할을 하게 될 뿐이다.

이에 대해 예일대 법대의 제러미 다움Jeremy Daum 교수는 《BBC》와의

---

14 〈中國嚴整網絡信息生態: 北京加強審査和控制的時機和反響〉, 《BBC中文網》, 2020. 3. 2, https://www.bbc.com.

인터뷰에서 "상호작용이 아주 강한 인터넷상에서는 모든 개인이 콘텐츠 생산자가 될 수 있는데, 이러한 규정을 어떻게 시행할 것인지 상상이 잘 안 된다"고 말했다. 그의 발언은 이어진다. 15 "상상해 보라. 블로그 상의 문장이나 온라인 게시글이 낚시성 제목을 달았는지 또는 인터넷에 성ㆍ과 관련된 게시물이 있는지를 모두 확인해야 하는 상황을."

시진핑, 인터넷 관리 갈수록 강경

시진핑 주석은 2016년 4월 19일 제1차 인터넷안전 및 정보화업무 좌담회에서 "인터넷이 인민민주를 발전시키고 인민감독을 받아들이도록 하는 새로운 경로가 돼야 한다"고 말했다. 그는 "이는 인터넷 여론 감독 기능을 충분히 발휘할 수 있도록 하고 이에 잘 적응해야 한다는 뜻"이라고 설명했다. 인터넷 여론 감독이란 인민군중이 인터넷 플랫폼을 통해 언론의 감시 기능을 하는 것을 가리킨다. 모바일인터넷 시대를 맞아 모든 개인이 감시 기능을 발휘할 수 있게 된 데 따른 것이다.

시진핑은 좌담회에서 "나는 권력을 제도의 바구니 안에 가두어야 한다고 여러 차례 강조했다"면서 "이때 인터넷 여론 감독을 포함한 여론 감독이 작용하도록 하는 게 중요하다"고 밝혔다. 그는 또 "인터넷은 아주 복잡해서 관리하기가 참 어려우므로 막아 버리는 게 최고라는 인식이 있다"며 "이런 견해는 부정확한 것으로 문제해결의 방법이 아니다. 중국을 개방하는 대문은 막아서는 안 되고 막을 수도 없다"고 지적했

---

15 《BBC中文網》, 앞의 기사.

다. 그는 "인터넷 여론 분위기를 양호하게 형성하기 위해서는 한 가지 목소리만 있어서는 불가능하다"면서 "네티즌은 경력이나 관점 등이 모두 다른 보통 군중이므로 그들이 맞는 말만 하기를 기대하기는 어렵고, 좀 더 포용과 인내를 갖고 그들을 대해야 한다"고 강조했다.[16]

이에 따라 인터넷 미디어 감독을 어떻게 규범화하고 관리하느냐가 당이 직면한 중요한 과제로 떠올랐다. 이와 관련해 다음과 같은 선결문제가 지적됐다. 즉, 인터넷에 올린 내용을 당정기관이나 당 간부들이 마음대로 삭제하거나 봉쇄하지 않도록 할 것, 네티즌이 인터넷 폭력에 노출되거나 인터넷의 과격한 의견 표명에 좌우되지 않도록 할 것 등이다.

하지만 중국 현실에서 당에 불리한 인터넷 내용을 통제하는 행위를 중단할 수 있을까? 당관매체 원칙을 엄연히 고수하고 있는데 말이다. 시진핑 집권 3기인 2023년 현재 기준으로 보면 집권 1기였던 당시에는 시 주석이 인터넷 미디어에 대해 아주 이상적인 생각을 피력했음을 알 수 있다. 권력을 제도의 바구니 안에 가두어야 한다든지, 인터넷에서 한 가지 목소리만 있어서는 안 된다든지, 네티즌을 인내를 갖고 대해야 한다는 등 과연 시 주석 자신이 한 말이 맞나 싶을 정도다. 20차 당대회를 거치면서 무소불위의 권력을 확보한 시 주석이 중국 사회 전반에 대한 통제의 고삐를 더욱 죄는 현실과는 큰 괴리를 보여 준다.

당중앙은 인터넷 강국으로의 도약에 대해서도 구체적 방안을 제시했다. 시진핑은 2016년 10월 9일 중앙정치국 집단 학습 때 인터넷 강국 전략과 관련한 6개항을 제시했다.[17]

---

16 習近平, 〈在網絡安全和信息化工作座談會上的講話〉, 《人民日報》, 2016. 4. 26.

17 〈中共中央政治局10月9日下午就實施網絡强國戰略進行第36次集體學習〉, 《人民日報》, 2016. 10. 10.

1. 인터넷 정보기술의 자주적 혁신을 가속화한다.

2. 디지털 경제가 경제발전을 촉진하는 것을 가속화한다.

3. 인터넷 관리 수준을 높이는 것을 가속화한다.

4. 인터넷 공간에서 안전 방어 능력 강화를 가속화한다.

5. 인터넷 정보기술을 통한 사회 거버넌스를 추진하는 것을 가속화한다.

6. 인터넷 공간에서 국제적 발언권과 규칙 제정권 강화를 가속화한다.

'여섯 가지 가속화'라는 이름을 붙인 이 방안은 6개항 가운데 3개항이 인터넷 안전 및 관리와 관련됐다. 인터넷 강국으로 가는 길에서 인터넷 안전 확보를 가장 중요하게 인식하고 있음을 나타낸다. 이와 관련해 시 진핑은 "인터넷 안전 없이는 국가 안전도 없다"고 강조한 적이 있다. 인 터넷 안전이 다른 어떤 과제보다 우선함을 보여 주는 대목이다.

시 주석은 앞서 2015년 12월 25일 중앙군사위원회 기관보인 《해방군 보解放軍報》를 시찰했을 때 다음과 같이 말했다.

미디어 환경, 여론 생태계, 미디어 수용자, 커뮤니케이션 기술 등 모든 것이 지금 심각한 변화를 맞고 있다. 인터넷은 특히 미디어 분야에서 일찍이 경험 해 보지 못한 변혁을 촉진하고 있다. 미디어의 선전·보도 촉각은 바로 독자가 있는 곳, 미디어 수용자가 있는 곳을 향해야 한다. 사상 선전 업무에 있어서 주력해야 할 곳과 발을 디뎌야 할 곳은 바로 여기인 것이다.[18]

---

18 〈習近平主席在視察解放軍報社時强調 堅持軍報姓黨堅持强軍爲本堅持創新爲要 爲實現中國夢强軍 夢提供思想輿論支持〉,《人民日報》, 2015. 12. 27.

인터넷 등장 뒤 혁명적으로 바뀐 언론 환경에서 당의 직접 관할 아래 있는 주류 매체가 어디에 역량을 집중해야 할지 밝힌 말이다. 인터넷 매체를 외면하고는 주류 매체의 존재조차 어려울 수 있다는 의미다. 그의 발언은 전통매체가 인터넷 기반의 신매체와 융합 발전을 꾀해야 한다는 뜻을 포함하고 있다.

그러면서도 시진핑은 갈수록 인터넷 기업과 인터넷 미디어의 사회적 책임을 강조한다. 그는 2019년 1월 25일 중앙정치국 학습 때 "어떤 형태의 미디어에 대해서든 주관 부문은 감독·관리 책임을 다해야 한다"면서 "법에 따라 뉴미디어에 대한 관리를 강화함으로써 인터넷 공간을 더욱 깨끗하게 만들어야 한다"고 강조했다.

이는 관련 부문이 플랫폼 미디어에 대해 '강한 감독 관리强监管'를 해야 한다는 뜻을 밝힌 것이다. 그가 2016년 4월 인터넷안전 및 정보화업무 좌담회에서 인터넷의 여론 감독 기능을 강조한 발언과는 확연한 차이가 있다. 인터넷 공간이 깨끗하지 않을 경우 관련 기관은 그에 대한 책임을 져야 한다는 것이다.

시 주석은 인터넷 강국으로의 도약을 위한 환경 조성을 강조하면서도 인터넷 안전은 결코 소홀히 다루지 않겠다는 의지를 분명히 했다. 중국에서 인터넷 안전 확보는 인터넷에 대한 검열과 통제라는 수단을 통해 이뤄진다.

"感时忧国": 大国体育与 盛世小粉红

샤오펀훙이 오성홍기를 들고 중국 스포츠팀을 응원하는 모습. 샤오펀훙은 인터넷 애국 청년 조직으로 시진핑 체제를 옹호하는 인터넷 전사를 자처한다. 대도시 출신에 1990년 대 이후 출생이 많다. 이들은 애국주의의 세례를 받아 당과 국가의 영예를 자신과 일치 시키는 모습을 보인다. 이들은 공격 대상으로 삼은 국가에 대해 '인터넷 테러'를 자행함 으로써 민족주의를 유감없이 발휘한다. (사진 =《구글》이미지)

3. 당의 사이버 지원군들

시진핑, 친정부 인터넷 집단 '쯔간우' 직접 면담

시진핑 주석은 2013년 8월 19일 열린 전국선전사상 공작회의에서 "인터넷 다브이에 대한 관리·지도가 필요하다"고 강조했다.[19] 2012년 11월 18차 당대회에서 시진핑이 당 총서기에 오른 뒤 얼마 지나지 않은 때였다. 이는 인터넷 검열강화를 공식화한 것으로, 구체적으로는 정부를 비판하거나 유언비어를 퍼뜨리는 '인터넷 다브이 大V'에 대해 법률 제재의 칼을 뽑겠다는 신호였다. 인터넷 다브이는 인터넷상에서 영향력이 큰 인물을 가리킨다.

시 주석이 말한 인터넷 다브이는 '공공지식분자'를 지목한 것이었다. 공공지식분자란 자유주의파 지식인, 정부의 주류 이데올로기를 비판하는 사람, 인권투사 등을 지칭한다. 이들은 2000년대 들어 인터넷에서 정부를 비판하고 민주화를 이끌었는데, 가짜 공공지식분자가 나타나고 일부 공공지식분자의 도덕적 결함이 대두돼 부정적 이미지가 형성됐다. 그 뒤 사람들은 이들을 폄하하는 의미로 '공즈 公知'라고 불렀다. 일부 네티즌들은 인터넷 다브이가 '메이펀 美分' 세력과도 연계돼 있는 것으로 봤다.[20] 메이펀이란 미국 입장에서 인터넷 활동을 하는 네티즌을 말한다.

---

19 김인희, 앞의 책, p.55.

20 劉少杰·王建民,《中國網絡社會研究報告 2017》, 中國人民大學出版社, 2018, p.61.

당국은 시 주석의 발언에 이어 쉐만쯔薛蠻子, 친훠훠秦火火 등 다브이들을 유언비어 유포죄, 공공질서 문란죄 등으로 구속했다. 그 과정에서는 《인민일보》, 《신화통신》 등 관영 매체가 자유파 지식인을 비판하는 보도를 이어갔던 것도 큰 영향을 미쳤다. 자유파 지식인들은 이러한 과정을 거쳐 몰락의 길로 접어들었다.

시 주석은 2014년 10월에는 문예공작좌담회에서 유명 '쯔간우自干五' 저우샤오핑周小平과 화첸나이花千乃를 접견했다. [21] 공공지식분자를 비판하면서 한편으로는 쯔간우에 대한 지지를 표명한 것이다. 쯔간우는 자유파 지식인을 주공격 대상으로 삼는 인터넷상의 친정부 집단이었다. 정부관리와 그 가족들이 쯔간우에 많이 포함됐다. 시 주석은 쯔간우를 만나 인터넷에서 긍정적인 힘을 발휘해 달라고 격려했다.

이러한 모습은 최고지도자가 쯔간우에 엄청난 힘을 실어 준 것이었다. 뒤이어 《광명일보光明日報》, 《해방군보》, 《환구시보環球時報》 등도 관련 소식을 전하면서 쯔간우를 지지하는 사설까지 게재했다. 쯔간우는 자연스럽게 인터넷에서 가장 영향력 있는 집단이 됐다.

'쯔간우'란 명칭은 주류 이데올로기를 옹호하던 블로거 뎬쯔정点子正의 화법에서 유래했다. 뎬쯔정은 자신의 《웨이보》 계정 '망사구시網事求是'에서 쓰는 이름이다. 본명은 정둥훙鄭東鴻으로 《신화통신》 고급기자다. 《웨이보》 계정은 '실사구시實事求是'와 관련지어 이렇게 작명했다. 그는 2011년 《웨이보》에 개설된 유언비어를 반박하는 계정 '피야오롄멍闢謠聯盟'의 주요 멤버였다. [22]

---

21 김인희, 앞의 책, p.59.

22 〈闢謠聯盟〉, 《百度百科》, https://baike.baidu.com.

피야오롄멍에 그가 올린 친정부적 포스팅을 보고 사람들은 그를 '우마오', 즉 당에 고용된 댓글부대라고 의심했다. 이에 그는 "내가 만약 우마오라면 '스스로 비상식량을 휴대한 우마오自帶干糧的五毛'일 뿐"이라고 했다. 당으로부터 돈을 받는 우마오가 아니란 뜻이다.

네티즌들은 이를 줄여 '쯔간우'로 부르기 시작했다. 쯔간우는 민간조직을 자처했지만 시 주석의 격려를 받는가 하면 관영 매체가 적극적으로 지원했다는 점에서 관변단체임을 부인하기 어렵다. '공즈'를 공격하기 위해 출현했던 쯔간우는 2016년 공즈가 쇠퇴하자 자연스럽게 세력이 사라지게 된다.

이처럼 시진핑은 중국 정부를 비판하는 자유파 지식인 '공즈'를 공격하기 위해 '쯔간우'를 앞세웠다. 더욱이 관영 매체는 시 주석의 행보에 적극 동조했다. 당중앙이 인터넷 여론을 의도대로 끌고 가기 위해 어떤 수단을 동원하는지 잘 보여 주는 예다.

당중앙, 인터넷 애국청년 '샤오펀훙' 키우다

이런 상황에서 인터넷 애국청년 조직 '샤오펀훙'이 중국몽을 실현할 전위대로 등장했다. 샤오펀훙의 출범은 공청단이 주도했다. 공청단은 중공중앙에 속해 있다. 사실상 당중앙이 샤오펀훙을 키운 셈이다.

공청단은 2015년 인터넷 공론장에서 청년 자원봉사자를 100만 명이나 모았다. 2016년에는 '중앙인터넷안전 및 정보화위원회'가 공청단에 가세, 많은 네티즌이 샤오펀훙에 가입할 수 있도록 '중국 청년, 좋은 네티즌中國靑年好網民'이라는 주제로 교육활동을 전개했다. '중앙인터넷안전 및 정보화위원회'는 '국가인터넷정보판공실'과 동일한 기구다. 한 조직이 간판 두 개를 내걸고 다른 기능을 동시에 하고 있다.

샤오펀홍이란 말은 중국문학 사이트 《진장원쉐청 晉江文學城》에서 처음 등장했다. 이 사이트의 배경이 분홍색인 데다 대부분 가입자가 여성이어서 이런 이름이 붙었다. 2008년 베이징올림픽 무렵 해외유학생 등 일부 청년들이 이 사이트에서 애국주의 성향을 드러내기 시작했다. 2012년 11월 열린 18차 당대회 뒤 세력이 눈에 띄게 커졌다. 이들은 당과 국가의 영예를 자신과 일치시키는 모습을 보인다.

중국사회과학원이 2016년 12월 펴낸 《사회청서: 2017년 중국사회 형세분석 및 예측》은 "2016년에 사람들의 눈길을 끈 현상은 샤오펀홍의 굴기"라면서 "그들은 인터넷 등에서 애당·애국의 감정을 표출한다"고 서술했다.[23] 이들은 "청년이 강하면 중국이 강해진다"라는 의식 아래, 중국몽의 실현과 애당·애국의 청년세대는 불가분의 관계라고 생각한다.

샤오펀홍은 1990년대 출생에 남성 고학력자가 많다. 초기에는 여성이 대부분이었지만 역전됐다. 이들은 어릴 때부터 애국주의 교육을 받았다. 중국 정부는 샤오펀홍을 조직하면서 애국심 고취를 위해 영상물을 이용했다. 특히 애니메이션 〈그해, 그 토끼에게 있었던 일 那年那兎那些事兒〉(그 토끼 那兎)은 샤오펀홍에게 가장 큰 영향을 미쳤다.[24]

---

23 〈小粉紅〉, 《百度百科》, https://baike.baidu.com
24 김인희, 앞의 책, p.63.

〈그 토끼〉는 2015년 중국 정부의 '사회주의 핵심가치관 애니메이션 지원사업'에 선정됐다. 애국주의 선전물인 만큼 당으로부터 대폭 지원을 받았다. 이 작품은 중국 근현대의 군사·외교 방면 역사적 사건을 동물 캐릭터를 등장시켜 묘사했다. 전체 인민을 대상으로 한 역사보급용 만화영화다. 중화민족이 당한 고난의 역정을 딛고 공산당을 중심으로 단결해 중국몽을 이루자는 것이 주요 내용이다.

군사 분야 마니아 니광페이싱逆光飛行(본명 린차오林超)이 만들었다. 《여우쿠》, 《텅쉰》, 《Acfun》, 《빌리빌리》, 《아이치이》, 《소후》등 인터넷 동영상 플랫폼을 통해 주로 전파한다. 2015년 3월 '시즌 1' 방영을 시작하여 2022년에는 '시즌 6'을 방영했다.

이 만화영화의 주인공 토끼는 중국을 가리킨다. 토끼는 온순해 남을 먼저 공격하지 않지만, 공격을 받으면 맞서 싸우는 모습이 중국을 닮았기 때문이라고 한다. 각국의 동물 캐릭터를 보면 미국은 독수리, 러시아는 곰, 영국은 소, 독일은 고양이, 인도는 코끼리 등이다. 한편, 한국과 북한은 동물 캐릭터가 아닌 몽둥이로 표현했다. 한국은 남쪽 몽둥이南棒, 북한은 북쪽 몽둥이北棒다. 중국인들은 한국인을 비하할 때 '가오리방쯔高麗棒子'라고 하는데 '고려 몽둥이'라는 뜻이다.

〈그 토끼〉는 특히 6·25 전쟁을 다룬 내용에서 한국을 폄훼했다. 중국은 6·25 전쟁을 '항미원조抗美援朝전쟁'이라 부른다. 미국에 대항해 북한을 도운 전쟁이라는 뜻이다. 〈그 토끼〉 속의 전쟁 주체는 독수리가 이끄는 연합군과 이에 맞서는 토끼다. 한국군과 북한군은 독수리와 토끼에게 각각 살려 달라고 매달리는 존재로 그렸다. 굳이 〈그 토끼〉가 아니라도 중국 네티즌은 한국은 대국도 아니어서 마음대로 두들겨도 크게 개의할 게 없다는 의식을 종종 드러내곤 한다.

〈그 토끼〉는 북한이 한국을 공격한 원인을 놓고는 '이승만 괴뢰군'이 백성을 착취했기 때문이라고 주장한다. 따라서 중국은 정의를 실현하기 위해 참전했다는 것이다. 이러한 기조 위에서 항미원조전쟁은 중국이 미 제국주의를 물리치고 세계평화를 지킨 전쟁이 된다. 그러면서 "중국인은 위대한 항미원조정신으로 중국몽을 이뤄야 한다"고 강조한다.

이처럼 단순히 민간인이 만든 게 아니라, 중국 정부가 공식적으로 지원한 애니메이션이 이웃 국가의 역사를 왜곡한 것은 문제가 있다. 더욱이 애니메이션과 실제 영상을 이어서 편집함으로써 애니메이션 부분이 사실을 왜곡하거나 과장한 게 아니라는 점을 부각했다. 예를 들어 전쟁에서 토끼가 사망한 스토리를 애니메이션으로 보여 준 뒤, 그들의 유해 봉환 동영상을 비장한 음악과 함께 방영하는 식이다. '한국군 = 괴뢰군'이라고 주장한 전투에서 사망한 중국군을 영웅으로 기리는 데 한국 정부가 인도한 유해를 앞세우는 것이다.

한국 정부는 인도적 차원에서 자발적으로 중국군 유해를 발굴해 중국 정부에 인도하지만, 중국 측은 "항미원조는 정의로운 전쟁"이라는 역사관을 선전하는 데 이를 적극 활용한다. 미중 신냉전 상황에서 이러한 주장은 더욱 강화되고 있다.

중국 정부의 이런 입장은 국영《CCTV》가 유해 봉환 당일 애국주의를 한껏 고취시키는 모습으로 나타난다. 《CCTV》는 인천국제공항 유해 인도식은 물론 선양공항 도착 환영행사, 선양 항미원조 열사능원 안장식까지 전 과정을 생중계한다. 지난 2021년 9월 2일 제8차 중국군 유해 인도

때 그랬다. 《CCTV》는 영웅의 귀환을 대대적으로 알리며 '위대한 항미원조 정신'을 강조했다. 제국주의의 침략에 맞서 미국을 무찌른 항미원조정신이야말로 중화민족의 위대한 부흥을 위해 필요하다는 것이다.

중국은 미국을 항미원조전쟁의 상대로 볼 뿐 한국은 안중에도 없다. 중국이 '정의로운 항미원조전쟁'과 '위대한 항미원조정신'을 강조할 때 한국 국민은 어떤 감정을 느낄지 생각은 해봤을까? 한국은 정의롭지 못한 전쟁에 괴뢰국으로 참전했던 것일까? 나는 방송을 보면서 '한국의 선의를 이렇게 비틀 수도 있는 거구나'라는 생각을 지울 수 없었다.

한국 측이 인도한 유해를 통해 중국 인민의 애국심을 고취하면서 결과적으로 한국을 비하하는 모습은 참으로 아이러니다. 중국 정부가 상대국을 존중한다면 이런 태도를 보일 수는 없다. 한국 정부는 그동안 일본의 역사 왜곡은 꾸준히 지적했으면서, 중국에 대해서는 유해 인도를 계속하기만 할 뿐 침묵으로 일관한 것은 공감을 얻기 어렵다.

샤오펀훙은 〈그 토끼〉 같은 애니메이션을 보면서 고취된 애국주의를 '인터넷 테러'를 통해 과시한다. 샤오펀훙의 애국주의는 인터넷 민족주의라는 형태로 나타난다. 이들의 공격 대상은 주로 중국을 분노케 하는 미국·일본 등 강대국이지만 대만 독립운동이나 티베트 독립운동을 펴는 세력도 포함된다.[25] 이들은 '출정', '성전' 등 과격한 용어를 쓴다. 뿐만 아니라 "디바가 출정하면 풀 한 포기 살아남지 못한다帝吧出征 寸草不生"는 구호도 사용한다. 인터넷상에서 극단적 행동도 주저하지 않기 때문

25 劉少杰·王建民, 앞의 책, p.131.

에 일부 사람들은 '홍위병의 재출현'이라고 말한다. 이들에게 조국을 사랑하는 것은 영광일 뿐이다.

샤오펀훙은 2016년 1월 '디바출정' 이후 유명해졌다. 당시 상황은 걸그룹 트와이스의 멤버 쯔위가 2015년 11월 한 TV 프로그램에서 자신의 국적을 대만이라면서 대만 국기 '청천백일기'를 흔든 뒤 벌어졌다. 디바출정은 '디바'가 해외 웹사이트를 집단으로 무차별 공격해 자신들의 애국심을 보여 주는 것을 말한다. 그때 샤오펀훙은 대만 총통 차이잉원蔡英文의 《페이스북》 계정과 《핑궈일보》, 《싼리신문망》 등 민진당 매체의 《페이스북》 계정에 대만 독립을 반대하는 게시글과 사진 등으로 도배했다.

'디바'는 중국 최대 포털 《바이두》의 커뮤니티 '톄바貼吧' 가운데 하나다. 전 국가대표 축구선수 리이李毅의 커뮤니티 '리이바李毅吧'가 바뀌어 '디바帝吧'로 불리게 된 것이다.[26] 지금은 중국에서 아주 활발한 커뮤니티로 성장했다. 디바라는 명칭은 리이의 별명에서 따왔다. 축구팬들은 약간 비웃는 풍자를 담아 그를 '리이다디李毅大帝'라는 별명으로 불렀다. 그 뒤 '디帝'와 '바吧'를 가져와 '리이바'를 '디바'라고 부르기 시작했다. 처음에는 축구를 좋아하는 사람들만 모였지만, 뒤에 정치에 대해서도 토론했고 마침내 인터넷 애국청년 집단이 됐다.

문제는 샤오펀훙의 인터넷 테러를 중국공산당이 주도한다는 사실이다. 공청단 중앙은 자체 《웨이보》 계정을 통해 이들의 출정을 격려했다. 《인민일보》, 《환구시보》 등도 이에 동조하는 행보를 보였다. 더욱

---

26 劉少杰·王建民, 앞의 책, p.121.

이 중국 당국은 네티즌이 해외 사이트에 들어가기 위해 VPN을 사용하는 것을 금지하지만, 디바출정 때는 수많은 네티즌이 《페이스북》에 접속하면서 아무런 제한을 받지 않았다. 이런 인터넷 민족주의 표출은 상대국의 엄청난 반작용을 부른다는 점에서 후유증이 간단치 않다.

2016년 디바출정 뒤 대만인들의 중국에 대한 반감은 극도로 고조됐다. 이러한 분위기 속에서 대만 유권자들은 곧이어 진행된 총통 선거에서 민진당 후보 차이잉원에게 표를 몰아줬다.

샤오펀훙은 당이 키웠지만 이들이 2022년 11월 백지시위에 나섰던 청년들과 겹친다는 사실은 주목된다. 백지시위의 주축을 이룬 20~30대는 애국주의 세례를 받고 시진핑 체제를 옹호하는 인터넷 전사를 자처해왔다. 바로 그들이 "공산당 물러가라", "시진핑 하야하라"를 외쳤다. 이제 중국 청년들은 '샤오펀훙'이자 '백지시위 세대'라는 두 얼굴을 보인다. 특히 둘 다 인터넷을 기반으로 움직인다는 공통점을 갖는다. 백지시위 세대는 《텔레그램》 등을 통해 연락하며 시위에 참가했다. 이런 백지시위 세대는 2020년 코로나19 초기에 극도의 혼란이 계속됐을 때 시진핑 책임론을 제기했던 네티즌들 속에서 그 원형을 볼 수 있었다.

이와 관련해 눈길을 끄는 대목은 당이 20차 당대회를 통해 청년들을 당의 전위대로 내세운 것이다. 〈20차 당대회 보고〉는 청년들을 당의 과학적 이론으로 무장시킴으로써 그들이 당의 말을 흔들림 없이 듣고, 눈부시게 아름다운 꽃을 피울 수 있도록 하라고 밝혔다. 시진핑은 청년세대를 여전히 자신의 지지세력으로 삼고 싶어 한다는 사실을 드러냈다. 이런 상황에서 샤오펀훙은 향후 어떤 모습을 보일까? 당과는 어떤 관계 속에서 활동하게 될까?

우마오 vs 메이펀

인터넷에 등장한 특정 성향 집단 중에는 '우마오五毛'가 중국에서 가장 오래됐다. 우마오는 공즈나 쯔간우보다 먼저 출현했다. 이들의 그룹을 '우마오당五毛黨'이라 부르는데 공산당에 고용된 댓글부대를 뜻한다. 게시글이나 댓글 하나에 5마오(0.5위안)를 받는다고 해서 이런 이름이 붙었다. '마오毛'는 '위안元' 아래 화폐단위다. 지금은 화폐가치 변화에 따라 게시글 하나에 2위안가량 받는 것으로 알려졌다. 27

이들은 일반 네티즌으로 위장한 채 여론을 일정한 방향으로 유도하는 역할을 한다. 중국 당국은 조직적으로 인터넷 여론 관리를 하는 과정에서 우마오당을 운영하게 됐다. 우마오 내부에서는 단장團長, 추수推手, 수군水軍 등 역할에 따라 등급이 구분돼 있다고 한다. 일반적으로 수군 한 명이 최소 30개 계정을 관리할 만큼 업무 부담이 큰 편이다. 28

이들은 자신이 우마오라는 사실을 스스로 밝히지 않는다. 그런데 반체제 예술가 아이웨이웨이艾未未가 온라인에서 정체를 밝히는 사람에게 아이패드를 주겠다고 하자 이 제안을 받아들인 사례가 있었다. 29 자신을 W라고 밝힌 언론학을 전공한 이 20대 청년은 방송사에서 계약직으로 일했지만 부업인 우마오를 통해 수입 대부분을 충당했다. 그의 설명에 따르면 임무는 매번 "대중의 생각을 움직여라" 또는 "네티즌을 진정시켜라"와 같은 지시로 시작됐다. 공개적으로 정부를 칭찬하면 사람들

---

27 〈五毛〉,《百度百科》, https://baike.baidu.com.
28 〈五毛黨是什么意思 揭秘五毛黨〉,《創聞頭條》, http://www.cwtea.net.
29 에번 오스노스,《야망의 시대》, 고기탁 옮김, 열린책들, 2015, pp.299~300.

이 그를 무시하거나 우마오당이라고 조롱할 수 있으므로 이를 피했다.

그는 어떤 사이트에 너무 많은 사람들이 몰릴 경우 말 같지 않은 농담을 올리거나 지루한 광고를 게재해 우연히 들른 네티즌이 그냥 지나치도록 유도했다. 누군가 휘발유 값을 너무 올린다고 당을 비난하면 수류탄처럼 폭발력 강한 견해를 투척하기도 했다. "그 때문에 차를 운행하지 못할 만큼 가난한 당신에게나 해당되는 말이지" 같은 발언이었다. 그는 "그럴 경우 사람들은 나를 공격해요"라며 "그러면서 주제는 휘발유 값에서 내가 한 말로 서서히 바뀝니다. 나로서는 임무를 완수한 거죠"라고 했다.

이런 우마오당은 2004년 후난성 창사長沙 시당위원회 대외선전판공실이 인터넷 논설위원을 고용한 데서 시작된 것으로 알려졌다. 30 이들은 댓글을 다는 것 외에 인터넷 게시판에서 정부에 불리한 내용을 찾아내 반격을 가했다. 이에 여타 정부기관과 학교도 인터넷 논설위원을 뽑으면서 이들이 광범위하게 퍼지기 시작했다. 이들은 중국 정부의 화법이나 이익을 따르기도 하고, 공산당 사상과 민족주의를 널리 퍼뜨리기도 한다.

우마오당과 대비되는 그룹으로 '메이펀美分'도 있다. 메이펀은 서방국가, 특히 미국 입장에서 게시물을 올리거나 댓글을 다는 네티즌을 말한다. 이들은 중국 정부나 인민을 비판하면서 서방의 민주나 자유 개념을 추켜세우기도 하고, 신자유주의를 지지하는 입장을 보인다.

---

30 〈五毛黨是什么意思 什么是五毛黨〉,《973 遊戲網》, https://www.973.com.

중국 네티즌은 이들이 서방의 가치관이나 이익을 대변한다고 본다. 일부 사람들은 이들이 미국 등 국가들로부터 돈을 받고 이런 글을 쓴다고 주장한다. 이런 이유로 화폐단위 '센트'를 뜻하는 '메이펀'이라는 명칭을 이들에게 붙였다. 즉, '친미반중親美反中 세력에 고용된 사람'이라는 의미다. 하지만 이러한 주장은 증거도 없고 단지 추측일 뿐이다.[31]

보다시피 우마오당과 메이펀은 서로 대립적 위치에 있다. 우마오당의 경우 민족주의 성향이 강하며 서방국가들이 중국보다 앞서 있다는 메이펀의 시각에 반대한다. 그런 만큼 강한 좌파 성향을 갖고 있다. 이에 비해 메이펀은 우파 색채를 띠고 있다. 이들 중에는 일부 지식인 계층이 포함돼 있다. 하지만 우마오당이나 메이펀 어느 쪽도 다수 중국 네티즌의 집단의식이나 가치관을 대표하지는 못한다. 그럼에도 이들의 극단적 입장 때문에, 특정 이슈를 놓고 인터넷상에서 격렬한 논쟁이 벌어지곤 한다.

우마오당 같은 댓글부대는 '왕뤄수이진網絡水軍'으로 불리기도 한다. '인터넷 댓글 알바'라는 뜻이다. 우마오당은 주로 당과 정부를 위해 일하는 데 비해 왕뤄수이진은 특정 기관은 물론 회사에도 고용돼 여론 몰이를 한다. 왕뤄수이진은 특히 전자상거래 사이트나 소셜미디어 플랫폼 등에서 활동한다. 이들은 일반 소비자나 네티즌인 것처럼 위장하고, 게시물이나 댓글 등을 통해 다른 네티즌에게 영향을 미친다.

인터넷 안전 업무를 담당하는 기관이 왕뤄수이진과 관련해 '인터넷 정화' 활동을 벌인 결과를 보자. 2022년 6월 기준으로 과거 3년 동안 댓

---

31 劉少杰·王建民, 앞의 책, p.60.

글 아르바이트 관련 위법행위 600여 건을 적발해 처리했는데, 검거된 혐의자만 4천여 명에 달했다. 이 정도는 빙산의 일각일 뿐이다. [32]

한편, 인터넷상의 혼탁한 상황에 염증을 느끼고 '말 없는 다수'로 남고 싶어 하는 네티즌들도 있다. 이들은 자신을 '웨이관췬중圍觀群衆'이나 '츠과췬중吃瓜群衆'이라 부르곤 한다. 이 같은 표현은 인터넷에서 특정한 입장을 드러내지 않는 네티즌을 가리킨다. '웨이관췬중'이란 '구경꾼'이라는 의미로 '진상을 잘 모르는 웨이관췬중' 또는 '정치나 민감한 이슈를 거론하지 않는 웨이관췬중' 식으로 말한다. '츠과췬중'이란 사회적 이슈에 아무런 관심을 보이지 않는 사람을 가리킨다. 자신은 인터넷에서 정치·사회적 이슈를 놓고 논란을 벌이는 쌍방과 아무런 관계가 없다고 할 때도 스스로 츠과췬중이라고 말한다. [33] 츠과췬중에 대해서는 4장에서 자세하게 설명한다.

---

32 〈網絡水軍〉,《百度百科》, https://baike.baidu.com.
33 〈一分鐘了解吃瓜群衆〉,《好看視頻》, https://haokan.baidu.com.

★ ★ ★
★ **3장** ★

네티즌과 당국 간
끝없는 숨바꼭질

중국인들의 의사표현 욕구는 과거와 비교할 수 없을 정도로 커졌다. 스마트폰과 소셜미디어의 등장에 따른 현상이다. 중국에서는 이를 두고 "사람마다 마이크를 가졌다"는 식으로 표현한다.

'미디어 혁명'으로 불리는 인터넷 출현은 그 바탕이 됐다. 내부고발자 의사 리원량 사망 직후에는 인터넷 검열 당국이 넘쳐나는 네티즌의 성난 목소리 앞에서 손을 놓고 있기도 했다. 네티즌과 당국 간 시소게임의 균형이 깨지는 순간이었다.

서방 학자들은 인터넷 시대의 도래는 중국을 정치적 곤경에 빠뜨릴 것으로 내다봤다. 정보의 자유로운 유통은 독재정치를 위협한다는 논리에 따른 것이다. 그러나 중공은 네티즌의 발언권이 커지는 이상으로 검열과 선전을 강화했다. 이는 인터넷을 통제하고 역이용하는 방식의 개발을 통해 가능했다.

인터넷 통제는 '네티즌의 힘'을 훨씬 뛰어넘는 수준에 도달했다. '디지털 감시사회'는 이미 중국의 현실이다. 《우한일기》 작가 팡팡은 이를 두고 "첨단기술을 악용하면 전염병보다 무섭다"고 했다. 네티즌과 당국 간 숨바꼭질은 계속되고 있다.

중국에서 검열 당국과 네티즌 간 시소게임은 숙명처럼 계속되고 있다. 공산당의 통제 방식이 정교해질수록 네티즌도 다양한 형태로 이를 피해 가려는 모습을 보인다. 소득 수준이 높아지면서 시민들의 의사표현 욕구가 높아진 데 따른 자연스러운 현상이다. 사진은 검열을 피하기 위해 네티즌들이 소셜미디어에 올린 갑골문자, 이모티콘 등을 이용한 포스팅. (사진 =《바이두》픽처)

1. 모바일 인터넷은 양날의 칼

높아진 의사표현 욕구 vs 통제 강화하는 공산당

"이것 좀 보세요. 이게 도대체 몇 명인가요? 보이세요? 곧장 둥후팅위안東湖庭院 단지로 들어가고 있어요. 뭐 하자는 건가요?"

2020년 3월 10일, 《트위터》에 올라온 동영상 하나가 눈길을 사로잡았다. 아파트 발코니에서 내려다보고 찍은 15초 분량의 영상에는 아파트 단지 내 도로를 줄지어 이동하는 무리가 담겼다. 서너 줄로 서서 걸어가는 사람들 행렬은 맨 앞에서 뒤까지 적어도 100m는 넘을 듯하다. 선두가 이미 아파트 단지 안에 들어섰지만 뒤쪽은 차도의 횡단보도를 건너고 있는데 그 끝은 화면에 잡히지도 않는다. 이곳을 찾은 시진핑 주석과 그를 수행한 공무원들의 모습이다.

영상을 찍은 여성은 시진핑 뒤에 사람들이 줄줄이 따라가는 상황을 도저히 이해하지 못하겠다는 말투로 "뭐 하자는 거냐?"고 반문했다.[1] 시 주석은 코로나19 발생 뒤 처음으로 우한을 방문, 둥후팅위안 단지 시찰에 나선 것이다. 시진핑은 둥후팅위안에서 주민들과 간담회도 가졌다.

이처럼 중국 네티즌은 이제 '쇼'하는 공무원들을 더 이상 보고만 있지는 않는다. 지방 당 간부들의 보여주기식 행정은 과거부터 유명했고, 시진핑 시대 들어 더욱 심해졌다. 시진핑에게로 권력이 집중되면서 나타난 현상이다. 이를 두고 '범정치화泛政治化'라는 표현을 쓴다. '공허한 정치화'라는 뜻이다. 당원과 간부들이 업무 실적으로 말하려 하기보다

---

1 《Twitter》, Mar. 10, 2020, https://twitter.com/shijianxingzou/status/12372363864759 74656?s=09.

는 시 주석과 당중앙에 대한 충성심을 드러내 보이는 것으로 자신의 입지를 확보하고자 하는 경향을 비꼰 것이다.

이런 분위기를 잘 보여 주는 사례가 있다. 우한시 당서기 왕중린王忠林은 시진핑이 우한을 방문하기 나흘 전인 6일 우한 방역지휘본부 회의에서 "우한 시민은 코로나19 대응과 관련해 당 총서기와 공산당의 은덕에 감사해야 한다"며 시진핑에 대한 감사 캠페인을 벌이도록 했다. 당시 우한에서 코로나19가 잠잠해지긴 했지만 아직 봉쇄는 계속되고 있었다.

왕중린의 발언이 나오자 여론이 들끓었다. 네티즌들은 코로나19로 우한이 엄청난 피해를 입었는데도 초기 대응에 실패한 관료들에게 책임을 묻지도 않았다고 지적하면서, "감사 운동을 전개하라는 지시에 황당함과 분노를 느낀다"고 비판했다. 2

《우한일기》의 작가 팡팡도 가만있지 않았다. 하루 뒤인 7일 자신의 블로그에 "중국 정부는 인민의 정부다. 인민을 위해 존재한다"며 "부디 오만함을 거두고 당신들의 주인인 우한 시민에게 겸허하게 감사를 표하라"고 일갈했다. 영국 일간지 《가디언》은 코로나19를 처음 경고한 의사 리원량이 숨진 뒤 비판 여론이 극도로 고조됐던 때와 상황이 비슷했다고 전했다.

이처럼 거센 반발에 당황한 왕중린은 "우한 시민이야말로 영웅"이라며 "전력을 다해 코로나19 대응에 나선 우한 시민에게 진심 어린 감사를 표한다"고 완전히 달라진 입장을 표명했다. 동시에 자신의 당초 발언을

---

2 〈"시진핑에 감사" 제안했다가 뭇매 맞은 우한시 당서기〉, 《한겨레》, 2020. 3. 10, https://www. hani. co.kr.

보도한 관영 매체 기사도 온라인에서 삭제했다. 그 뒤 우한을 찾은 시 주석도 우한 시민을 향해 "감사하다"고 인사했다.

시진핑이 전문성보다 이념을 강조한 인사를 한 결과 이처럼 민심과 동떨어진 모습을 보이는 지방 간부들이 나타난 것이다. 왕중린은 코로나19 초기 부실 대응으로 민심이 들끓던 2월, 시진핑이 후베이성과 우한시 당서기를 동시 교체하면서 우한시 당서기로 앉힌 인물이다. 왕중린은 그 뒤 후베이성 성장으로 임명됐다. 높은 충성심으로 승진 가도를 달린 셈이다.

이런 분위기에서는 당 간부들이 자주적 판단에 따라 능동적으로 일하기보다 윗선의 지시만 기다리게 된다. 이 경우 좀비나 강시僵屍에 비유되기도 한다. 이런 상황을 '공강정치空講政治'로 부르기도 한다. 실속없이 정치적 공론空論만 하는 현상을 비판한 말이다. 이런 상황이다 보니 시진핑의 현장 시찰에 그렇게 많은 사람들이 줄지어 따라나선 것이다. 시진핑 집권 3기 들어 이런 병폐는 더욱 심화하고 있다. 당원은 당 중앙의 뜻을 벗어날 수 없도록 당 기율로 얽어매 놓았기 때문이다.

이뿐 아니다. 시진핑 시찰 당시 아파트 단지 내 집집마다 공안이 2명씩 나타났다. 방호복을 입었고 귀에는 이어폰을 끼었다. 주민들이 시진핑 일행을 향해 엉뚱한 말을 하지 못하도록 발코니 접근을 막기 위해서였다. 이렇게 한 것은 닷새 전인 3월 5일 '코로나19 중앙지도조' 조장이었던 쑨춘란孫春蘭 부총리 겸 정치국원이 우한 시내 아파트 단지를 방문했을 때 벌어졌던 상황 때문이었다.

당시 아파트 주민들은 "거짓이야, 모두 거짓이야!", "형식주의야!" 등을 외쳐댔다. 도시 봉쇄 속에 자가 격리 중인 주민들에게 식료품이 제대로 공급되지 않아 불만을 터뜨린 것이다. 그때는 코로나19로 우한이 봉쇄된 뒤 음식 재료를 단지별로 공동 구매해 분배하는 상황이었다. 이 영상은《웨이보》와《트위터》에 퍼져 나갔다. 이번에는 시진핑 방문에 맞춰 우한 주민들에게 돼지고기를 배급했는데 우한시가 쓰레기차로 고기를 배달해 한바탕 소동이 벌어졌다. 3

《트위터》에 퍼진 시진핑의 둥후팅위안 시찰 동영상, 왕중린의 황당한 지시 뒤 네티즌들의 엄청난 비판, 쑨춘란을 향한 아파트 주민들의 함성 … . 이러한 사례는 중국인들의 의사표현 욕구가 과거와는 비교할 수 없을 정도로 커졌다는 사실을 방증한다. 그들은 표현의 자유를 '표달자유表達自由'라고 한다. 'Freedom of Expression'을 중국어로 번역한 것이다. 실제로는 '화어권話語權'이라는 말을 더 자주 쓴다. '말할 권리' 또는 '표현의 권리'에 해당하는데 쉽게 말하면 '발언권'이다. '발언권'이라는 개념은 원래부터 있었지만 범위가 더 넓은 '표현의 자유'라는 개념은 수입된 셈이다.

발언권이 커진 상황은 스마트폰과 SNS로 대표되는 새로운 미디어 환경에서 가능해졌다. 개방된 인터넷 공간은 연대에 참여하는 구성원과 연대의 방식을 바꾸고 있는 것이다. 물론 중국의 경우 통제로 인해 인터넷을 통한 연대에 있어서 상당한 제약을 받는 것이 사실이다. 하지만 휴대전화를 가진 개개인은 당과 정부는 물론 전국의 인민을 향해 공개적으로 외칠 수 있는 마이크를 각각 가진 거나 마찬가지다.

---

3 〈시진핑 방문 이튿날, 쓰레기차로 식량 공급받은 우한 주민〉, 《중앙일보》, 2020. 3. 12. https://www.joongang.co.kr.

이런데도 '시진핑 찬양'을 맥락 없이 들고 나오는 당 간부는 디지털 미디어 환경에 대한 이해가 없거나 무모하거나 둘 중 하나다. 이제 중국 사회에서도 구태의연하게 여론을 끌고 가려 했다가는 예상을 뛰어넘는 역풍을 피할 수 없다.

그러면 이런 환경에서 당국은 어떻게 하고 있나? 둥후팅위안 단지 내 가구마다 경찰이 들어갔던 건 지금도 중국에서 통용되는 감시 방식을 극적으로 보여 준다. 아주 원시적인 통제 방식으로 아날로그 시대에나 통했던 것이지만 중국에서는 여전히, 그리고 공공연히 이러고 있다.

그렇다고 디지털 통제 시스템이 뒤떨어진 건 결코 아니다. 세계 최첨단 수준이다. 인터넷 통제나 검열 시스템은 앞에서 살펴본 것처럼 아주 촘촘하다. 여기에다 인공지능, 안면인식, 음성인식, 빅데이터 등을 활용한 감시 시스템은 혀를 내두를 정도다. 이들 기술은 인권에 개의치 않고 감시망을 구축하는 데 이용된다. 사람들의 얼굴을 여러 각도에서 촬영하고 지문이나 홍채 정보까지 등록하고 있는 것이 그 예다.

코로나 방역 기간 중에는 개인에 대한 통제가 더욱 강화됐다. 발열자 체크란 명목으로 안면인식 카메라 설치가 확대됐다. 집을 나서면 어디를 가든 수시로 휴대폰에 설치된 '건강코드' 앱으로 인증해야만 출입할 수 있었다. 이것이 2022년 백지시위 뒤 제로 코로나 정책을 완화하기 전까지 일상이었다. 감시를 위해 디지털과 아날로그 방식 모두를 동원하는 것이다.

이런 모습에서 보듯 스마트폰을 통해 네티즌이 연대하고 더 많은 발언권을 행사할수록 공산당의 통제 방식도 더욱 정교해지고 있다. 디지털화는 시민들에게만 날개를 달아 준 게 아니다. 이들을 감시하고 통제하는 공산당에게도 엄청난 힘을 부여했다. 중국 네티즌들은 삼장법사의 손바닥 위에서 노는 손오공과 비슷한 신세가 됐다. '디지털 빅브라더'는 이미 중국인의 하루하루를 온·오프라인에서 손금 보듯 들여다보고 있다.

제도권 미디어, 불편한 진실을 파헤치다

베이징에서 발행되는 유력지 《신경보》는 2020년 1월 30일 휘슬 블로어 의사 리원량을 인터뷰했다. 《신경보》는 다음 날인 31일 자 지면에 당국의 언론 통제 속에서도 리원량 인터뷰 기사를 내보냈다.

리원량은 말했다. "만약 그때 제가 알린 사실에 모두들 귀 기울였다면, 지금처럼 이렇게 전염병 환자가 폭발적으로 늘지는 않았겠죠." 그는 이어 "내가 헛소문을 퍼뜨린 사람이라고는 생각하지 않아요"라며 "모두에게 대비를 잘하라고 깨우쳐 줬을 뿐이죠"라고 강조했다. 해당 기사는 중국 질병예방통제센터 전염병학 수석 과학자 쩡광曾光이 한 말도 언급했다. 쩡광은 "공공위생전문가로서 그와 직접 대화해 보고 싶다. 그로부터 뭔가 배우고 싶다"며 리원량을 존경한다는 뜻을 표명했다.

《신경보》는 인터뷰 기사에서 최고인민법원이 자체 《위챗》 계정에 올린 글도 소개했다. 이 글은 《신경보》가 리원량과 인터뷰하기 이틀 전에 올렸다. 최고인민법원은 "(리원량이) 코로나19를 사스라고 말한 것은 사실과 다르긴 하지만 이를 날조라고 할 수는 없다"며 "만약 사람들이 그의 말을 믿고 마스크를 쓰고 소독을 철저히 했다면, 코로나19를 예방하는 데 큰 도움이 됐을 것"이라고 밝혔다. 최고인민법원은 또 "사

실과 완전히 부합하지 않는 모든 정보에 대해 법률적 잣대로 처벌하는
것은 필요하지도 않고 그렇게 할 수도 없다"며 "만약 그렇게 한다면 사
법 정의 실현이 거꾸로 가게 될 것"이라고 했다. 늦었지만 리원량의 행
위에 제동을 건 경찰을 비판한 것이다. 4

그 무렵 《신경보》 외에도 눈길을 끄는 보도를 한 매체가 제법 있었
다. 이들 보도는 주로 우한 봉쇄 직후 상황에 초점을 맞추었다. 잡지
《차이징 財經》은 2월 1일 〈통계 수치 밖의 사람들, 그들은 보통 폐렴으
로 사망?〉이라는 기사를 통해 코로나19 환자인데도 확진자 통계에도,
유사환자 통계에도 잡히지 않은 경우를 추적 보도했다. 5 그들 중에는
이미 사망한 사례도 있었다. 이로 인해 코로나19 환자는 실제보다 적게
집계됐다. 《차이징》은 또 우한 시내 지정 병원을 하나하나 확인, 전체
병상 수와 남은 병상 수를 조사했는데 남은 병상은 전혀 없었다.

월간잡지 《인물 人物》은 〈왜 마스크가 부족한가?〉(2020. 1. 28), 〈민간
조직 열광적인 모금, 우한 병원들 왜 물자부족 시달리나?〉(2020. 2. 1)
를 잇달아 보도했다. 6 취재 결과 블랙코미디 같은 일이 벌어지고 있었다
고 고발했다. 우한대의 베이징 동창회와 선전 동창회는 우한을 위해 모
금운동을 벌여 단기간에 각각 1600만 위안(약 31억 원)과 2000만 위안(약
39억 원)을 모았다. 하지만 돈이 있어도 의료물품을 구입할 수 없었다.
아주 비싼 가격에 물품을 구입한다 해도 운송이 문제였다. '긴급 방역물
자 운수 통행증'을 발급받기가 쉽지 않았고, 통행증이 있어도 차량이 일

---

4 〈對話'傳謠'被訓誡醫生: 我是在提醒大家注意防範〉, 《新京報》, 2020. 1. 31.

5 莊永志, 〈監督就是防疫, 致敬七大監督報道〉, 《青年記者》, 2020. 2. 15.

6 〈民間組織瘋狂捐贈, 爲什麼武漢的醫院還缺物資?〉, 《人物》, 2020. 2. 1. https://mp.weixin.qq.com.

단 우한에 들어가면 운전기사가 14일 동안 격리돼야 했다. 따라서 우한에서 곧바로 돌아올 수 없었다.

주간지 《삼연생활주간三聯生活週刊》은 적십자회(적십자사)가 기증받은 의료물품을 쌓아 놓고도 왜 제때 전달하지 못하는지 밝혀냈다. 2월 1일 보도한 기사 제목은 〈후베이와 우한 적십자사, 기증받은 물자 여기에 쌓아 놓았나?〉였다. 기자가 축구장 크기의 적십자사 창고에 들어갔을 때 물품이 가득 차 있었다. 그런데 직원 몇 명이 A4 용지를 들고 수작업으로 물품 분류를 하는 중이었다. 자동분류 시스템이 없어 창고에서 물품들이 잠자고 있었던 것이다.

이처럼 곳곳의 허점이 폭로되면서 민심은 끓어오르기 시작했다. 이 밖에 《신민만보新民晚報》, 《남방주말南方週末》, 《차이신財新》, 《중국신문주간中國新聞週刊》, 《중국청년보中國靑年報》, 《베이징청년보北京靑年報》 등은 언론 통제라는 어려운 환경 속에서도 나름 본분을 다하기 위해 애쓴 매체들이다.

상하이에서 발행되는 유력지 《신민만보》는 2월 7일 리원량 사망 소식7을 용기 있게 1면에서 다뤘다. 〈송별 리원량 의사〉라는 제목의 부고 기사에는 〈공개적이고 투명한 햇빛이 바이러스의 독기 품은 안개를 걷어가도록 하라〉는 논평까지 함께 게재했다. 논평은 검열을 의식해 제목을 부드럽게 달았지만, 당국의 코로나19 대응이 공개적이지도 투

---

7   리원량 사망 일시를 놓고는 혼선이 있었다. 일간지 《신경보》 등 다수 매체는 6일 밤 사망했다고 보도했으나 우한중신의원은 사망 시각을 7일 오전 2시 58분이라고 밝혔다. 이는 심장 박동이 멈춘 뒤 에크모ECMO로 불리는 '체외막 산소 공급장치'를 사용했기 때문이다. '리원량 사건' 전반을 조사한 국가감찰위원회 조사팀도 우한중신의원의 발표를 재확인했다.

명하지도 않음을 지적했다는 건 금방 알 수 있다. 또 4면에는 리원량 사망 관련 상보를 다뤘다.

이들 매체가 전하는 우한 상황은 텔레비전 방송의 보도 내용보다는 엄중했지만 《웨이신》, 《웨이보》보다는 덜 심각했다는 평을 들었다. 이들 신문, 주간지, 월간지가 언론 통제 속에서도 고발성 탐사보도를 위해 고군분투했다는 뜻이다. 이러한 매체는 활자 미디어에 속하지만 주목받은 기사는 금방 소셜미디어에 공유됐다. 이들 매체는 모두 당국의 발행 허가를 받은 제도권 미디어에 속한다. 다만, 네티즌들이 직접 소셜미디어에 올리는 내용만큼 현장 분위기를 구체적으로 전달하지는 못했다는 것이다.

시소게임의 균형이 깨지는 순간

코로나 초기 언론계 분위기와 관련해 작가 팡팡은 《우한일기》 2월 23일자에서 다음과 같이 기록했다. 사명감에 불타는 젊은 기자들은 어렵지 않게 볼 수 있는데,8 언론사 간부들은 승진만 신경 쓰면서 상사 눈치 보기에 바쁘다는 것이다. 그러면서 당국이 언론을 통제한다고는 하지만 언론사가 깨어 있으면 마땅히 해야 할 역할을 할 수 있다고 지적했다.

《우한일기》에는 언론계 동향을 꿰뚫는 내용이 종종 등장한다. 팡팡 자신이 잡지와 문예지 사장을 지낸 데다 후베이성 작가협회 주석(회장)

---

8 《후베이일보》의 기자 장어우야張歐亞가 이러한 경우에 해당한다. 그는 2020년 1월 24일 우한 상황이 심각해지고 있다며 당장 책임자를 바꿔야 한다는 글을 《웨이보》에 올렸다. 《후베이일보》는 후베이성 기관지인 만큼 이런 행위에 대해 즉각 사과문을 발표했다. 장어우야의 글도 삭제됐다.

이었을 때 언론인들과 교류한 덕분인 듯하다. 명문 우한대 출신으로 동창 중에 언론인이 적지 않은 것도 도움이 됐을 터이다.

> 언론인 얘기가 나와서 말인데, 내가 알기로 이번에 우한으로 전염병 상황을 취재하러 온 기자는 300여 명이다. 각종 인터넷 매체나 1인 미디어 기자들까지 합하면 아마 그보다 훨씬 많을 것이다. 그들이 사방팔방 뛰어다니며 꼼꼼히 취재하고 열심히 써 준 덕분에 우리는 집 안에서 현장감과 깊이가 느껴지는 기사를 읽을 수 있었다. 작은 부분도 소홀히 하지 않고 심층 취재한 기자들이 있었기에 더 많은 애로사항과 문제가 드러났다. …
>
> 우수한 자가 도태되고 열등한 자가 살아남는 분위기가 계속되면서, 뛰어난 언론계 리더들이 대거 사라졌다. 살아남은 자들 중에는 언론사의 한 자리를 관직처럼 여기고 승진에만 열을 올리는 사람이 태반 아닌가? 코로나 초기에 그들이 어떤 역할을 했어야 하는지, 언론인이라면 알고 있을 게 아닌가? 그들은 당연히 인민들에게 재난의 진실을 알리는 '대역죄'를 범할 리 없다. 그들의 눈에 인민은 없는 존재다. 그들의 지위는 상사가 결정하지 인민들과는 관계가 없기 때문이다.[9]

이처럼 현장 기자들에게는 신뢰를 보내면서도 언론사 간부들에 대해서는 상부의 눈치 보기 바쁜 문제적 인간이라는 인식을 숨기지 않는다. 일반적 상황을 잘 묘사한 것으로 보인다.

하지만 이런 지적이 모든 경우에 적용될 수는 없었다. 월간잡지 《인물》이 딱 들어맞는 그 사례다. 《인물》은 3월 10일 〈호루라기를 건네준

---

9   팡팡, 《우한일기》, 조유리 옮김, 문학동네, 2020. p.198.

사람發哨子的人〉이라는 인터뷰 기사를 인터넷에 올렸다.10 이 잡지 3월
호 커버스토리 중 하나였다. 인터뷰 상대는 아이펀艾芬 우한중신의원武
漢中心醫院11 응급실 주임이다.

　아이펀은 의사 리원량이《위챗》에 올린 '사스 코로나바이러스SARS 冠狀
病毒'라고 적힌 검사보고서 사진을 직접 찍은 당사자였다. 그녀는 사진을
찍은 뒤 인터넷에 올렸고 이에 따라 검사보고서가 우한 의사들 사이에 신
속히 공유됐다. 그중 리원량도 포함돼 있었다. 그래서 아이펀은 '호루라
기를 건네준 사람'으로, 리원량은 '호루라기를 분 사람吹哨人'으로 불린다.

　그녀는 인터뷰에서 전염병 상황이 아주 위험한데도 상부에서는 줄곧
"통제 가능하고 사람 간 전염은 없다"고 밝혀 두 눈 부릅뜨고 환자가 급
증하는 것을 지켜봤다고 했다. 그 뒤 병원 책임자와 상급기관은 아이펀
에 대해 "원칙도, 조직의 기율도 없이 헛소문을 퍼뜨리고 말썽을 일으
켰다"고 비판했다. 그러면서 "다시는 폐렴(코로나19)과 관련된 일을 말
하지 마라. 심지어 당신의 남편에게도"라고 명령했다. 나아가 자신이
이런 명령을 받은 사실을 병원 내 모든 의사들에게 알리라고 요구했다.
이에 아이펀은 "내가 뭘 잘못했는가? 의사이자 한 사람으로서 마땅히
해야 할 일을 했을 뿐"이라며 "이 세상에는 필히 다른 목소리가 있어야
한다"고 인터뷰에서 말했다.

　문제는《인물》이 해당 기사를 인터넷에 올린 날이 시진핑 주석이 코
로나 발발 뒤 처음으로 우한을 방문한 당일이었다. 당중앙이 세심하게
기획한 행사에 재를 뿌린 격이었다. 검열 당국은 한나절도 채 지나지 않

10　〈肺炎疫情: '發哨人'引發反審查戰, 中國人用創意接力反擊〉,《BBC中文網》, 2020. 3. 11.
11　중국에서는 종합병원을 '병원'이 아니라 '의원'이라고 부른다.

아 기사를 삭제했다. 그 여파는 간단치 않았다. 네티즌들은 고강도의 언론 통제 속에서도 온갖 방법으로 삭제된 기사를 되살려냈고 당국은 삭제하기를 반복했다. 네티즌과 검열 기관 간 힘겨루기가 벌어진 것이다.

당시 네티즌들은 검열을 피하기 위해 처음에는 기사 내용 거꾸로 배열하기, 기사 내용 옆으로 배열하기, 기사를 번체자로 바꿔 올리기, 기사를 영어로 바꿔 올리기 등을 시도했다. 그러나 계속 삭제되자 갑골문자, 특수문자로 만든 얼굴표정 이모티콘, 모스부호, '화성언어'라고 불리는 은어, 점자 등을 이용하기도 했다.

이에 대해 영화감독 예다잉葉大鷹은 "인터넷에 올린 내용을 삭제하는 것은 파시스트나 하는 짓이자 백색공포"라며 "의사가 진실을 얘기하는 것조차 생명의 위험을 감수해야 하는 체제라면 행복지수 따위를 들먹이는 게 우습지 않느냐"고 《웨이보》에 분노를 쏟아냈다. 그의 조부 예팅葉挺은 인민해방군을 창설한 군사지도자 중 한 명이다.

네티즌들이 이처럼 끈질기게 검열 기관과 숨바꼭질을 벌인 것은 코로나19 확산 과정에서 투명한 정보 공개가 이뤄지지 않았다고 봤기 때문이다. 아이펀도 우한중신의원이 코로나 초기 의료진 감염이 가장 많았던 곳이라면서 이는 새 전염병에 관한 정보를 제대로 공개하지 않았기 때문에 벌어진 일이라고 질타했다. 이와 관련해 인터넷 매체 《차이신왕財新網》은 당시 우한중신의원 의료진 중 감염자가 230명이나 됐다고 보도했다(이들 중 4명은 그때 이미 사망했다).

여기서 주목할 것은 《인물》이 인민출판사가 발행하는 잡지란 사실이다. 인민출판사는 1921년 중국공산당이 창당 직후 최초로 만든 출판사로 정치와 이데올로기 관련 서적을 주로 출판했다. 출판사 이름은 마오쩌둥이 붓을 들어 직접 썼다. 지금도 당 직속으로 정치이론 관련 서적을 발간하는 가장 중요한 출판사로 꼽힌다. 마오쩌둥 사상, 덩샤오핑 이론, 3개 대표 주요사상, 과학발전관, 시진핑 신시대 중국특색사회주의사상 등 역대 최고지도자의 통치이념 관련 서적도 모두 이곳에서 출간됐다.

이런 출판사에 속한 잡지가 시진핑 우한 방문일에 맞춰 당의 방침을 어긴 의사 인터뷰를 온라인에 전파한 것은 지극히 이례적이다. 그만큼 코로나 초기에 광범위하게 이뤄진 언론 통제에 대한 반감이 높았음을 방증한다. 동시에 《인물》 내부의 기자와 편집책임자도 네티즌 사이에 고조된 불만을 더 이상 외면하지 않았음을 뜻한다. 그 뒤 《인물》은 한바탕 홍역을 치러야 했다. 3월호 커버스토리로 들어간 아이펀 인터뷰를 급히 바꿔야 했기 때문이다. 인터넷에서 기사를 본 네티즌들은 인쇄본 잡지의 온라인 구매를 원했지만 한동안 기다릴 수밖에 없었다.

이런 모습을 종합하면 코로나19 초기 중국에서 표현의 자유, 알 권리와 관련해 벌어졌던 상황은 "최소한의 발언권이라도 누리려는 시민들, 그들의 알 권리를 조금이나마 충족시켜 주려는 일부 매체들, 그리고 이런 움직임을 통제하려는 당국 간의 시소게임"이라 묘사할 수 있다.

표현의 자유 또는 표현의 권리는 앞에서 말한 대로 '화어권'이라고 부른다. 알 권리는 '지정권知情權'이라고 한다. '돌아가는 상황을 알 권리'라는 뜻이다. 화어권을 행사하겠다는 시민들, 그중에서도 네티즌들은 앞에서 이미 언급한 대로 자신들의 생각을 소셜미디어 등을 통해 다양한 형태로 표현했다. 제도권의 일부 활자매체들은 당국의 언론 통제 속에서도 시민들의 알 권리 보장을 위해 최선을 다하는 모습을 보였다.

그러던 중 2월 7일 리원량이 사망하자 시진핑을 비롯한 당중앙을 비판하는 목소리가 온라인에서 최고조에 달했다. 검열 당국은 네티즌의 분노가 봇물처럼 터져 나오자 더 이상 민감한 내용을 삭제하거나 걸러내지 못하고 그냥 두었다. 당국과 네티즌12 간 시소게임의 균형이 깨진 것이다.

중공 당국이 이런 경험을 한 적은 일찍이 없었다. 당국은 스마트폰과 SNS의 위력을 새삼 깨달았다. 이는 곧 국가와 시민사회 사이의 힘의 균형에 변화가 생긴 때이기도 했다. 당국은 그 뒤 네티즌을 달래려는 듯 유화적인 모습을 보였다. 국가감찰위원회와 국가위생건강위원회 등이 잇달아 리원량에게 우호적 조치를 취했다. 국가감찰위원회는 지체 없이 조사팀을 구성해 '리원량 사건'을 조사한 뒤 3월 19일 결과를 발표했다.13 이를 통해 우한 중난루 파출소가 훈계서를 발행한 것은 부당하고, 법집행 절차도 규정에 맞지 않는다고 밝혔다. 그러면서 공안기관이 훈계서를 취소하고, 이와 관련된 경찰관에게 책임을 묻도록 했다.

하지만 훈계서 발행이 왜 부당한지, 관련 업무규정은 어떤지 등에 대해서는 구체적으로 설명하지 않았다. 사실 파출소의 업무처리는 네티즌 정서와 맞지 않지만 정상적이라 볼 수 있었다. 오히려 감염병 관련 정보를 아무나 공포할 수 없도록 한 관련 법규(〈감염병퇴치법〉)가 문제였다. 그런데도 법규의 문제점은 지적하지 않고 파출소에 책임을 떠넘긴 것이다. 국가감찰위원회의 결정은 민심 회유용이란 느낌을 강하게 풍겼다.

이에 앞선 3월 4일에는 국가위생건강위원회가 코로나19 예방활동에 기여한 의료계 인물을 표창하면서 리원량도 포함시켰다. 당국은 당시

---

12 네티즌은 뉴스 소비자이면서 뉴스 생산자의 모습을 동시에 갖고 있다.
13 〈國家監委調查組發布李文亮有關情況調查通報〉, 《人民日報》, 2020. 3. 19.

분노한 민심을 누그러뜨릴 수 있다면 뭐든지 할 듯한 분위기였다. 그 뒤 4월 초에는 후베이성 정부가 리원량에게 '열사'를 추서했다. 열사는 국가를 위해 희생한 사람에게 부여하는 영예 칭호이다.

독재자의 딜레마, 검열과 선전

중국 네티즌들은 이제 누구나 안다. 검열 당국이 은폐하려는 내용이 곧 진실이란 걸. "관련 법과 규정, 정부 방침에 맞지 않기 때문에 ○○○에 대한 검색 결과를 표시할 수 없습니다." 《위챗》이나 《웨이보》 또는 《바이두》 등 인터넷 플랫폼에서 민감한 검색어를 입력하면 심심찮게 이런 창이 뜬다. 당국은 숨기고 싶은 콘텐츠에 대한 접근을 이런 식으로 차단한다. 하지만 그것으로 끝은 아니다. 네티즌들은 해외 사이트 등 다양한 경로를 통해 관련 정보를 확인하곤 한다.

사람들은 소득수준이 높아지면서 더 많은 것을 원하게 됐고, 특히 다른 무엇보다 더 많은 정보와 의사표현의 기회를 바라게 됐다. 이런 상황에서 첨단 디지털 기술은 당을 수세에 빠뜨렸다. 과거에는 비밀이었던 일들이 이제는 세상에 알려지게 됐고, 혼자였던 사람들은 연대하기 시작했다. 이런 과정에서 과거와 같은 중공의 정보 독점은 점차 무너지고 있다. 이는 곧 중공의 도덕적 신뢰도 동시에 무너지고 있음을 의미한다.

팡팡은 《우한일기》를 처음엔 《웨이보》에 올리기 시작했다. 2020년 1월 25일, 우한이 봉쇄된 지 사흘째 되던 날이 그 시작이었다. 그러나 자신의 《웨이보》 계정이 이미 차단된 적이 있어 그때는 이용 가능한지 자신이 없었다. 하지만 우한의 상황을 다른 사람들에게 알리기 위해 우선 올려 보겠다고 일기에 썼다. 그날 일기는 순조롭게 《웨이보》에 올라갔다.

그 뒤 3월 24일 일기를 마무리할 때까지 검열 당국의 통제에다 극좌파의 공격까지 받느라 우여곡절을 겪어야 했다. 우선, 《웨이보》에 일기를 올리기 시작한 지 얼마 지나지 않은 2월 7일 《웨이보》 계정이 차단됐다. 그 뒤 《위챗》에 일기를 올렸다. 그러나 삭제되는 일이 빈번했다. 2월 17일 일기에서는 "어제 《위챗》으로 올린 글이 또 삭제됐다. 정말 어찌할 방법이 없다. 《우한일기》를 이제 어디다 올려야 하나? 안개가 자욱한 강 위에서 시름에 잠긴다"고 적었다.

이렇게 되자 팡팡은 작가 얼샹二湘의 승낙을 받고 그의 《웨이보》 계정에 일기를 올릴 수 있었다. 얼샹의 《위챗》에도 글을 올렸다. 이런 상황에서 팡팡 자신의 《웨이보》 계정이 다시 살아나 밀린 일기를 한꺼번에 올리기도 했다. 그사이 《위챗》에도 글을 올렸는데 수시로 삭제됐다. 어디에도 일기를 올릴 수 없었던 때는 《차이신왕財新網》과 《진르터우탸오今日頭條》[14]의 도움을 받기도 했다. 극좌파들은 《우한일기》가 국가 이미지를 훼손한다며 줄곧 팡팡에게 인신공격을 이어갔다.

봉쇄된 도시에서 살아가는 한 작가가 쓴 일기를 놓고도 이처럼 민감하게 반응하는 것이 인터넷 검열 당국의 모습이다. 더욱이 《우한일기》는 당중앙을 직접 겨냥하거나 고위 간부를 실명으로 공격하지 않았다. 코로나19 초기에 사람 간 전염이 이뤄지는데도 이를 숨겼던 행태를 비판했지만 그 수위는 스스로 조절했다. 《우한일기》 사례는 지금 현재 중국에서 벌어지는 검열의 구체적 실태를 잘 보여 준다.

---

14 중국 최대 뉴스 앱으로 에디터나 기자 없이 인공지능으로만 구독자 맞춤형 뉴스 서비스를 제공한다. 《틱톡》 운영사인 바이트댄스의 대표 상품이다.

이러한 상황은 뉴미디어의 등장과 직접 관계된다. 그동안 정보를 독점하고 그중 자신에게 유리한 정보만 전파하는 데 익숙했던 국가가 이제 특정 사건에 대한 대중들의 견해가 자신과 다를 때 이를 해명해야 하는 형편이 됐다. 이를 '독재자의 딜레마dictator's dilemma'라고 부른다.

소셜미디어는 시공을 초월해 정보를 전파함으로써 '인식공유shared awareness'를 높이는 역할을 한다. 이 인식공유 상태가 독재자의 딜레마를 초래한다.15 인식공유란 집단의 각 구성원이 당면한 상황을 이해할 뿐만 아니라, 다른 구성원들도 이를 이해하고 있다는 사실을 공유하는 능력이다. 권위주의 국가는 독재자의 딜레마를 헤쳐 나가기 위해 주로 검열과 선전이라는 두 가지 수단을 동원한다.

이에 관한 사례를 소개한다. 드라마 〈별에서 온 그대〉(〈별그대〉)와 영화 〈장진호〉다. 〈별그대〉는 검열 관련 중국의 현실을 다시 한번 확인시켜 줬다. 〈장진호〉는 중공이 영화를 통해 애국주의를 선전한 대표적 케이스다.

〈별그대〉는 필자가 베이징특파원으로 일했던 2014년 봄 양회 때 화제가 됐다. 왕치산王岐山 당시 정치국 상무위원(중앙기율검사위 서기)이 베이징 대표단과의 접견에서 〈별그대〉를 거론한 것이다. 그는 〈별그대〉가 중국에서 엄청난 인기를 끈 사실을 상기시키면서 "중국은 왜 한국처럼 드라마를 만들지 못하느냐?"고 문화 분야의 분발을 촉구했다. 이런 발언은 중국의 불편한 진실을 확인시켜 줄 뿐이었다. 대중문화계는 대놓고 말은 못 했지만 싸늘했다.

---

15 Clay Shirky, 〈The political power of social media: Technology, the public sphere, and political change〉, 《Foreign Affairs》, Jan./Feb. 2011, p.36, https://www.jstor.org.

그중 영화감독 자오바오강趙寶剛의 반응을 들어 보자. 그는 "우리는 결코 〈별그대〉와 같은 드라마를 만들지 못할 것이다. 창작 과정에서 관성을 벗어나야 하는데 우리는 그렇게 할 수 없다"고 했다. 이게 무슨 뜻인가? 에둘러 표현했지만 검열 관행을 지적한 말이다. 예술작품 창작에서 자유로운 상상력 발휘야말로 요체인데 중국처럼 검열하는 환경에서 과연 그게 가능하겠느냐는 것이다.

창작의 자유가 없는 환경에서는 국민이 향유할 문화를 국가가 정해 주는 상황이 된다. 문화가 선전수단이 되는 순간이다. 이처럼 검열과 선전은 동전의 양면이다. 2021년 가을 〈오징어 게임〉이 세계적 인기를 누리고 있을 때 중국 당국이 영화 〈장진호〉를 통해 애국주의 바람몰이를 했던 것이 이를 잘 보여 준다.16 〈장진호〉가 뜨기 전에는 특수부대의 활약상을 그린 영화 〈전랑戰狼〉(늑대 전사)이 흥행에 크게 성공했다.

이처럼 전쟁 블록버스터가 계속 흥행작으로 부상하는 현상은 무엇을 말하는가. 이들 영화가 중국몽을 실현하기 위해 민족주의를 고취시키는 좋은 수단이 된 것이다. 중공 중앙선전부의 직접적인 '영도'와 지원이 없었다면 불가능한 일이다.

중국에서 TV 드라마 검열은 국무원 직속 국가라디오 TV 총국國家廣播電視總局 담당이다. 드라마를 만들고자 하면 시나리오 검열은 물론 작품 완성 뒤 검열도 받아야 한다. 이를 통해 촬영허가증과 상영허가증을 각각 받는다. 이처럼 엄격한 검열제도 아래서는 '어떻게 심의를 통과할 것

---

16 〈오징어 게임〉은 중국에서 상영 금지였다. 중국 네티즌들은 동영상 사이트에서 불법으로 〈오징어 게임〉을 봤다.

인가?'를 둘러싼 계획을 세우는 것이 드라마 제작의 출발점이 된다. 아무리 잘 만들어도 심의를 통과하지 못하면 아무런 쓸모가 없게 되니까.

심의는 통과, 수정 뒤 통과, 수정 후 재심사, 통과 불허 등 네 가지로 구분된다. 민감한 주제인 경우 심의 통과 자체가 안 될 수도 있고 수정 요구가 따르기 마련이다. 이런 과정에서 만약 재심의를 받으면 방영 일정에 문제가 생길 수밖에 없다. 영화의 경우 당 중앙선전부에 속한 국가영화국國家電影局이 검열을 맡는다. 이를 위해 중국영화심사위원회를 두었다. 심의 과정은 드라마와 큰 차이가 없다.

신중국에서의 검열과 선전은 마오쩌둥 때부터 시작됐다. 마오는 사상 통제를 위해 이런 활동이 필수적이라고 강조했다. 그 주요 대상은 신문, 잡지, 방송, 대자보大字報 등이었다. 덩샤오핑 시대에 접어들어 톈안먼 사건이 발생한 뒤에는 일부 당 간부들이 선전의 효용에 회의론을 제기하기도 했다. 현대 사회에서는 선전활동 효과가 기대에 미치지 못한다는 것이었다.

그러나 덩샤오핑은 달랐다. 그는 경제적 번영과 선전활동, 이 두 가지에 의해 중공의 미래가 결정될 것이라고 말했다. 그는 집권 초기에 '사상 해방'을 앞세워 마오 시대보다 검열을 다소 완화하는 움직임을 보이기도 했으나 선전의 중요성은 결코 간과하지 않았다. 사람들의 생각을 지배 이데올로기와 일치시켜 그들의 행동을 표준화하는 것은 무엇보다 중요했기 때문이다. 이에 따라 월터 리프먼Walter Lippmann이나 해럴드 라스웰Harold Lasswell 같은 미국의 언론인과 학자를 연구하기도 했다. 17

---

17 에번 오스노스, 《야망의 시대》, 고기탁 옮김, 열린책들, 2015, pp. 166~168.

시진핑 집권 3기에는 선전은 더욱 강화되고 있다. '중국식 현대화'를 강조하면서 마오 시대로 회귀 중이다. 중공은 20차 당대회가 끝나자마자 '20차 당대회 정신 중앙선전강연단'을 구성해 전국에서 대대적 활동을 시작했다. 중앙선전강연단은 시진핑 신시대 중국특색사회주의사상으로 무장하고 사회주의 현대화 강국 건설을 향해 매진하자는 데 선전의 초점을 맞추었다. 이런 활동은 분야별 지역별로 세분해 진행했다. 동시에 관영 매체들은 중앙선전강연단의 선전 내용을 주요 뉴스로 보도했다.

네티즌과 국가 간 힘겨루기

"거기 분홍 옷 입은 젊은 여성, 지금 뭐 하는 거예요? 남자 친구와 연애하는 거 다 봤어요. 마스크도 안 쓰고. 지금 같은 비상시국에."

데이트하는 청춘 남녀를 드론이 감시하면서 경고 방송을 하는 장면이다. 코로나19 퇴치를 위해 총동원체제를 가동하던 2020년 봄, 중국에서 있던 일이다. 《웨이보》에 올라온 이 동영상은 중국 네티즌의 엄청난 주목을 받았다. 드론까지 동원해 전 국민의 일거수일투족을 감시하는 상황을 어떻게 보아야 할까.

그 무렵 나는 중국인은 어떻게 생각하는지 궁금했다. 사귄 지 10년 이상 된 중국 절친과 《위챗》으로 통화했다. "좀 살벌하지 않냐?"고 했더니 그는 정색하고 말했다. "자유도 살아 있어야 누릴 수 있는 거 아냐? 중국이 사회주의를 하니 엄청난 재난 앞에서 짧은 기간에 성과를 낼 수 있었던 거다."

곧잘 중공과 중국 정부를 비판하던 그였지만 그땐 달랐다. 당시 중국 내에서 '드론 감시'에 문제를 제기하는 목소리는 없었다. 목표지향적 동원체제에 익숙해진 모습이었다. 이러한 상황은 중국공산당이 디지털 통제와 감시를 무차별적으로 펼치는 데 있어 자신감을 갖게 했다.

휘슬 블로어 의사 리원량으로 되돌아가 보자. 그의 사망 뒤 수많은 네티즌들이 "할 수 없다不能", "모르겠다 不明白"라고 쓴 마스크를 착용하고 찍은 사진을 SNS에 올렸던 것은 무엇을 의미하는가. 경찰의 부당한 행위에 대한 집단적 불복종 의사 표시 아니었던가.

리원량은 훈계서에 적힌 "사실이 아닌 이야기를 퍼뜨리는 위법행위를 중지할 수 있겠는가?"라는 질문에 "할 수 있다能", "위법행위를 계속하면 법률적 제제를 받는다는 것을 알겠는가?"라는 물음에 "알겠다明白"고 각각 자필로 적고 지장을 찍었다.

하지만 네티즌들은 훈계서의 "사실이 아닌 이야기를 퍼뜨렸다"는 부분에 대해 동의할 수 없었다. '사스 코로나바이러스'가 발견됐다고 적힌 검사보고서 사진을 그대로 《위챗》에 올렸는데 왜 거짓이라는 것인가. 사스가 됐든 코로나19가 됐든, 왕관 형태의 코로나바이러스가 발견된 것은 엄연한 사실 아닌가. "할 수 없다", "모르겠다" 마스크는 중국 네티즌 사이의 '인식공유'를 잘 보여 주는 사례다.

이러한 네티즌 반응에 중공 당국은 당황할 수밖에 없었다. 당국이 얼마나 위기의식을 느꼈는지는 그 뒤 취한 조치에서도 잘 나타난다. 앞에서 본 것처럼 국가감찰위원회는 리원량 사망 당일인 2월 7일 즉각 진상조사팀을 꾸렸고 국가위생건강위원회는 리원량에게 코로나 예방에 기여한 공로로 표창을 수여했다. 중국 체제의 특성상 이러한 움직임은 당 중앙 차원에서 정교하게 조율된다. 이처럼 국가는 시민사회의 반발에 직면했을 때 그들에 비해 선택할 수 있는 카드가 훨씬 많다.

이제 소셜미디어는 전 세계 거의 모든 정치운동의 조직화 도구가 됐다. 그런 만큼 전 세계 대부분 권위주의 정부는 소셜미디어에 대한 접근 제한을 시도한다. 이는 곧 시민 간 의사소통을 억압하는 것이다. 권위주의 정부는 더 잘 조직화된 대중이 자신들의 감독을 받지 않고 자신들의 행동력을 제한할까 걱정하기 때문이다.[18] 이때 국가와 시민사회 간 힘의 균형에 변화가 생기면 집권세력이 바뀌기도 한다.

특히 코로나19와 같은 폭발력 강한 전염병이 휩쓰는데도 집권세력이 신뢰를 보여 주지 못하면 네티즌은 유감없이 자신들의 힘을 보여 준다. 이런 상황의 발생은 민주 정부에서나 권위주의 정부에서나 마찬가지다. 하지만 권위주의 국가에서는 네티즌이 비상시가 아닌 평소에 존재감을 드러내기는 쉽지 않다. 강대한 국가의 통제능력은 조직화된 네티즌이라 하더라도 따라가기 어렵다. 그만큼 통제 시스템이 정교할 뿐만 아니라 미치지 않는 곳이 없기 때문이다. 앞에서 말한 드론 감시는 비록 비상한 상황에서 동원한 수단이긴 하지만, 디지털 감시 국가의 전형적 사례다.

중국의 경우 인터넷의 등장에 따라 상당한 정치적 곤경에 처할 것으로 서방 학자들은 예측했다. 정보의 자유로운 유통은 독재정치를 위협한다는 논리에 따른 것이다. 하지만 중공은 오히려 인터넷을 통제하고 역이용하는 방식을 개발했다. '디지털 빅브라더' 체제를 구축한 것이다. 자국의 인터넷은 철저히 통제하면서 서방국가의 여론형성에 침투하기도 했다. 디지털 감시사회는 이미 중국의 현실이다.

이를 위해 온갖 수단을 동원하는데, 대표적 예가 '사회신용코드제도'

---

18 Clay Shirky, 앞의 논문, p.32.

다. 이 제도는 개인정보는 물론 금융거래 내역, 행동패턴, 대인관계, 상거래 내역, 전과기록, 의료기록 등 방대한 자료를 토대로 신용점수를 부여한다. 이 점수가 좋은 사람은 사회생활에서 각종 혜택을 받지만, 반대의 경우 수많은 제한을 감수해야 한다. 점수가 나쁘면 결혼에도 영향을 받고 호텔 예약이나 항공기 탑승이 금지될 수도 있다. 이러한 정보들은 중국 같은 통제사회에서 언제든 감시 목적으로 악용될 수 있다.

결국 모바일 인터넷은 미래 정치운동의 필수불가결한 일부분이 되겠지만, 이것만으로 정치운동의 성공이 보장되지는 않는다. 중국에서 보듯 국가도 강력한 대응능력을 갖춰 가고 있기 때문이다. 따라서 뉴미디어를 이용한 정치사회운동에서 시민사회와 국가 간 시소게임을 피할 수 없다.

그렇다면 중국은 서방국가와 같은 수준의 언론 자유를 허용하면서 국정을 안정적으로 끌고 갈 수 있을까? 이 질문에 대한 직접적인 답은 아니지만, 우선 현 중국 체제가 그러한 언론 자유를 허용할 가능성은 없다. 중공의 미디어는 태동부터 서방의 그것과는 달랐기 때문이다. 필자가 만나 본 상당수 중국인들은 제한 없는 언론 자유는 인구 14억의 중국을 혼란스럽게 만들 것이란 우려를 드러냈다. 그렇게 교육 받은 결과일 수 있다. 이에 비해 중국을 연구하는 한국인들은? 대다수는 언론 자유는 허용돼야 한다고 하면서도 그럴 경우 중국 정세에 미칠 영향에 대해서는 자신 있게 말하지 못했다. 분열과 통합을 반복해온 중국 역사를 상기시키는 사람도 있었다. 그러면서도 지금과 같은 언론 통제는 문제가 있다는 인식을 드러냈다. 독자들도 이 질문에 대한 대답을 생각해 보길 바란다. 분명한 것은 인간을 억압하는 체제로는 세계의 지도적 국가가 될 수 없다는 사실이다. 세계 시민들이 역사의 후퇴를 받아들이지 않기 때문이다.

저장성 의료지원대가 2020년 2월 14일 우한으로 떠나기에 앞서 저장성 인민대회당 동문 앞에서 붉은 깃발을 흔들며 성대한 출정식을 갖고 있다. 전국 각지에서는 당시 우한을 돕기 위해 대규모 의료팀을 보내기에 앞서 대대적인 행사를 열어 분위기를 고조시켰다. 당이 주도하는 총동원체제가 가동될 때 볼 수 있는 장면이다. (사진 = 저장성위생건강위원회 홈페이지)

2. 인터넷 민족주의는 마약인가?

인터넷 민족주의의 빛과 그림자

민족주의는 자신이 속한 민족에 대해 느끼는 특별한 감정으로부터 출발한다. 민족을 규정짓는 속성은 언어, 문화, 역사, 종교, 풍습 등 많지만 그중 언어는 빠뜨릴 수 없다. 물론 같은 언어를 쓴다는 것만으로 동일한 민족이 되는 것은 아니다. 특별한 감정에는 일체감이라든지 사랑, 믿음 등이 포함된다.

이러한 민족주의는 인쇄매체의 출현에 따라 중세가 해체되면서 형성되기 시작했다.[19] 즉, 요하네스 구텐베르크Johannes Gutenberg의 금속활자 발명 뒤 유럽 각 민족이 라틴어 성경을 자신의 언어로 번역해 읽으면서 민족국가가 출범하는 계기로 작용했다. 성경은 당시로서는 대표적 인쇄매체였다. 이러한 인쇄매체가 자본주의와 결합하면서 민족주의는 확산됐다. 이처럼 민족주의는 역사의 흐름에 따라 자연스럽게 형성됐다고 볼 수 있다.

하지만 민족주의는 민족을 다른 어떤 가치보다 우선시하는 정치적 이데올로기라는 점에서는 심각한 우려를 낳는다. 여타 민족을 배척하는 상황으로 이어지기 때문이다. 이는 곧 인종주의로 이어진다. 나치 제국과 시진핑 체제에서 보듯 전체주의 국가는 민족주의에 호소해 자국

---

19 미국 정치학자 베네딕트 앤더슨은 민족은 본질적으로 '상상의 공동체Imagined Communities'라고 했다. 민족은 공동의 이익을 위한 정치 공동체라는 것이다(劉少杰 · 王建民,《中國網絡社會研究報告 2017》, 中國人民大學出版社, 2018, p.132).

민을 의도하는 방향으로 몰고 간다.

이러한 민족주의가 인터넷상에서 가시화된 것이 인터넷 민족주의다. 인터넷은 민족주의를 표출하는 통로 역할을 할 뿐이므로 인터넷 민족주의라고 해서 민족주의와 본질적으로 다르지 않다. 단지 인터넷은 민족주의를 퍼뜨리는 데 있어 시간과 공간의 제약을 뛰어넘게 해 준다. 그만큼 민족주의의 영향력이 커진 것이다. 인터넷 민족주의에 관한 중국 학자들의 논문은 두드러질 정도로 많다. 중국에서는 이것이 하나의 현상으로 자리 잡았기 때문이다. 그 배후에는 앞에서 말한 대로 당중앙이 있다.

그럼 중국에서 갈수록 기승을 부리는 인터넷 민족주의를 좀 더 자세히 살펴보자. 나는 《CCTV》 앵커가 코로나 초기인 2020년 2월 중국 네티즌들로부터 맹폭을 당했을 때 인터넷 민족주의의 맨얼굴을 봤다.

앵커 추밍황邱孟煌은 코로나19 대유행과 관련해 〈세계를 향해 절하면서 미안하다고 말해야 하지 않나〉라는 글을 《웨이보》에 올렸다. 중국이 '동아시아의 병자'를 벗어난 지 한 세기도 더 됐으니 달라진 위상에 걸맞은 모습을 보이자는 것이었다. 동아시아의 병자Sick man of East Asia, 東亞病夫란 19세기 중엽 아편전쟁에 패배한 뒤 무기력하게 망해 가던 중국을 서구 열강들이 조롱하던 말이다.

그 뒤 추밍황에게 쏟아진 비난은 엄청났다. 네티즌들은 "국가급 매체인 《CCTV》 앵커의 말로는 매우 위험하다"며 "중국에 반대하는 행위에 근거를 제공할 수 있다"고 비판했다. 바이러스는 천재天災이기 때문에 중국이 굳이 사과할 이유가 없다는 주장도 이어졌다. '중국 책임론'이 대두될까 두려워 사과할 엄두조차 내지 못한 것이었다. 추밍황은 결국 《웨이보》에서 자신의 글을 내려야 했다.

인터넷 민족주의의 가장 전형적인 사례는 2016년 1월 '디바출정 사건'이다. 이 사건은 인터넷 집단행동의 특징을 잘 보여 줬다. 당시 네티즌들은 대만 총통 차이잉원과 민진당 매체의 《페이스북》 계정을 공격했는데 이러한 집단적 소란 행위를 통해 '상상의 공동체' 의식이 생기게 되는 것이다.

한국은 중국 네티즌들이 이러한 민족주의를 표출하는 주요 대상 중 하나다. 중국 네티즌은 또 미국, 일본 등 열강을 겨냥한다. 대만 독립운동, 티베트 독립운동 등도 공격 대상이다. 중국은 근대에 열강의 침략으로 고통받은 적이 있기 때문에, 중국 네티즌들은 국가 주권을 분열시키는 행위에 아주 민감한 반응을 보인다.[20] 그들은 한국의 경우 강대국이 아니므로 심하게 공격해도 큰 부담을 느낄 필요가 없다고 생각하는 경향이 있다.

인터넷 민족주의의 맹점은 객관화된 자신을 보지 못하게 한다는 것이다. 외국과 직접 접촉하는 소수를 제외한 대다수 중국인들은 언론 통제로 인해 외부 세계가 중국을 어떻게 보고 있는지 파악할 기회가 별로 없다. 따라서 중국 국내 언론의 이른바 '국뽕' 보도만 접하는 경우 중국을 비난하는 외국 정부나 네티즌을 도무지 이해할 수 없게 된다. 그러잖아도 애국주의로 무장한 중국 네티즌들 아닌가. 이처럼 중국에서 인터넷 민족주의가 기승을 부리는 데는 당중앙의 의도가 크게 작용했고 이를 추종한 언론의 편향 보도도 한몫했다.

---

20 劉少杰 · 王建民, 앞의 책, p.132.

이런 인터넷 민족주의는 다음과 같이 서로 대립되는 양면성을 갖고 있다.

첫째, 사회 구성원들을 통합하는 기능을 갖는다. 자기 민족의 응집력을 높이는 것이다. 이를 통해 국내의 사회적 모순을 완화할 수 있고 정권의 합법성을 높일 수도 있다. 이때 집권세력에게는 인터넷 민족주의가 하나의 중요한 정치적 자원이 된다. 이에 따라 국가적 동원체제를 가동할 수 있게 된다.

둘째, 여타 민족에 대한 포용성이 사라진다. 인터넷 민족주의는 본질적으로 '우리'와 '다른 사람들'을 구분하는 것에 기초하기 때문이다. 이에 따라 거꾸로 상대방이 내부 단결을 꾀하도록 만드는 결과를 초래한다. 인터넷 민족주의는 이처럼 당초 의도와는 정반대의 상황을 만들 수 있다. 21

다시 말해, 민족주의는 어느 나라에서건 상대 국가를 끌어들이기보다는 쫓아 버리게 된다. 그게 '전랑戰狼 외교'의 형태로 나타나든 또는 다른 모습으로 등장하든. 따라서 중국공산당이 민족주의에 더 의존하면 할수록 다른 국가들은 중국을 글로벌 리더십을 갖춘 국가로 인정하기 어렵게 된다. 22 국제적 지지를 잃게 되는 것이다. 그럼에도 중공은 국내의 불안 요인을 해소하기 위해 인터넷 민족주의에 의존하는 상황이다.

시진핑은 민족주의를 강화하는 방향을 바꿀 생각이 없어 보인다. 집권 3기에 접어든 그는 전 인민이 '중국의 꿈'을 향해 나아가도록 민족주의를 고조시키면서 사상 통제에 나서고 있다.

---

21 劉少杰·王建民, 앞의 책, p.134.
22 Jessica Chen Weiss, 〈China's self-defeating nationalism: Brazen diplomacy and rhetorical bluster undercut Beijing's influence〉, 《Foreign Affairs》, July 16, 2020, https://www.foreignaffairs.com.

전랑 외교: 미국 음모론과 중국 공헌론

학위 논문 쓰느라 베이징에 머물 때였다. 박사 과정 입학 동기들이 모인 《위챗》 채팅방. 중국 친구들은 '디두帝都'라는 표현을 수시로 사용했다. 베이징을 이렇게 표현한 것이다. 우리 발음으로는 '제도', '제국의 수도' 또는 '황제의 도시'를 가리킨다. 이 단어는 조공을 받던 황제의 나라를 떠올리게 했다. 지금이 봉건 왕조 시대도 아닌데 이게 뭐지? 잠깐 생각을 가다듬은 뒤 나 자신에게 말했다. 애국주의에 세뇌된 젊은 세대의 민족주의 성향은 이미 새로운 현상이 아니지 않느냐고.

그때 이런 일도 있었다. 친한 중국 친구에게 말했다. 혼잡한 지하철에서 남의 발을 밟거나 길을 가다 어깨를 부딪쳐도 당사자가 미안하다고 하지 않는 게 적응이 안 된다고. 1990년대에 태어난 그의 대답은 이랬다. "너무 쉽게 잘못했다는 말을 해서는 안 된다. 정치적 입장을 함부로 밝히지도 마라. 그랬다간 큰일을 당할지 모른다." 자신은 집안 어른들로부터 이런 얘기를 듣고 컸단다. 그들은 문화대혁명이라는 10년에 걸친 동란 시기를 온몸으로 버텨낸 세대였다. 그 시절 과오를 인정하는 것은 죽음 또는 감내하기 힘든 고통을 뜻했다. 문혁으로 인한 트라우마가 대물림되고 있는 셈이다.

중국이 신종 코로나 사태를 수습하는 과정에서도 이런 분위기는 잘 투영됐다. 다른 나라에 쉽게 고개 숙이는 모습을 보여서는 안 될 뿐 아니라 함부로 책임질 말을 내뱉어도 안 된다는 것. 이에 따라 중국은 신종 코로나바이러스 감염증이 한풀 꺾이자 발병 초기와 다른 목소리를 내기 시작했다.

그 시작은 중난산^{鍾南山} 공정원 원사였다. 그는 2020년 2월 27일 코로나19가 꼭 중국에서 발원했다고 볼 수는 없다고 했다. 유럽의 신종 코로나 사태가 악화하기 시작하던 때였다. 하지만 코로나19가 중국에서 가장 먼저 출현한 사실 자체는 부인하지 못했다. 그는 사스 퇴치 영웅으로 꼽히는 인물이다. 그런 만큼 중국 국민들이 그의 말을 받아들이는 무게는 남다르다. 당시 중국이 제일 걱정했던 건 코로나19가 전 세계적으로 퍼져 엄청난 인적·물적 손실을 초래하게 됐을 때 각국이 중국을 향해 분노를 쏟아내는 상황이었다.

그 뒤 중국 학계에서 미국을 의심하는 주장을 제기하더니 마침내 시진핑 주석의 발언이 나왔다. 시 주석은 3월 2일 의료계 현장 방문에서 "병의 근원이 어디서 와서, 어디로 갔는지 분명히 밝히라"고 주문했다. 《신화통신》 기사를 보면 시진핑은 바이러스 발원지가 국내일지, 국외일지 아무런 전제도 달지 않았다. 당연하면서도 원론적인 언급일 수도 있다. 뒤이어 4일에는 중국 외교부도 바이러스 발원지 떠넘기기에 합세했다. 중난산 이후 일련의 과정은 정교하게 디자인된 분위기를 물씬 풍긴다.

그로부터 일주일 뒤, 중난산이 기자회견을 통해 환자 출현과 바이러스 발원은 서로 다른 문제라고 공개적으로 주장하고 나섰다. 그의 발언은 앵커 추명황을 비판했던 젊은 네티즌들의 목소리와 오버랩됐다. 이쯤 되면 '문혁 트라우마'가 국내 차원이 아니라 국가 간 관계로까지 확장되는 모양새다.

나아가 중난산의 주장은 네티즌들의 강해진 민족주의 성향에 올라탄

계산된 것이었다. 물론 중난산 개인의 견해가 아니라 중국 정부의 입장을 그가 대신 밝혔을 뿐이다. 그 뒤 벌어진 중국과 미국 간 상호 비난전을 되짚어 보면, 중국 정부는 중난산이 바이러스 발원지 떠넘기기에 불을 붙인 뒤 후속 상황에 대응할 수순을 미리 계산하고 있었다는 걸 알 수 있다.

미국은 3월 접어들어 '중국 책임론'을 본격적으로 거론했다. 마이크 폼페이오Mike Pompeo 국무장관은 '우한 바이러스'라는 표현을 쓰며 "중국이 역병에 대해 제일 먼저 알았지만 은폐로 일관해 귀중한 두 달을 놓쳤다"고 지적했다. 그는 이어 "그 결과 수백만 명이 우한을 빠져나갔고 세계 각국이 재앙을 맞고 있다"고 비난했다. 특히 "중국공산당은 투명한 정보 공개를 억누르려 할 뿐 바이러스를 억누르려 하지 않는다"며 중국의 언론 통제를 겨냥했다.

　중국도 맞불을 놓았다. 외교부 대변인 자오리젠趙立堅은 "미군이 우한에 바이러스를 가져왔을 것"이라는 도발적 트윗을 날려 '미국 음모론'을 제기했다. 2019년 10월 우한에서 세계군인체육대회가 열렸는데 당시 미군 대표단이 바이러스를 퍼뜨린 게 아니냐는 것이다. 중국 측에서는 다른 외교관들도 《트위터》를 통해 외교 전쟁에 가담했다.

　이를 두고 홍콩에서 발행되는 영문 일간지 《사우스차이나모닝포스트SCMP》는 중국의 인기 영화 〈전랑〉에 빗대 '전랑식 외교'라고 불렀다. 중국 측 공세에는 《인민일보》, 《환구시보》 등 관영 매체도 가세했다. 이어 양국 간 공방은 계속됐다. 도널드 트럼프Donald Trump 대통령은 '우한폐렴'이라며 대 중국 공세를 펼쳤다.

이러한 상황에서 중국의 다음 단계 대응은 눈부실 정도였다. 중국은 중국 책임론에 미국 음모론으로 맞서는 데 그치지 않고 발 빠르게 '중국 공헌론'으로 국면을 전환시켰다. 처음 우한에서 집단으로 환자가 나왔고, 이에 잘못 대처했고 이어서 전 세계가 대혼란에 빠진 것은 바뀔 수 없는 사실이었기 때문에 더더욱 국면을 뒤집을 필요가 있었다.

이처럼 중공이 판 뒤집기에 전력을 쏟을 수밖에 없었던 데는 다음 세 가지 이유가 있다.

첫째, 처음 우한에서 환자가 집단으로 발생했을 때 진상 은폐와 언론 통제에 치중한 나머지 제대로 대처하지 못한 데 따른 비판론을 어떻게든 잠재워야 했다. 초기 대응 실패론과 시진핑 책임론 앞에서는 당 최고지도부로서도 위기의식을 느끼지 않을 수 없었다.

둘째, 최고지도부로서는 코로나 사태 이후 중화민족의 위대한 부흥을 향한 항해를 순조롭게 하기 위해서도 빨리 늪에서 빠져나와야 했다. 더욱이 2021년을 샤오캉 사회 전면 실현의 해로 약속한 만큼 조속한 국면 전환과 정상적 경제·사회 활동이 절실했다.

셋째, 미국에 맞서는 G2라고 하면서 반중국 정서를 두려워하는 대국, 미성숙한 대국이라는 지적을 듣고 있을 수는 없는 노릇이었다.

사실 중국의 책임 떠넘기기는 이번만이 아니다. 2003년 사스 때에도 자국이 사스 발원지란 것을 인정하지 않았다. 그러면서 '사스'라는 용어를 사용하지 않고 '페이뎬非典'이라고 불렀다. '비전형 폐렴非典型肺炎'의 앞 두 글자를 딴 것이다. 그들은 광둥 지역에서 발생한 사스를 해마다 겨울에 유행했던 급성 폐렴의 일종이라고 봤다. 그렇지만 임상적으로 기존 폐렴과 차이가 있다며 '비전형'을 폐렴 앞에 붙였다. 전형적이지 않은 질병이라는 뜻이다.

중국은 2003년 4월 초까지 페이뎬이라는 명칭을 고집했다. 그 뒤 WHO가 페이뎬이 사스와 동일한 질병이라는 사실을 밝혀내자 사스와 페이뎬을 함께 쓰는 모습을 보였다. 동시에 중국 정부는 WHO에 전염병 상황을 통보하는 등 협력하기로 다시 약속했다. 하지만 그 뒤에도 비협조적 태도를 보여 국제사회로부터 비난을 받았다.[23]

이런 맥락에서 본다면, 시진핑 주석이 2020년 3월 2일 행보에서 전염병 발병이 중국에서 시작된 데 대해 다른 나라를 향해 최소한 유감 표명조차 하지 않은 건 당연한 것이었다. 나는 시 주석의 그날 의료계 현장 방문과 관련한 장문의 《신화통신》 기사를 꼼꼼히 살펴봤다. 가능성은 낮지만 혹시 그가 유감 표명이라도 했는지 확인했다. 하지만 그는 다른 나라와 손잡고 코로나19에 공동 대응할 필요가 있다고 강조했을 뿐이다. 중국이 '책임 있는 대국'임을 보여 주리라고 기대하는 것은 애초 불가능했다. 중국으로서는 신종 코로나 사태와 관련해 국제사회가 "중국이 사과하고 책임을 지라"고 목소리를 높이는 상황을 막는 데 집중할 뿐이었다.

그렇다면 '중국 공헌론'을 띄우기 위해 중국이 어떻게 움직였는지 살펴보자. 중국 공헌론이란 중국이 제일 먼저 코로나19를 물리치느라 애쓰

---

23 전은숙, 〈중국 정부의 초기 대응, 사스 때와 판박이〉, 《한중저널》 제3호, 2020년 봄, p.24.

면서 세계 각국이 전염병을 막을 수 있는 시간을 버는 데 기여했다는 논리다. 무엇보다도 관영 통신 《신화사》가 3월 초순 《위챗》 공식계정에 올린 〈당당하게 말하건대, 세계는 마땅히 중국에 감사해야 한다〉라는 글은 이러한 논리를 보여 주는 대표적 예다. 이에 대해서는 중국 내 전문가들 사이에서도 논란이 일었다. 난처한 상황을 벗어나고자 하는 의도가 앞선 글이긴 하지만 너무나 떳떳하다.

그 내용을 살펴보자.

중난산 원사의 연구에 따르면, 신형 코로나 폐렴이 비록 중국에서 나타났지만 그 발원지가 꼭 중국이라 말할 수는 없다. 현재 수많은 연구는 신형 코로나 바이러스 발원지가 다른 나라일 가능성을 제시한다. 미국, 이탈리아, 이란 등의 수많은 코로나19 확진자가 아시아 국가와 접촉한 적이 없다는 사실은 이런 점을 뒷받침한다. 따라서 중국이 사과를 할 이유는 더더욱 없다. …

이제 우리는 당당하게 말한다. 미국은 중국에 사과해야 할 것을 빚지고 있다. 세계는 중국에 감사해야 할 것을 빚지고 있다. 중국의 엄청난 희생과 노력이 없었다면 전 세계는 코로나19에 대응할 고귀한 시간을 벌 수 없었을 것이다. 중국은 혼자 힘으로 고집스럽게 코로나19를 긴 시간 동안 막아냈다고 할 수 있다. 정말 천지를 놀라게 하고 귀신을 울리는 일 아닌가! **24**

시진핑은 2020년 3월 중순 안토니우 구테흐스 유엔 사무총장과의 통화에서도 중국 공헌론을 제기했다. 당시 중국이 한시름 놓는 사이 새롭

---

24 〈新冠疫情全球蔓延 新華社轉發 '世界應該感謝中國' 文章引爭議〉, 《BBC中文網》 2020. 3. 9, https://www.bbc.com.

게 환자가 급증하고 사망자가 속출했던 나라들로서는 듣기에 거북한 논리였다. 그럼에도 불구하고 중국의 움직임은 엄청 빠르고 치밀하고 전략적이었다. 시진핑은 연일 전화와 전문을 통해 각국 정상들과 접촉면을 넓혔다. 관영 매체들은 코로나 퇴치를 둘러싼 중국의 공헌에 외국 정상들이 찬사를 아끼지 않는다고 전하기 시작했다.

4월이 가까워지자 중국은 전 세계에서 첫 번째로 코로나19를 극복한 나라라고 자화자찬에 나섰다. 중국의 제도적 우월성이 코로나 퇴치 과정에서 확인됐다고 보도하기도 했다. 관영 매체 보도만 접하면 중국이 세계에서 가장 모범적인 나라이자 지도적 위치에 있는 나라라는 생각이 들기에 충분했다. 이에 대해 요즘처럼 국제적 교류가 빈번하고 또 해외 매체에 접근하기도 쉬운 시대에 유치한 느낌이 든다고 비판하는 사람들이 중국 국내에도 있다. 그러나 그런 사람들은 전체 인구 중에서 차지하는 비중이 높지 않다. 더욱이 이런 방향의 보도를 반복하면 어느덧 동화되는 효과를 무시할 수 없다.

당시 중국은 미국과는 중국 책임론을 둘러싼 상호 공방전을 이어가면서도 유럽과는 코로나 퇴치를 위한 공동전선을 구축했다. 미국이 제 앞가림도 못 하면서 유럽연합EU 회원국들마저 팽개친 틈을 놓치지 않은 것이다. 미국은 EU발 미국행 여행을 금지하면서 EU와 상호 협의는 물론 사전 통보조차 하지 않았다. 중국은 나아가 아시아, 유럽, 중동, 아프리카, 중남미 등 모든 대륙과 의료지원대 파견, 의료물자 지원, 방역 정보와 경험 공유 등으로 연결을 강화했다. '중국 모델' 수출에 본격적으로 나선 것이다. 국가감시체제, 국가동원체제로 대표되는 모델이었다.

166

그럼에도 불구하고 코로나 사태가 악화되자 중국식 봉쇄를 채택하는 나라가 꽤 늘었다. 2020년 3월 말 기준으로 중국은 110여 개 국가와 방역 정보를 나누면서 코로나 지원 외교를 펼쳤다. 이 과정에서 중남미 25개국과 3시간 동안 화상회의를 열기도 했다. 중국의 방역 지도력을 유감없이 과시한 것이다. 관영 매체들은 '인류운명공동체' 이념에 따라 이러한 활동을 하는 것이라고 목소리를 높였다. 글로벌 리더, 즉 세계 질서 주도국 지위를 꿈꾸는 것이다.

이 무렵 미국 외교전문지 《포린 어페어스Foreign Affairs》나 《포린 폴리시Foreign Policy》는 "코로나 사태가 세계질서를 바꾸는 계기가 될 수 있다", "아메리카 퍼스트는 위험한 환상이다", "이번 팬데믹은 중국이 강한 모습을 보여 줬다" 등 우려와 지적과 자성의 글을 실었다. 중국은 미국이 코로나19를 만나 헤매는 사이 초기 대응 실패라는 잘못은 덮어 둔 채 과할 정도로 전략적인 행보를 이어갔다.

〈코로나 백서〉, 뭘 보여 줬나?

중국 국무원 신문판공실은 2020년 6월 7일 〈코로나19 퇴치의 중국 행동抗擊新冠肺炎疫情的中國行動〉, 즉 〈코로나 백서〉를 펴냈다. 이에 맞춰 국무원 신문판공실은 이날 오전 10시 기자회견까지 열었다. 당시로선 코로나19가 일단락됐다고 봤던 것이다.

이 백서의 목차는 크게 네 분야로 구분돼 있다. 중국의 전염병 퇴치를 위한 고통스러운 과정, 예방과 치료를 동시에 수행하는 전쟁, 전염병 퇴치를 위한 강대한 역량 결집, 인류위생건강공동체의 공동 건설이 그것이다. 이를 통해 중국 인민의 경험을 기록하고, 중국의 전염병 퇴치 경험을 국제사회와 공유하며, 전 세계의 전염병 퇴치와 관련한 중국의 이념과 주장을 밝혔다.[25]

백서 출간 동기에 대해서는 중국은 인민의 생명과 건강을 최우선에 두고, 가장 전면적이고 엄격하고 철저한 조치를 취했다고 강조했다. 그리하여 바이러스를 퍼뜨리는 사슬을 효과적으로 끊어냈다고 밝혔다. 14억 중국 인민은 강인한 모습으로 봉사하고 단결하고, 한마음으로 전염병 퇴치 전쟁을 벌여 위대한 역량을 보여 줬다고 했다. 이러한 모든 경험을 다른 나라들과 나누기 위해 백서를 만들었다는 것이다. 일찍이 경험해 보지 못한 신종 코로나바이러스의 출현에 어떻게 대처했는지 알림으로써 모두에게 도움이 되도록 했다는 취지다. 당연히 필요하고 또 의미 있는 작업이다.

그런데 그 내용이 문제였다. 중국공산당 입장에서 윤색한 것이다. 코로나19 시작부터 백서 집필 때까지 전 과정을 가감 없이 기록해야 하는데 그러지 않았다. 당중앙이 숨기고 싶은 부분은 제외하고 부각시키고자 하는 내용은 포함하는 식이다. 백서가 당중앙의 조직적 선전 전략에 따라 집필된 것이다.

A4 용지 34장 분량의 백서가 강조한 것은 다음 세 가지다.

첫째, 시진핑 중심의 통일된 지휘체계가 방역을 성공적으로 이끌었다. 둘째, 역사와 국제사회에 책임지는 자세로 공개적이고 투명하게

25　國務院新聞辦公室, 〈抗擊新冠肺炎疫情的中國行動〉,《人民網》, 2020. 6. 8, http://jl.people.com.cn.

정보를 공개했다. 셋째, 중국은 150여 개 국가와 국제조직에 코로나 퇴치를 위한 원조를 제공하는 등 국제 협력에 기여했다. 앞의 두 가지는 사실과 주장이 섞여 있고, 세 번째만 사실과 차이가 없다.

두드러진 점은 시진핑이 주재한 각종 회의와 현장 시찰을 빠지지 않고 기록했다는 것이다. 그러나 시진핑이 인터넷 통제와 여론전을 강조했다거나 초기에 사회 혼란을 우려하며 미온적으로 대처한 데 대해서는 전혀 말이 없다. 또 중국이 2020년 1월 11일부터 매일 코로나19 관련 상황을 WHO에 통보했다고 밝히면서도 사람 간 전염 사실을 은폐한 부분은 언급하지 않았다. 당 지도부까지 긴장하게 만들었던 의사 리원량 관련 상황은 물론 싣지 않았다. 중국도 코로나19 피해국이라면서 다른 나라가 이에 대비할 시간을 벌어 줬다는 주장은 빠뜨리지 않았다.

이러한 백서는 조지 오웰George Orwell이 쓴 소설 《1984》에 나오는 역사 새로 쓰기와 다를 게 없다. 백서는 《1984》의 주인공 윈스턴 스미스가 진리성에서 역사를 변조하는 장면을 연상시킨다. '중국 책임론'을 '중국 공헌론'으로 바꿔 버린 건 시간이 흐르면 역사가 그렇게 기록될 것이란 기대에 기초한다. 《1984》에서 가장 핵심적인 내용은 역사와 언어의 통제를 통해 현실을 정치적으로 조작한다는 발상이다. 이것과 백서의 사실 왜곡 사이에 무슨 차이가 있는가.

그렇다면 어떤 배경에서 코로나 초기 미온적 대처로 극도의 혼란을 초래한 사실을 건너뛴 백서를 펴내려고 했을까? 다른 나라에게 머리를 숙이거나 중국이 책임져야 할 상황이 벌어지지 않도록 미리 대비하겠다는 속셈 말고는 달리 설명할 게 없다. '중화민족의 위대한 부흥'을 향해 나아가는 대국大國 중국이 다른 나라들로부터 잘못을 추궁당하는 건 받아들일 수 없다는 심리가 바탕에 깔려 있는 것이다. 앵커 추밍황이 세계를 향해 미안함을 표현하자고 했을 때 네티즌들이 벌떼처럼 일어나 그를 비난하는 모습에서 나는 이러한 심리의 단초를 봤다.

이게 바로 민족주의 또는 인터넷 민족주의의 발현이다. 앞으로 이러한 분위기가 더욱 고조될 게 분명하다. 중국에서 체계적 애국주의 교육이 실시된 지도 이미 한 세대가 지난 데다 시진핑 집권 3기 들어 이러한 교육이 더욱 강화될 것이기 때문이다. 시진핑 3기 국정 청사진을 담은 〈20차 당대회 보고〉는 당이 사회주의 이데올로기를 견고하게 하는 사업의 영도권을 확실히 장악해야 한다고 강조했다.

중국 네티즌의 두 가지 성향을 기억하라

2020년 1월 하순 들어 코로나19는 우한에서 걷잡을 수 없이 확산되고 있었다. 우한 시내 병원 앞은 줄지어 선 환자들로 아수라장이었다. 그러나 속수무책이었다. 의료진과 병상이 턱없이 부족했던 탓이다. 병원 문턱도 넘어 보지 못한 채 세상을 떠나는 사람들이 속출했다. 그런 상황에서 병상 1000개, 1600개인 조립식 대형 병원 두 곳을 각각 열흘, 보름 만에 뚝딱 세운 건 전 세계의 이목을 끌기에 충분했다. 코로나19 환자 전용 두 병원 이름은 휘선산火神山과 레이선산雷神山이다.

여기서 중국공산당의 사회적 재난 대응 패턴을 읽을 수 있다. 즉 1단계에서는 정보를 은폐하고 언론을 통제하는 등 투명한 모습을 보이지 않는다. 그에 따라 화를 키우고 엄청난 혼란에 휩싸인다. 2단계에서는 총력전에 나선다. 일단 국가총동원 체제가 가동되면 엄청난 추진력을 보인다. '당이 결심하면' 나라 전체의 인적·물적 자원이 결집되는 것이다.

설날 이틀 전인 1월 23일, 전격적으로 우한 봉쇄조치가 내려졌다. 당중앙이 2단계로 신종 코로나바이러스 총력 퇴치에 나섰음을 보여 주는 신호탄이었다. 바로 그날, 우한시 도시건설국은 훠선산 의원 건설을 위한 긴급회의를 소집했다. 회의에는 대형 국영 건설회사인 '중건 3국집단中建三局集團'을 비롯해 관련 기관과 기업이 참석했다.

하루 뒤인 24일 설계도면이 완성됐고 이후 정지 작업부터 시작해 일사천리로 공사가 진행됐다. 수십 대의 중장비가 동원돼 24시간 밤낮 없이 일하는 장면은 《웨이보》를 통해 생중계됐고, 전국의 네티즌들은 전폭적 응원을 보냈다. 밤하늘을 밝힌 조명 아래 돌관 작업을 하는 광경은 그야말로 장관이었다. 건설 현장 인력이나 휴대전화로 이를 지켜보는 사람들이나 모두 강한 자부심을 드러냈다. 하루 15시간 동안 쉬지 않고 일한다는 노동자들, 시간을 아끼기 위해 건설 현장에 선 채로 또는 중장비 안에 앉아서 도시락을 먹는 현장 감독과 기사들⋯. 이들의 열정적인 모습은 SNS에서 쉽게 볼 수 있었다.

마침내 2월 2일 오전에는 병원 준공식이 열렸다. 우한시는 이어 훠선산 의원(병상 1000개, 부지 약 3만 4000㎡) 운영권을 인민해방군 의료진에게 넘겼다. '중국 속도'라는 말이 나왔고 관영 언론이나 소셜미디어 모두 한목소리로 자랑스러워했다. 일부 매체는 '현대 건설 역사의 기적'

이라고 표현하기도 했다. 효율적이고도 선진화된 건설 관리의 결과라고 보도한 곳도 있었다.

　분명한 것은, 이런 일은 중국이라는 체제 아래에서만 가능하다는 사실이다. 중국공산당이 주도하는 총동원체제의 힘을 보여 줄 수 있는 나라가 지구상에 또 있을까. 후베이성 코로나19 사태가 안정기에 접어든 3월 10일, 우한을 방문했던 시진핑 주석은 직접 이 병원을 찾았다.

　우한시가 레이선산 의원을 짓기로 한 결정은 휘선산 의원보다 이틀 뒤인 25일 내려졌다. 그로부터 보름째인 2월 8일 완공됐고 바로 환자를 받기 시작했다. 병상이 휘선산 의원보다 많고(1600개) 규모가 큰 만큼(부지 약 8만㎡) 휘선산에 비해 좀 더 시간이 걸렸지만 여전히 상상하기 힘든 속도이다. 두 병원은 2003년 사스 환자 치료를 위해 베이징에 긴급히 세웠던 샤오탕산小湯山 의원을 모델로 했다. 샤오탕산 의원은 1988년부터 있었는데 사스 때 기존 병원 옆 공터에 추가로 조립식 병원을 지은 것이다. 이처럼 야외에 세워진 기동성 있는 병원을 그들은 '팡창方艙 의원'이라고 부른다. 사스 때 지은 샤오탕산 의원은 2010년 철거됐다.

여기서 우리가 주목할 것은 인터넷 민족주의와 국가총동원 시스템이다. 《웨이보》로 24시간 생중계되는 건설 현장을 지켜보는 네티즌들은 중화민족의 저력에 '엄지 척'을 수없이 날렸다. 네티즌들은 한편에서는 초기의 미흡한 대응에 당중앙을 비판했지만, 동시에 민족적 자부심을 드러내 보인 것이다. 중공은 처음에는 전염병 관련 정보를 쉬쉬하다가 적절한 대응 시기를 놓치지만, 그 뒤 총동원체제를 주도하는 국면에서는 그야말로 상상을 초월하는 상황을 만들어낸다.

《웨이보》생중계를 되짚어 보자. 속도전으로 병원이 건설되는 현장을 휴대전화로 보는 네티즌들은 뿌듯한 감정을 감추지 못했다. 네티즌들은 분초를 다투며 진행되는 공정을 자신들이 인터넷을 통해 감독한다는 뜻으로 '운감공雲監工'이라는 신조어를 SNS상에서 쓰기도 했다. '이게 바로 중국의 힘', '조국이여 힘내라' 등 응원 댓글도 엄청나게 달았다.

발병 초기 당국의 정보 통제로 모든 것이 오리무중일 때 그들은 《위챗》이나 《웨이보》를 통해 세상 돌아가는 소식을 접해야 했다. 네티즌들은 그때 소셜미디어를 통해 당과 정부를 비판하는 목소리를 쏟아냈다. '제갈량'이라고 불리기도 한 의사 리원량이 죽은 뒤에는 소셜미디어에서 민심이 폭발할 정도였다.

하지만 병원 건설 생중계를 본 네티즌의 반응에서 알 수 있듯 SNS에는 코로나19와 관련한 비판 목소리만 있었던 게 아니다. 그 배경에는 중국 젊은이들 사이에 갈수록 강해지는 인터넷 민족주의가 있다. 《위챗》은 20~30대는 물론 중장노년층까지 전 연령대가 광범위하게 이용하는 데 반해 《웨이보》는 이용자가 상대적으로 젊은 층에 집중돼 있다. 젊은 네티즌들의 조국에 대한 사랑은 맹목적일 정도로 강하다.

이처럼 중국 네티즌들은 SNS를 통해 당과 정부를 비판하는 감시자 역할도 하지만, 민족주의 전파자의 모습도 보인다.

당 주도 총동원체제가 가능한 이유

이제 당 주도 총동원체제가 어떻게 가능한지 살펴보자. 중국에서는 당이 결심하고 동원에 나서면 상상하기 힘든 속도와 힘을 발휘한다. 이런 사례는 수도 없이 많이 꼽을 수 있다.

그중 인상적인 케이스. 그레이엄 앨리슨Graham Allison 하버드대 교수가 '투키디데스 함정Thucydides Trap'26에 관해 얘기하는 테드TED 강의에 나오는 장면이다.27 그는 룰링 파워ruling power 미국과 라이징 파워rising power 중국을 예로 든다. 이를 통해 비효율적인 미국과 '중국 속도'를 비교하며 혀를 내두른다.

잠깐 그의 강의 속으로 들어가 보자. 보스턴 케임브리지에 있는 앨리슨 교수 연구실에서 내다보이는 다리 하나는 2012년 5월 착공했다. 그뒤 매사추세츠주가 완공 시기를 몇 차례나 연기하다 결국 4년 만에 마무리했다. 그것도 건설비를 당초 계획보다 3배나 더 들였다. '하버드 앤더슨 메모리얼'이라는 이름을 가진 이 다리는 찰스강을 횡단하는데 케네디스쿨과 하버드비즈니스스쿨 사이에 있다.

그렇다면 베이징 차오양구에 있는 입체교차로 중 한 부분인 싼위안차오三元橋 건설 과정은 어땠을까? 이곳은 베이징 둘레를 빙 도는 순환도로

---

26 기존 패권국가와 신흥 강국이 서로 갈등을 빚을 경우 대부분 전쟁으로 가게 된다는 것이다. '투키디데스 함정'이라는 용어는 그리스 아테네 출신 역사가 투키디데스가 쓴 《펠로폰네소스 전쟁사》에서 유래했다. 앨리슨 교수는 지난 500년 동안 패권 국가와 신흥 강국의 대결 16건에서 12건이 전쟁으로 이어졌다는 연구 결과를 내놓았다.

27 Graham Allison, 〈Is war between China and the US inevitable?〉, 《Youtube》, 2018, https:// www. youtube.com.

중 하나인 '3환'에 위치한다. 다리라는 이름이 붙어 있지만 고가도로에 가깝다. 밑으로 다른 도로가 지나가고 그 위쪽을 가로질러 건설한 도로다. 이 도로는 찰스강을 횡단하는 다리보다 차선이 두 배나 많다. 그런데 과연 얼마나 걸렸을까. 놀라지 마시라. 단 43시간 만에 끝났다. 건설 시기는 2015년 11월이었다. 물론 밤낮없이 공사는 계속됐다. 다리의 상판 부분을 미리 제작한 뒤 조립 시공한 덕에 그게 가능했다.

이에 대해 앨리슨 교수는 목적 중심의 리더와 일하는 정부가 있기에 가능한 일이라고 설명했다.

나는 이에 더해 다른 측면도 보고 싶다. 바로 당이 가진 놀랄 만한 총동원력이다. 이 이야기를 하려면 신중국 초기 10년 동안(1966~1976년) 중국 대륙 전체를 광기에 휩싸이게 했던 문화대혁명을 빼놓을 수 없다. 문혁의 흑역사가 막을 내린 지 반세기가 지났지만, 중국인의 뇌리에 박힌 그때의 기억은 갑자기 사라지지 않는다. 지금 중국의 각계 지도층에는 문혁을 직접 겪은 세대가 포진해 있다. 문혁 초기 톈안먼 광장에 운집한 100만 홍위병이 마오쩌둥 주석을 향해 열광했던 장면을 떠올려 보자. 그때의 경험은 그들에게 체화된 채로 다음 세대로 이어지고 있다. 최고지도자 또는 당중앙이 전국 인민을 향해 나아갈 방향을 제시하면 일사불란하게 움직이는 것이다. 당은 문혁에 대해 엄중한 재난을 초래한 내란이라는 평가를 내렸지만 그때 가동됐던 인민 동원체제는 지금도 때가 되면 여전히 작동한다.

또 다른 요인도 있다. 인민공사人民公社의 경험이다. 1958년 대약진운동大躍進運動과 함께 시작된 전국 농촌의 인민공사화는 중국의 기층조직을 근본적으로 변화시켰다. 인민공사는 계획경제 아래서 정치·경제·사회생활을 공동으로 영위하면서 자급자족하는 기초단위였다. 이 안에서 모든 일상생활을 꾸려 가는 것이다. 인민공사는 덩샤오핑이 1978년 개혁개방을 선언한 뒤인 1980년대 들어서도 유지되고 있었다. 이처럼 계획경제 시대의 사회주의 체제는 '단위 사회주의'를 통해 구현됐다. '단위 單位'에는 집단농장과 국영기업은 물론 기관, 단체 등도 포함됐다. 전국의 인민들은 단위 테두리 안에서 일하고 생활했다. 이 과정에서 개인주의적 사고방식은 사상 개조를 받아야 했다.

1990년대 들어 덩샤오핑이 '사회주의 시장경제'를 채택한 뒤에는 '사구 社區'가 단위의 기능을 대체하게 된다.28 사구는 지역공동체로서, 사구 내 자원을 상호 보완하는 역할을 한다. 단위 사회주의에서는 단위 당위원회가 영도 기능을 발휘했는데, 사구 사회주의에서는 사구의 당조직 또는 기층 당조직이 핵심적 역할을 한다. 이를 통해 구현된 사회주의를 '사구 사회주의'라고 부른다.29

코로나19 와중에 베이징을 비롯한 도시 지역의 경우 아파트 단지나 동네별로, 농촌에서는 마을별로 자체적 격리체제를 유지했던 건 바로 사구 사회주의의 표현이다. 인민공사라는 공동체와 단위 생활의 기억을 가진 사람들에겐 커뮤니티, 즉 사구별로 일상을 꾸려 가는 게 생소하지 않았다. 사구의 당조직 책임자는 격리생활을 이끌어 가면서 당의 지침

---

28 인민공사는 생산과 소비는 물론 일체의 사회활동까지 그 속에서 영위하는 단위였다. 따라서 자원 재분배 기능도 가졌다. 이에 비해 사구는 자원 재분배 기능을 갖지 않았다.

29 류젠쥔, 〈중국특색 거버넌스의 논리〉,《중국의 길을 찾다》, 이희옥·수창허 엮음, 책과함께, 2021, p.60.

을 엄격하게 집행하는 데 앞장섰다. 사구가 통제를 실행하는 기층조직 이었던 것이다. 다만 이 과정에서 주민들의 불만을 사기도 했다. 현장 상황을 무시한 채 무지막지하게 봉쇄한다거나 식료품 등의 공급에 문제 가 있었기 때문이다. 격리 기간 중에는 사구 책임자가 식료품과 생필품 을 일괄 구매해 각 가정에 분배했는데 그 과정이 공정하지 않은 사례가 있었다.

이처럼 코로나19 초기 당 주도로 이른바 '인민전쟁'을 전개할 수 있었 던 것은 통제와 동원을 바탕으로 하는 중국 체제의 특성에 힘입은 바 크 다. 그 과정에서 유례를 찾기 힘든 질곡의 중국 현대사를 헤쳐 나온 중 국인들의 독특한 체험도 힘을 발휘했다. 마오쩌둥 시대에 겪었던 일들 이 지금도 영향을 미치는 것이다. 이에 따라 당이 결심하면 인민들은 떨 쳐 일어났다.

하지만 그 뒤 '제로 코로나淸零' 정책의 장기화에 따른 피로감은 만만 치 않았다. 이에 당 지도부는 '다이내믹 제로 코로나動態淸零'[30]로 정책을 약간 조정했지만 봉쇄와 격리 위주의 방역활동에 대한 불만은 가라앉지 않았다. 이러한 상황에서 2022년 11월 말 마침내 백지시위가 벌어졌다. 뒤이어 공산당은 제로 코로나 정책을 더 이상 고집하지 않는 쪽으로 방 향을 바꿨다.

---

30 다이내믹 제로 코로나 정책은 '무조건 감염자 수 제로'를 추구하지는 않되 환자를 조기에 발견해 주위를 차단함으로써 전염을 막는다는 개념이다. 무차별적 봉쇄로 일관하던 제로 코로나 정책보다 유연해진 듯 하지만 현장에서는 두 정책의 차이를 느낄 수 없는 상황이었다.

인민이 코로나와의 전쟁에서 진정한 영웅이었다고 밝힌 시진핑 어록.《CCTV》는 이 어록을 자체 홈페이지에 올려놓았다. 시 주석은 2020년 3월 24일 저녁 안제이 두다 폴란드 대통령과 통화하면서 이렇게 말했다. 그는 당시 "이번 전염병 상황을 극복하는 데 있어 우리에게 힘과 믿음을 준 사람은 중국 인민이었다. 인민에게 단단히 의지하기만 하면, 우리는 틀림없이 모든 어려움과 장애물을 극복할 수 있고 중화민족의 위대한 부흥도 실현할 수 있다"고 강조했다. 코로나 초기에 이를 극복하기 위한 총체적인 노력을 '인민전쟁'이라고 불렀던 것과 맥이 같다. (사진 =《CCTV》홈페이지)

3. 첨단기술의 디스토피아

최고조에 달했던 언론자유 요구

2020년 2월 7일 의사 리원량이 사망한 뒤 지식인들의 체제 비판 목소리는 용솟음쳤다. 교수, 변호사, 기업인 외에 대학생들까지 비판 대열에 합류했다. 이들은 주로 언론자유, 시진핑의 통치 스타일, 중국공산당 조직의 문제에 초점을 맞췄다.

그중에서도 언론자유 보장은 가장 핵심적인 이슈였다. 언론자유의 부재가 코로나19 초기 통제 실패의 근본 원인이라고 봤기 때문이다. 베이징대 교수이자 중국 헌법학회 부회장이었던 장첸판張千帆은 〈2월 6일을 '중국 언론자유의 날'로 정하기를 발의함〉이라는 글을 리원량 사망 직후 《위챗》에 올렸다.

당시 지식인들의 생각을 잘 보여 주고 있어서 전문을 싣는다.

언론자유를 행사함으로써 우한 전염병을 미리 경고했던 의사 리원량이 불행하게도 세상을 떠났다. 수많은 사람들은 슬픔과 분노를 억누르지 못하고 있다. 언론자유에 대한 억압이 신형 코로나바이러스 감염증을 우한은 물론 온 나라에 대규모로 확산시킨 원흉임이 분명해졌다. 이로 인해 최소 수만 명이 감염되고, 수천 명이 사망하는 동시에 개개인의 기본적 자유에 엄중한 영향을 미친 '인재'를 초래했다.

이번 재난은 우리 모두에게 '언론을 억압하는 것은 바로 국가의 범죄'라는 사실을 뚜렷하게 보여 줬다. 이 점은 자격을 갖춘 모든 시민들이 잘 알고 있는 헌법 상식이라는 데 의심의 여지가 없다. 나는 호소한다. 전국인민대표대회 등 책임 있는 기구가 〈형법〉, 〈행정처벌법〉 등 법률에 포함돼 있는 시민의 언론자유에 개입하는 위헌적 규정과 이들 규정을 적용하는 것을 지금 바로 철폐하고 끝내라고. 법률이라는 이름으로 공권력을 남용하고 언론을 탄압하는 것을 명확하고도 틀림없이 없애라고. 이와 동시에 우한폐렴 발생 뒤 시민의 알 권리를 압살한 책임자가 누구인지, 의사 리원량이 투병하는 동안 제때에 효과적으로 치료를 받았는지를 조사해야 한다.

더욱 중요한 것은, 우리 시민들은 리원량 죽음이 개죽음이 되도록 그냥 둬서는 안 된다는 사실이다. 그의 죽음으로 우리가 공포를 느껴서는 안 될 뿐만 아니라 마땅히 더욱 용감하게 목소리를 내야 한다. 늦가을 매미처럼 아무 소리도 내지 못하는 사람들이 많을수록 죽음은 더욱 빨리 우리를 덮칠 것이기 때문이다. 우리는 이날을 의사 리원량을 기념하는 동시에 우리 개개인이 모든 사람의 언론자유를 존중하고, 국가가 언론을 억압하는 데 대해 '노'라고 말하는 계기로 삼아야 한다! 31

부동산 재벌 런즈창任志强, 인권 변호사 쉬즈융, 칭화대 법대 교수 쉬장룬 등도 그때 중공을 비판하면서 언론자유 보장 요구는 빠뜨리지 않았다.

'훙얼다이紅二代'32인 런즈창은 3월 초 시 주석을 '벌거벗은 어릿광대剝光了衣服的小丑'에 비유한 글을 《웨이보》에 올린 뒤 체포돼 18년 징역형과 420만 위안(약 7억 8900만 원)의 벌금을 선고받았다. 횡령, 뇌물, 직권남용죄 등이 적용됐지만 누구나 코로나19와 관련해 시진핑을 비판했기 때문으로 받아들였다. 그는 《웨이보》 글에서 언론과 표현의 자유 부

31 張千帆, 〈張千帆: 倡議設立2.6日爲中國言論自由日〉, 《微信》, 2020. 2. 7, https://weixin.qq.com.
32 신중국 건국에 기여한 당 간부의 자녀를 일컫는 말이다.

재 때문에 코로나 사태 악화를 피할 수 없었다고 지적했다. 2016년 2월에는 시 주석이 "공산당 매체의 성_姓은 필히 당_黨이 돼야 한다"고 말한 것을 공개적으로 비판, '임대포_{任大砲}'라는 별명으로 불렸다. [33]

쉬즈융은 2월 초 《公民China Citizens Movement》이란 해외 중국어 사이트에 〈권퇴서_{勸退書}〉를 발표해 세계적 주목을 받았다. "두 차례 임기를 채웠으니 집에 돌아가서 쉬세요"라고 시 주석에게 대놓고 요구한 것이다. 〈권퇴서〉는 "중국에 필요한 것은 자유이고, 자유가 있어야 창조와 발전이 있다. 언론자유를 압박하고 … 거국적으로 재난을 키우고 말았다"라고 지적했다. [34]

쉬장룬 교수는 〈분노한 인민은 더 이상 두렵지 않다〉는 글을 소셜미디어와 해외 중문 웹사이트에 올렸다. 그는 "우한폐렴 확산의 원인은 중공이 언론자유를 탄압해 전염병의 진상을 숨기고 최적의 방역시기를 놓친 데 있다"며 "중공 독재체제가 화_禍를 불러온 근본 원인"이라고 밝혔다. 그 밖에 우한 지역 대학교수들, 칭화대 학생들, 중국인 재미 유학생들도 언론탄압 중단 등을 요구했다.

그 뒤 산터우대 웨이융정_{魏永征} 교수(미디어법)는 눈에 띄는 논문을 미디어 잡지 《신문기자_{新聞記者}》에 발표했다. [35] 코로나19와 관련해 인터넷에 정보를 올리는 행위를 유언비어 유포로 처벌할 경우 그 구성 요건을 논한 내용이다. 의사 리원량의 공익성 제보를 유언비어로 몰아간 당

33 〈任志强同志, 你正在演出一場機會主義鬧劇〉, 《人民網》, 2016. 2. 25, http://opinion.people.com.cn.

34 許志永, 〈勸退書〉, 《公民》, 2020. 2. 4, https://cmcn.org/archives/46079

35 魏永征, 〈略論治理網絡謠言的行政處罰〉, 《新聞記者》, 2020年 第3期(3. 31), https://mp.weixin.qq.com.

국의 조치가 계기였음은 물론이다. 논문은 "특정 그룹에만 알린 정보도 '유포'로 볼 것인가?", "유언비어 유포 행위를 증명할 책임은 누구에게 있는가?", "이러한 행위는 사법 구제를 받을 수 없는가?" 등 다양한 이슈를 다뤘다. 여기서 그 구체적 내용을 설명할 필요는 없다고 본다.

다만 웨이 교수가 논문을 마무리하면서 특별히 언급한 '루머의 공식'을 소개하겠다.

루머의 강도rumor = 정보의 중요성importance × 불확실성ambiguity

심리학자 고든 앨포트Gordon Alport와 레오 포스트먼Leo Postman이 만든 것이다. 즉, 전달하려는 내용이 중요할수록, 상황이 불확실할수록 루머는 강력해진다. 이에 대해 웨이 교수는 정보에 대한 갈증이 심할수록 유언비어 전파 범위는 넓어진다고 설명했다.

그러면서 논문 마지막 문장을 이렇게 썼다.

사회적 관심이 높은 중대 사건의 경우 민중이 정보를 찾고 획득하고 전파하는 자유를 존중해야 한다. 정보가 제한 없이 유통되도록 최대한도로 보장해야 하고, 공권력은 법에 따라 제때 정보를 공개해야 한다. 특히 주류 매체들이 진실하고 객관적이고 권위 있는 정보를 지체 없이 보도하도록 해야 한다. 이렇게 할 때 비로소 유언비어가 감소하거나 사라지게 된다.

앞에서 언급한 다른 지식인들보다 훨씬 구체적으로 언론자유를 요구하고 있다.

전염병 대응 5단계 패턴 1: 통제와 동원

중국에서 대규모 감염병이 퍼지면 대개 밟는 경로가 있다. 중국공산당이 지배하는 권위주의 체제의 속성상 이런 패턴은 쉽게 바뀌지 않는다. 이는 당과 정부가 '통제'와 '동원'을 두 축으로 하는 대응 방식을 고수하기 때문이다. 여기서 통제란 정보 통제, 주민 통제를 말한다. 동원은 필요하면 인적·물적 자원을 대규모로 동원하는 것이다. 이러한 방식은 중공 체제에서만 가능하다. 이렇다 보니 "위기를 초래하는 것도 공산당, 위기를 극복하는 것도 공산당"이라는 말이 나온다.

코로나19 초기인 2020년 상반기에도 중공은 과거와 비슷한 단계별 대응 패턴을 보였다. 하지만 그 뒤 바이러스 변이종의 등장으로 좀처럼 방역활동의 끝이 보이지 않았다. 이 과정에서 제로 코로나 정책에 따른 부작용과 피로감이 곳곳에서 노출됐다.

사스와 코로나19 시기에 중공이 보여 준 대응 방식을 보자. 1단계에서는 상황 은폐와 언론 통제에 집착하다 초기 대응에 실패한다. 2단계에서는 사회주의 체제의 특성을 살려 인적·물적 자원을 최대한 결집시키는 국가 총동원체제를 가동한다. 3단계는 위기의 정점을 지나 하향곡선으로 접어드는 국면이다. 이때는 다양한 영웅 스토리를 언론에 등장시킨다. 4단계는 전염병과의 전쟁에서 승리가 눈앞에 보이는 상황이다. 이 단계에서는 전국 인민 사이에 일체감을 조성하면서 이른바 '인민영웅론'을 띄우기 시작한다. 5단계는 대단원이 마무리되는 국면이다. 이 단계에서는 '인민전쟁'의 승리를 대대적으로 선전하면서 새로운 서사를 풀어 나간다. 2단계부터는 각 단계별로 정치적 상징 조작도 활발하게 펼친다.

이제 코로나19 발병 뒤 각 단계별 상황을 구체적으로 살펴볼 때다. 중국의 정치·사회적 환경에서 1단계 초기 대응 실패는 예고된 거나 마찬가지다. 감염병 초기 대응의 핵심이 투명성과 신속성이라는 건 두말할 나위가 없다. 그런데 중국공산당 체제에서는 이 둘 다 기대하기 어렵다. 사스 때도 그랬고 코로나19 때도 그랬다. 초기에 사회 불안을 초래할 수 있다며 특유의 은폐를 시도하다 오히려 화를 키웠다. 이 과정에서 언론보도를 통제하는 것도 반복됐다.

우한시 당국은 2019년 12월 31일 단순 폐렴 환자 27명이 발생했을 뿐이라고 상황을 축소 발표했다. 다음 날인 새해 1월 1일, 후베이성湖北省 공산당 기관지 《후베이일보湖北日報》36는 사건 발생 한 달 만에 비로소 제1보를 내보낸다. 《후베이일보》는 우한시 발표 내용을 4면 오른쪽 귀퉁이 2단으로 축소 배치했다. 비중으로 봐서는 당연히 1면 톱으로 가야할 기사였지만 눈에 잘 띄지 않는 곳에 구겨 넣은 것이다.

해당 기사는 "27건의 폐렴 환자가 발견됐으며, 7명이 위독하고 나머지는 안정적으로 통제할 수 있다"면서 "사람과 사람 간 감염은 발견되지 않았다"는 내용을 부제로 달았다. 이보다 이틀 전 의사 리원량이 '사스 코로나바이러스'라고 선명하게 적힌 바이러스 검사보고서 사진을 《위챗》에 올려 사람 간 전염 가능성을 경고했는데도 말이다.

다음으로 2단계에서 국가총동원 시스템이 가동되면 그야말로 돌격전과 속도전이 곳곳에서 벌어진다. 중국인들은 이와 관련해 "당이 결심하

---

36 중국에는 당중앙은 물론 각 성과 시 등 행정단위별로 당 기관 매체가 있다.

면 … "이란 말을 곧잘 한다. 일단 나아갈 방향이 당에 의해 제시되면 전 인민이 일어난다.

이런 풍조는 어제오늘 조성된 게 아니다. 신중국 출범 직후 대대적으로 시작된 제1차 5개년계획37부터 대약진운동, 인민공사, 문화대혁명을 거친 세대는 장기간 집단활동을 경험했다. 그 과정에서의 체험이 뼛속까지 체질화됐다. 이런 유전자는 어느덧 젊은 세대로 이어지고 있다. 중국공산당의 어마어마한 동원 능력은 바로 이런 분위기가 있기에 가능하다. 한쪽에서는 당의 무능을 비판하지만, 다른 한쪽에서는 '생명이 아깝지 않다'며 코로나19 퇴치를 위해 우한으로 후베이성으로 수많은 사람들이 몰려든 데는 이런 사회문화적 배경이 있다.

개혁개방 이후 시장경제38를 채택하면서 사회문화에 변화가 생기긴 했지만 재난 시에는 여전히 이러한 문화가 힘을 발휘한다. 2003년 사스때는 물론 2008년 원촨汶川지진, 2013년 야안雅安지진 때도 비슷한 상황이었다. 물론 동원 과정에서 당조직이 상당한 역할을 하는 것은 사실이다. 중국에서 공산당원은 2021년 말 기준 9671만 명이나 되는데 이는 독일 전체 인구보다 많다. 당조직은 정부기관 외에 하급 행정단위는 물론 국영기업체, 학교, 민간 대기업, 단체 등 대부분 조직에 들어가 있

---

37 공업화 기반 조성과 사회주의 경제 체제로의 전환을 위해 1953~1957년 추진한 경제개발계획으로 대부분 목표를 초과 달성했다. 이에 고무된 마오쩌둥은 대약진운동(1958~1960년)을 무리하게 몰아붙여 대재앙을 초래했다. 이로 인해 중국 현대사의 비극인 문화대혁명(1966~1976년)이 잉태된다.

38 사회주의를 채택한 중국에서 자본주의를 수용하는 것은 금기였다. 그래서 '자본주의' 대신 '시장경제'라는 단어를 쓴다. 덩사오핑은 1978년 개혁개방을 선언한 뒤인 1979년 외빈을 접견한 자리에서 "우리는 계획경제를 위주로 하되 시장경제를 결합하고 있다. 시장경제는 자본주의에만 있는 게 아니다. 사회주의에서도 시장경제를 할 수 있는 것"이라고 말했다.

다. 그야말로 거미줄 조직을 이루고 있다.

우한에서 1월 하순에 시작해 열흘 안팎 만에 대형 조립식 병원 두 곳을 뚝딱 지어낸 것은 총동원체제가 작동된 대표적 사례다. 그야말로 벌어진 입을 다물지 못할 정도다. 다른 나라에서는 도저히 흉내 내기 힘든 일이 현실화되는 것이다. 무엇보다 병원 건설 현장에 당 지부가 조직돼 모든 공정을 총괄했다. 그 무렵 관영 매체들은 휘선산, 레이선산 두 병원을 단기간에 완공한 데 대해 세계가 감탄한다는 뉴스를 대대적으로 보도했다. 네티즌들은 초기 대응을 제대로 못한 데 대해 시진핑과 당 지도부에 책임론을 제기하면서도 이러한 쾌거에 대해서는 중화민족의 자긍심을 드러냈다.

대규모 의료지원대는 '중국특색동원체제'의 진면목을 보여 줬다. 코로나 초기 우한시와 후베이성에는 전국 각지로부터 무려 4만 2000명이나 되는 의료지원대가 모였다. 이들이 단체로 후베이성을 향해 출발할 때는 빠짐없이 장엄한 출정식이 열렸다. 오성홍기를 앞세우고 비행기나 버스 등을 타는 그들의 표정에는 비장함이 서려 있었다. 미디어는 이들을 역행자逆行者39라며 칭송했다.

다음은 3단계다. 이때쯤이면 영웅담이 언론에 등장한다. 감동적 스토리도 적지 않다. 이번엔 의료지원대가 우한에서 임무를 마치고 원래 소속된 기관이나 고향으로 떠날 때 자연스럽게 영웅이 됐다. 의도적 영웅 만들기가 아니어도 그렇게 될 수밖에 없는 분위기였다. 그들이 귀환할

---

39 위험을 무릅쓰고 다른 이들과 반대로 가는 사람이라는 뜻이다. 그들은 '니싱저'라고 불렀다.

때 현지 주민들은 길가에서 플래카드 앞세우고 손에는 작은 오성홍기를 든 채 열렬히 환송했다. 의료대원들이나 주민들이 서로 얼싸안는 순간 저절로 눈물이 고였다. 삶과 죽음이 교차할 때 나눈 정이었으니 어찌 각별하지 않겠는가. 미디어는 이런 모습을 전하며 '영웅의 귀환'이라 불렀다.

한 의료지원대가 우한을 떠날 때 그들에게 평생 동안 호텔 무료 이용을 약속하는 장면도 있었다. 그들이 고향에 도착했을 때도 최고의 예우가 이어졌다. 의료지원대를 태운 여객기가 착륙한 뒤 공항 활주로를 주행할 때는 양편에서 소방차가 기체 위를 향해 아치 형태로 물을 뿜어냈다. 이들을 태운 버스는 커다란 붉은 천에 '환영 영웅'이라고 쓴 글귀를 앞 유리창 아래 부분에 붙이고 다녔다. 카퍼레이드가 진행되는 주변을 지나던 차량들은 일제히 경적을 울려 환영의 뜻을 표했다. 거리 곳곳의 전광판에는 의료진의 사진과 이름을 띄울 정도였다.

전염병 대응 5단계 패턴 2: 인민영웅론과 인민전쟁

코로나19 방역활동의 승리가 예견되는 4단계는 2020년 3월 하순에 다가왔다. 그때 관영 매체는 분위기를 대대적으로 고조시켰다. 《인민일보》의 《위챗》 계정은 의료지원대의 귀환에 맞춰 그들의 명단을 한 명도 빠짐없이 각 성별로 공개했다. '인민영웅론'이 등장하는 순간이다. 단순히 위기를 극복하는 데서 나아가 이를 국민적 단합의 기회로 발전시킨 것이다. 시진핑은 '인민이야말로 진정한 영웅'이라는 메시지를 3월 25일 《인민일보》의 《트위터》 계정에 올렸다. 그때는 코로나19가 진정세를 보이고 있었다.

그 내용은 이렇다.

이번 전염병과의 전쟁에서 승리하는 데 있어 우리에게 힘과 믿음을 준 사람은 다름 아닌 중국 인민이었다. 중국 14억 인민은 같은 배를 타고 함께 강을 건넜고, 많은 사람이 합심하면 성을 쌓을 수 있다는 것을 보여 줬고, 확고부동한 신념으로 전염병과 완강하게 투쟁을 벌였다. 인민이야말로 진정한 영웅이다. 인민들에게 단단히 의존할 때만 비로소 우리는 모든 어려움을 극복할 수 있고 중화민족의 위대한 부흥도 실현할 수 있다. 중국이여, 힘내라!

이러한 메시지는 전국 인민의 힘을 한데로 모으는 구심점 역할을 했다. 이뿐 아니다. 코로나 사태 극복 과정을 담은 다큐드라마도 만들었다. 제목은 〈짜이이치在一起〉, '함께 있다'는 뜻이다. 이를 위해 국무원 직속 국가라디오텔레비전총국國家廣電總局은 상하이라디오텔레비전방송국을 포함해 베이징·장쑤성·후베이성 등의 방송국 관계자들과 화상 회의 등을 통해 구체적 내용을 논의했다. 이 드라마는 매회 45분, 총 20부작으로 만들어졌다. 드라마는 "전염병과의 투쟁을 전면적으로 묘사한 첫 번째 시대극"으로 소개됐다. 이를 통해 고난을 극복한 이른바 '인민전쟁'을 부각시켰다.

국민적 일체감 조성을 위한 사업의 압권은 뭐니 뭐니 해도 해외 유학생 챙기기였다. 중국 정부는 코로나가 거의 잡히면서 유럽 등지에서 공부하는 해외 유학생들에게 '건강꾸러미健康包'를 보냈다. 그 안에 마스크, 소독액 등 방역물품을 넣었다. 건강꾸러미를 받아 든 유학생들은 감동한 나머지 당과 국가에 무한히 감사한 마음을 표현했다. 관영 매체들은 이러한 반응을 국내에 생생하게 전했다.

이 무렵 중국 정부는 수많은 나라에 코로나 극복을 위해 의료진을 파견하거나 의료 물품과 장비를 제공했다. 중국이 팬데믹을 계기로 글로벌 리더로 나서기 위해 적극적 행보를 보인 것이다. 이처럼 중공은 전염병과의 전쟁 승리가 목전에 다가온 것으로 여겼으나 코로나바이러스는 순순히 물러나지 않았다.

사스 당시에는 5단계까지 각 단계별 대응이 시간 순서대로 쭉 진행됐다. 그러나 코로나19의 경우 4단계 이후 국면이 단순하지 않았다. 상황 호전과 악화가 장기간 반복됐다.

2020년 4월 당 지도부는 일찌감치 코로나19 방역 전쟁이 마무리되는 분위기를 연출했다. 거국적인 코로나19 희생자 추도회를 청명절인 4월 4일 개최했다. 시진핑을 비롯한 당 최고지도부는 왼쪽 가슴에 흰 꽃을 달고 중난하이中南海40 내 화이런탕懷仁堂 앞에 도열한 뒤 오전 10시 정각 추모 사이렌 소리에 맞춰 3분 동안 묵념을 올렸다. 그 시각 전국이 멈춰섰고 자동차는 경적을, 기차는 기적을, 선박은 고동을 울렸다. 톈안먼 광장이나 신화먼新華門41에는 오성홍기가 조기 형태로 게양됐고 전국적으로 그랬다. 해외 공관에서도 마찬가지였다.

매체들은 이날 코로나19를 "중화민족의 위대한 부흥으로 가는 길에

---

40 당 총서기를 비롯한 공산당 지도부의 업무공간과 중공중앙 판공청, 국무원 등 국가 중추기관이 있는 곳이다. 당 지도부의 주거지도 여기에 있다. 자금성 서쪽 바로 옆에 있으며 옛 황실 정원이다.
41 중난하이로 들어가는 정문이다.

보건위생과 관련해 돌발적으로 생긴 사건"이라고 했다. 또 "고난 중에 성장하는 것"이라며 "그 무엇도 우리의 길을 막을 수는 없다"고 말해 국민 역량의 결집을 유도했다. 《바이두》 산하 동영상 플랫폼 《하오칸동영상 好看視頻》의 한 프로그램 진행자는 같은 날 "다른 나라들은 중국이 이미 끝마친 숙제를 베끼기만 하면 되지만 쉽진 않을 것"이라며 "우리의 불요불굴의 민족혼을 배우기는 어렵기 때문"이라고 말했다. 42 중국은 이미 숙제를 끝마쳤다고 밝혀 코로나를 먼저 통제했다는 자신감을 드러냈다.

중국은 이어 6월에는 국무원 주관으로 〈코로나 백서〉를 발간했다. 같은 해 9월 8일, 시진핑 주석은 베이징인민대회당에서 코로나19 방역 표창대회를 열고 "코로나19 전쟁에서 중대한 전략적 성과를 거두었다"고 밝혔다. 방역전쟁 승리를 선언한 셈이다.

하지만 이후 상황은 다르게 전개됐다. 2021년 12월 오미크론 변이가 나타나면서 방역전쟁은 곤경에 빠졌다. 코로나 환자는 계속 발생했고 강압적 방역활동은 지속적으로 시행됐다. 더욱이 전 세계가 코로나 엔데믹에 접어든 2022년 중반에도 여전히 제로 코로나 정책을 고수한 결과 경제적 피해도 엄청났다. 시진핑이 2020년 제로 코로나를 통한 코로나 방역 승리를 선언한 이상 유연한 대응은 불가능했다. 2020년 상반기 상황 위주로 기술한 〈코로나 백서〉는 다시 써야 할 형편이 됐다. 그 뒤의 일은 〈코로나 백서〉에 아예 담기지조차 않았기 때문이다.

특히 2022년 10월 20차 당대회를 앞두고는 당국이 엄격하게 제로 코로나 정책을 집행했다. 당대회 뒤에는 극단적 봉쇄보다는 정밀 방역으로

---

42 〈就在今天, 這件事一定要做, 不然枉爲中國人〉, 《好看視頻》, 2020. 4. 4, https://baike.baidu.com.

일부 조정하는 모습을 보이기도 했다. 오미크론 변이가 전파성이 강해도 치명률은 낮다는 판단에 근거한 것이었다. 하지만 코로나 감염자 수가 많아지면 해당 지역 간부가 문책을 당하는 분위기 아래서 지방정부는 여전히 강압적 통제를 밀고 나갔다.

마침내 2022년 11월 말에는 전국 대도시에서 백지시위가 벌어졌다. 제로 코로나 정책에 따른 무자비한 봉쇄와 격리뿐만 아니라 그동안 지속돼 온 통제와 검열도 원인이었다. 중국 정부는 강온 양면 정책을 썼다. 시위에는 강력한 수단으로, 방역활동은 유화적으로 대응했다. 이에 따라 12월 초순 상시적 전수全數 유전자 증폭PCR 검사 중단 등 '방역 최적화 조치 10개항'을 발표한다. 제로 코로나를 해제하는 수순을 밟기 시작한 것이다. 그 뒤 사실상 '위드 코로나' 정책을 시행하면서 환자가 급증하는 등 한동안 혼란이 빚어졌다.

상황 전개가 이랬던 만큼 중공이 과연 어떤 방식으로 5단계 종결, 즉 방역활동의 대단원 마무리를 선언할지 주목됐다. 통상적인 경우라면 인민전쟁 승리를 대대적으로 선전할 텐데, 너무 일찍 그런 분위기를 조성했기에 난감할 수밖에 없었다. 결국 제14기 전국인민대표대회가 시작된 2023년 3월 5일을 타이밍으로 잡았다. 리커창 총리는 이날 정부업무보고를 통해 코로나 전염병과의 싸움에서 승리했다고 슬그머니 밝히고 지나갔다.

디지털 감시사회의 웃픈 온라인 수업

중공은 사회적 혼란은 체제 안전을 해친다는 점에서 전염병 자체보다 더 위험하다고 본다. 여기서 체제 안전을 해친다는 것은 공산당 집권에 동요를 가져온다는 의미다. 그래서 대규모 감염병 초기에 혼란을 초래해서는 안 된다며 정보를 통제하는 것이다. 20차 당대회 뒤 시진핑 집권 3기에 들어서는 체제 안전을 더욱 강조한다. 당(중국공산당)이 있어야 국가(중화인민공화국)가 존재한다고 보기 때문이다.

예를 들어 올림픽에서 메달을 딴 운동선수나 성공적으로 임무를 수행한 우주비행사는 미디어 앞에서 "당과 국가의 격려와 지지에 힘입어~"라는 식으로 입을 연다. "국가와 당의~"라고 말하는 경우는 없다. 정부 당국자가 기자회견을 할 때도 "당과 정부는~"이라고 말하지 "정부와 당은~"이라거나 그냥 "정부는~"이라고 하지 않는다. 당이 국가에 우선하는 체제인 것이다.

중국은 1921년 창당된 중국공산당이 1927년 인민해방군을 창설하고 1949년 중화인민공화국을 건국해 끌고 가는 정치시스템이다. 이를 두고 '당·국가체제'라고 부른다. 공산당이 국가 통치의 실질적 권력을 갖고 있음을 뜻한다.

2020년 봄 학기에는 정보 통제 때문에 웃지 못할 일들이 여기저기서 벌어졌다. 그때는 코로나 확산에 따라 대학교는 물론 초·중·고교에서도 온라인 수업을 시작했다. 3월 초 중국판 트위터인 《웨이보》에는 '#정말 힘든 의대생 인터넷 수업#'이라는 게시글이 올라왔다.[43] 그 뒤 어마어마한 주목을 받았다. 조회수가 1억 회에 가까웠다. 댓글도 엄청 많이 달렸다. 수많은 네티즌들은 자신이 온라인 수업 도중 경험했던 또 다른 씁쓸한 일들을 여기에다 토로했다.

---

43 〈肺炎疫情: 中國學生集體在線上課, 老師因'違規'被屏蔽〉, 《BBC中文網》, 2020. 3. 5.

화제가 된 사례는 《웨이신》을 운영하는 《텅쉰》의 채팅 사이트 《QQ》를 통해 진행된 장쑤성 한 대학교의 산부인과 수업. 교수가 온라인 강의를 시작한 지 불과 몇 초 뒤에 차단되는 일이 벌어졌다. 검열 당국의 소행임은 말할 필요도 없다. 그 뒤 해당 교수는 《웨이신》을 통해 "한참 생각해 봤는데 여성 생식기 외음부 그림을 올린 게 이유였던 모양"이라고 했다. 그는 "산부인과를 가르치는데 그럼 뭘 강의하란 거냐?"면서 "내가 가르치는 전문용어는 검열기준으로는 모두 '외설'에 해당할 것"이라고 어이없어했다.

비단 의대 수업뿐만 아니다. 정치적으로 민감한 내용, 역사 왜곡, 폭력 등을 다루는 경우에도 갑자기 인터넷이 중단되기 일쑤다. 중국 인터넷 검열과 관련해서는 별도로 다뤘지만, 이런 검열은 대개 《텅쉰》, 《신랑》, 《바이두》 등 인터넷 회사들과 인터넷 검열 기관이 공동으로 진행한다.

홍콩의 《사우스차이나모닝포스트》가 전한 또 다른 케이스.[44] 허난성 한 고교의 왕씨 성을 가진 역사 교사는 자신이 준비한 수업 교재는 물론 시험 문제도 소셜미디어를 통해 학생들에게 보낼 수 없었다. 정치적으로 민감한 단어가 포함돼 있었기 때문이다. 이 교사는 "이번 학기에 중국 고대정치제도사를 가르치는데 이 과목에는 독재, 군주제, 관료주의와 같은 용어가 계속 나온다. 그런데 이런 어휘는 온라인 검열에서 금방 걸린다. 다른 반에서도 상황은 비슷하다"고 말했다.

이런 일도 있었다. 산둥성에 사는 한 네티즌은 자신이 경험했던 어이없는 일을 《웨이보》에 올렸다. 실시간으로 진행된 온라인 역사 수업 때 '공산당 선언'에 관한 문제에 해답을 올렸는데 차단됐다는 것이다. 동영

---

44 《BBC中文網》, 앞의 기사, 2020. 3. 5.

상 사이트 《틱톡》에서도 유사한 일이 있었다. 정치 과목을 담당하는 교사는 《틱톡》에서 좀 민감한 단어를 사용했는데 바로 차단됐고 온라인 교실에서 그 내용이 사라져 버렸다.

영어로 진행되는 수업도 무분별한 단속망을 빠져나가기는 쉽지 않았다. 소셜미디어에는 한 영어 교사가 채팅방에서 학생들에게 영어 독해에 대해 강의하는 장면이 있었다. 그런데 거기에는 "위법한 내용이므로 이 채팅방은 영원히 접속할 수 없게 된다"는 창이 떠 있었다. 이런 상황이니 온라인 수업이 정상적으로 진행될 리 만무하다.

유명 교육학자인 슝빙치 상하이교통대 교수는 《BBC》와의 인터뷰에서 "부적절한 내용이 온라인에 떠돌아다니는 걸 막기 위해 금지된 키워드를 검색하는 방식으로 통제하다 보니 문제가 없는 내용도 칼로 벤 듯 일률적으로 사라진다"고 지적했다. 그는 또 당국이 이처럼 엄격하게 검열하는 배경과 관련해 "교실 수업인 경우에는 얼마 안 되는 학생들만 대상으로 하지만 온라인 수업은 수많은 사람들이 접속할 수 있기 때문에 그러는 듯하다"고 덧붙였다. 하지만 이런 조치는 네티즌을 사리분별 능력이나 자아관리 능력도 없는 미성년 정도로 취급하기 때문이라는 비판도 만만치 않다.

중국의 2020년 설날 연휴는 관례대로 1월 30일 끝나기로 돼 있었다. 학생들은 대략 정월 대보름(2월 8일) 전에 학교로 돌아가야 했다. 하지만 코로나19로 개학은 연기됐고 3월 초순 기준으로 전국의 90% 이상 학교가 인터넷 수업을 시작했다. 《BBC》는 장쑤성의 한 대학에서 간호학을 전공하는 학생 샤상러를 취재했다. 그가 다니는 학교는 2월 17일 개학한다는 통지를 보냈다. 등교할 필요는 없고 《QQ》, 《텅쉰 교실》,

《딩딩 Ding Talk》**45** 등을 통해 인터넷으로 수업한다고 알렸다.

수업은 매일 오전, 오후 각각 1시간씩 이뤄졌다. 수업참여율은 95%
정도로 아주 높았다. 하지만 집중도는 떨어졌고 수업 도중 쓴웃음을 지
을 수밖에 없는 상황이 수시로 생겼다. 어떤 학생이 마이크를 끄지 않은
채 부모와 말다툼을 벌여 모든 학생이 이를 듣는 경우가 있었다. 교수가
특정 학생을 가리키면서 질문했을 때 갑자기 시스템에 문제가 생겨 그
학생이 대답할 수 없는 상황이 벌어지기도 했다.

농촌이나 산간벽지의 경우 인터넷 이용이 쉽지 않은 문제에 직면하
기도 했다. 허난성 자오쭤에 있는 한 초등학교 교사는 집에 와이파이가
깔려 있지 않아 매일 옥상에서 8시간 동안 수업을 진행해 화제가 됐다.
옆집 와이파이에 연결하느라 그랬던 것이다. 상하이시는 이 같은 상황
에 적절히 대응하는 방안을 내놓아 눈길을 끌었다. 즉, 인터넷 이용이
불편한 경우 TV를 통한 수업을 할 수 있도록 했다.

"첨단기술 악용하면 전염병보다 무섭다"

이제 코로나19 와중에 중국 소셜미디어에서 차단된 수백 가지나 되는
키워드를 살펴보자. 캐나다 토론토대 시민연구소Citizen Lab은 코로나19
관련 검열 실태를 조사한 보고서를 2020년 3월 3일 내놓았다. 제목은
〈검열과 마주친 전염병〉이었다. 《BBC》는 이 보고서 내용을 3월 6일
보도했다. **46**

---

45 《알리바바》가 기업들을 위해 스마트 사무실 기능을 할 수 있도록 만든 플랫폼이다.
46 〈新冠疫情: 遭中國社交媒體屏蔽的數百個關鍵詞〉, 《BBC中文網》, 2020. 3. 6.

보고서에 따르면, 《위챗》은 코로나19가 시작되자 이와 관련된 단어와 시진핑을 비판하는 어휘를 차단했다. 특징적 경향은 코로나19 사태가 엄중해질수록 검열에 포함되는 키워드가 지속적으로 늘어났다. 전체적으로는 1월 1일부터 31일까지 《위챗》이 132개 키워드 조합을 검열했는데 그 뒤 2월 1일부터 15일까지는 그 수가 384개로 불과 2주일 사이에 3배 가까이 급증했다.

중국은 오래전부터 인터넷 통제를 해왔기 때문에 검열 자체야 새로운 사실도 아니다. 하지만 코로나19의 경우 상황이 엄중해지기 수 주일 전부터 이 전염병과 관련한 정보 및 의견 표명에 대해 단속을 시작했다는 사실이 드러났다. 특히 보고서가 발표된 당시까지는 이러한 검열이 당의 요구에 의한 것인지, 아니면 《위챗》 측이 자발적으로 한 것인지 분명히 밝혀지지 않았다. 이에 대해 보고서는 "《위챗》 측이 당국으로부터 책임 추궁을 당하는 것을 피하기 위해 과도한 검열을 했을 가능성도 있다"고 적었다. 중국의 인터넷 플랫폼 기업은 플랫폼상에 오간 콘텐츠에 대해 책임을 지도록 규정돼 있다.

전후 상황을 제대로 파악하기 위해 코로나19 발병 초기로 가 보자. 중국 정부는 2019년 12월 31일 처음으로 후베이성 우한에서 원인 불명의 폐렴이 발생했다는 사실을 발표했지만 많은 정보를 숨겼다. 집단 발병 환자가 27명이라면서도 전염성이 있는지는 밝히지도 않고 단순 폐렴이라고만 했다. 뿐만 아니라 그 위험성을 낮게 평가했고 충분한 자료도 제공하지 않았다.

그러다 해가 바뀐 2020년 1월 20일 시진핑이 나서서 전염병을 저지하라는 특별지시를 내린다. 그전에는 베이징의 중앙정부는 물론 후베이성과 우한시 정부 어디에서도 별다른 대응 조치를 취하지 않았다. 이러한 상황에서 시진핑은 우한 봉쇄(1월 23일)에 이어 앞에서 밝힌 것처럼 온라인 매체를 철저히 통제하라고 주문한다. 그 뒤 《위챗》에서 2월 1일부터 15일까지 보름 사이에 검열 대상이 된 키워드가 1월 전체의 3배 가까이 된 것이다.

의사 리원량이 숨진 날짜가 바로 이 기간 중인 2월 7일이다. 그 직후 시진핑과 중국공산당에 대한 비판은 SNS에서 최고조에 달했다. 이 무렵 《웨이신》에서 차단된 키워드는 중국 지도자 시진핑을 비롯해 코로나19 관련 정보, 정부의 전염병 정책 참고자료, 중국·홍콩·대만의 코로나19 발생 관련 반응, 휘슬 블로어 의사 리원량 등이다.

이에 따라 '음성＋사람 간 전염＋리원량', '코로나바이러스＋사람 간 전염＋리원량', '전염병 상황＋리원량＋색깔 혁명' 같은 키워드 조합도 검열 대상에 포함됐다. 단속 대상이 된 키워드 조합에는 '중국공산당＋최대의 위협＋이 시대', '공산당＋폐렴＋표현＋통치', '지방관리＋전염병 상황＋중앙＋숨기기' 등도 있다.

시민연구소는 중국의 라이브 동영상 플랫폼 《YY》도 2019년 12월 31일 45개 키워드를 검열 대상에 올린 것을 발견했다. 그 대부분은 '우한 원인 불명 폐렴'이나 '우한 수산물 시장'과 같은 폐렴과 관련된 것이었다. 당시에는 폐렴 원인이 정확히 밝혀지지 않았는데, 중국 정부는 1월 9일 신종 코로나바이러스에 의해 폐렴이 발병한 것임을 공식적으로 확인했다. 사실 중국에서는 사전 검열이 이뤄지지 않는 곳이 없다고 보면 된다. 더욱이 《구글》이나 《위키피디아》, 《페이스북》, 《트위터》, 《유튜브》, 《인스타그램》 같은 해외 사이트는 막혀 있다.

이러한 상황에 대해 '앰네스티 인터내셔널'의 연구원 패트릭 푼Patrick Poon은 《BBC》와의 인터뷰에서 다음과 같이 지적했다.

이처럼 광범위한 키워드에 대해 검열하면 민감하지 않은 단어도 포함될 수밖에 없다. 이를 통해 사회를 통제하고 시민들의 정보 획득 자유 및 언론자유를 박탈하고 있다.

이처럼 정부기관이 검열을 강화하다 보니 민간기업의 '자율 검열'도 갈수록 심해지는 형편이다. 기업으로서는 이런 행위가 생존을 위한 자구책인 셈이다.

이런 상황에 딱 들어맞는 표현이 있다. 작가 팡팡은 《우한일기》에서 "첨단기술을 악용하면 전염병보다 무섭다"고 했다. 그는 1월 25일 자 일기에서 "《웨이보》는 내가 글을 올려도 다른 사람들이 못 보게 차단할 수 있다고 한다"며 이렇게 말했다. 팡팡은 그날 "문학잡지 《수확收穫》의 편집자 청융신이 내게 우한 봉쇄 일기를 써 보는 게 어떻겠느냐고 했다. 내 《웨이보》에 글을 올리는 게 가능하다면 반드시 써야겠다는 생각이 들었다. 모두에게 진짜 우한 상황을 알릴 수 있을 테니까"라고도 적었다.

4장

코로나19와
중국 미디어의 민낯

2002년 사스 시작과 2019년 코로나19의 습격. 사스 때는 첫 환자 발생 뒤 무려 5개월이 지나도록 관영 매체는 실어증에 걸려 있었다. 사스 관련해 한 마디도 벙긋하지 못했다. 코로나19 초기에도 관영 언론이 비슷한 모습을 보이긴 했다. 그러나 환자 발생 1개월 만에 1보를 내보냈다. 사스 때에 비하면 엄청 발전한 것이다.

　무엇이 둘 사이에 이런 차이를 가져왔는가? 바로 인터넷과 스마트폰 보급률이다. 사스 당시 인터넷보급률은 고작 5%였고 스마트폰은 아예 없었다. 그럼 코로나 때는? 2019년 기준 인터넷보급률 61.2%(인터넷 사용 인구 8억 5000만 명), 스마트폰 보급 15억 대 이상. 2022년 인터넷 사용 인구는 10억 명을 넘었다.

이런 환경은 당국의 일방적 정보 왜곡이 호락호락하지 않음을 의미한다. 곳곳에 감시의 눈빛이 번득인다. '수박 먹는 군중', 즉 말없는 다수도 입을 열기 시작했다. 이에 따라 중국은 파놉티콘Panopticon 사회에서 시놉티콘Synopticon 사회로 가고 있다.

　코로나 초기에는 《웨이신》, 《웨이보》, 《틱톡》 등 중국 3대 소셜미디어의 활약이 눈부셨다. 네티즌들은 이들 매체를 통해 정보를 주고받았고 여론을 형성했다.

　그러나 관영 매체는 당의 직접적인 입김 아래 있다는 한계를 벗어날 수 없었다. 《CCTV》가 2020년 1월 23일 우한이 봉쇄되기 직전까지 시진핑 띄우기에만 열중했던 게 대표적인 예다. 《신화통신》, 《인민일보》 등도 2020년 3월부터 시진핑을 '재난을 극복한 지도자'로 떠받들기 시작했다.

不明真相的吃瓜群众
Melon eaters who don't know the truth

중국 네티즌들은 사회적 이슈에 아무런 목소리를 내지 않는 사람을 '수박 먹는 군중'이란 뜻으로 '츠과췬중'이라 부른다. 수박을 먹고 있으면 말을 할 수 없는 상황에 빗댄 것이다. 이런 츠과췬중들이 더 이상 츠과췬중에 머물지 않고 인터넷 여론 형성의 중견 세력으로 떠올랐다. 코로나 사태를 겪으면서 이런 현상은 두드러졌다. 사진은 츠과췬중을 묘사한 그림. (사진 =《바이두》픽처)

1. '수박 먹는 군중'이 달라졌다

말 없는 다수, SNS에서 입을 열다

중국 네티즌들 사이에 '츠과췬중吃瓜群衆'이란 말이 있다. 우리말 발음으로는 '흘과군중'이 된다. '수박을 먹는 군중'이라는 뜻이다. 과瓜는 수박, 참외, 오이 등 박과 식물을 일컫는데 여기서는 수박을 가리킨다. 수박의 중국어는 시과西瓜로 '과' 자가 들어가 있다. 수박을 먹는 군중이라니, 이게 도대체 뭘 뜻하는 것일까? 인터넷상에 게시글을 올리거나 댓글을 달거나 하는 행위를 전혀 하지 않고 이른바 '눈팅'만 하는 사람들을 말한다. 수박을 먹고 있으면 말을 할 수 없는 것을 빗댄 표현이다.

그런데 츠과췬중은 이런 의미에서 더욱 진화했다. 즉, 사회적 이슈에 아무런 관심이 없는 사람을 지칭하는 것이다. 그런 사람들이 스스로를 자조적으로 표현하거나 그런 사람들끼리 서로 비웃거나 할 때 쓰는 말이다. 친구들과 온라인이나 오프라인으로 대화하는 도중 어떤 화제에 특별한 견해를 보이고 싶지 않을 때 "난 츠과췬중이야"라고 하는 식이다. 또는 그런 사람을 주변에서 츠과췬중이라고 부르기도 한다. 인터넷 용어로 출발한 츠과췬중은 '2016년 중국 미디어 10대 새 단어'에 당당히 뽑혔다. 중국의 어문정책을 총괄하는 국가언어문자공작위원회가 발표한 〈2017년 중국 언어생활상황보고서〉에도 포함됐다.

이러한 중국의 츠과췬중들이 지금 바뀌고 있다. 더 이상 츠과췬중으로 머물기를 거부하는 것이다. 이들은 이제 인터넷 여론형성의 중견 세력으로 떠올랐다. 이에 따라 인터넷의 주요 화제는 사회적 이슈로 대두되곤 한다. 츠과췬중들이 입을 열기 시작하면서 새로운 현상이 나타난 것이다. 코로나 사태를 겪으면서 이런 현상은 두드러졌다. 코로나19는 소셜미디어 시대에 접어든 뒤 인류가 처음으로 경험한 팬데믹이었기 때문이다.

코로나 초기에 우한의 참상을 본 네티즌들은 당국의 무책임, 무능력을 소셜미디어를 통해 고발하고 나섰다. 직접 동영상을 찍어 《웨이신》, 《웨이보》에 올리는가 하면 당국의 인터넷 검열에 저항하기도 했다.

우한의 진실을 전하려는 시민기자들은 그중에서도 돋보였다. 그들 중에는 "죽는 것은 두렵지 않다. 내가 왜 공산당을 두려워해야 하는가?" 라고 외치는 사람도 있었다. 그들은 중국 SNS 계정이 차단되자 《유튜브》, 《트위터》에 동영상을 올리면서 우한의 실상을 외부에 알렸다. 시민기자들이 우한으로 달려가기 전 현지 상황을 알게 된 것도 제도권 매체가 아니라 SNS를 통해서였다. 네티즌들은 특히 SNS에서 직접 시진핑을 겨냥하기도 했다.

중국이 파놉티콘Panopticon 사회에서 시놉티콘Synopticon 사회로 변해가고 있다.[1]

---

1 panopticon은 'pan'(모두)과 'opticon'(보다)이 합해진 단어로 '모두를 본다'는 뜻이다. 즉 소수 권력자가 다수를 일방적으로 감시하는 상황을 말한다. 이에 비해 synopticon은 'pan' 자리에 'syn'(동시에)이 들어갔다. 따라서 소수 권력자와 대중이 서로를 상호 감시하는 상황을 의미한다. 인터넷의 발전에 따른 현상이다.

"지금 우리에겐 스마트폰이 있다"

중국에서 코로나19 환자가 나타난 2019년 말, 마침 나는 사스 당시 아수라장을 취재한 기자가 쓴 책을 읽고 있었다. 《CCTV》 기자로 현장을 누볐던 차이징이 쓴 단행본 《칸젠看見》2이었다. 사스가 시작된 2002년과 코로나19가 습격한 2019년 사이에 17년이 지났건만 중국공산당의 대처방식은 거의 바뀌지 않았다는 사실을 새삼 깨달았다. 사스 때나 코로나 때나 당국의 초기 대응 기조는 "사회 혼란을 초래해선 안 된다"였다. 그러한 논리는 곧 진상 은폐와 정보 통제로 이어진다.

그러나 이번에는 당과 정부가 일방적으로 정보 왜곡을 하는 게 과거처럼 쉽지 않았다. 네티즌의 엄청난 저항에 혼쭐이 났다. 가장 큰 이유는 모바일 인터넷 환경의 등장이다. 사스가 확산된 2003년 7월 당시 중국의 인터넷 사용 인구는 전체의 5%(6980만 명)에 불과했고, 스마트폰은 아예 없었다. 한편 코로나19 환자가 출현한 2019년 말 기준 인터넷 사용 인구는 8억 5000만 명이 넘었다. 전체 인구의 61. 2%였다. 스마트폰 보급도 15억 대 이상이었다. 사스 당시와는 비교할 수 없을 정도로 정보소통이 원활해졌다.

최신 통계에 따르면 인터넷과 스마트폰 보급은 더욱 늘었다. 2022년 6월 기준 인터넷 사용 인구는 10억 5100만 명으로 10억 명을 넘었다. 인터넷보급률은 74. 4%에 달한다.3 스마트폰 가입자는 16억 6800만 명으로 증가했다. 4 전체 인구보다 스마트폰 가입자가 더 많은 건 한 명이

---

2 '看見'은 '보다'라는 뜻이다(柴靜, 《看見》廣西師範大學出版社, 2013).

3 〈제50차 중국 인터넷 발전상황 통계 보고〉, 중국인터넷정보센터CNNIC, 2022. 8. 10.

스마트폰 두 대 이상 갖는 경우도 있기 때문이다. 스마트폰을 이용해 인터넷에 접속하는 비율은 무려 99.6%나 된다. 네티즌들이 스마트폰에 거의 절대적으로 의존하고 있음을 보여 준다.

특히 《틱톡》 등 숏폼 동영상 사이트 가입자 수는 2022년 6월 기준 9억 6200만 명이었다. 전체 네티즌의 91.5%나 되는 비율이다.[5] 코로나 초기에도 네티즌들은 정보 욕구를 채우기 위해 《틱톡》을 활발하게 이용했다. 당시 이용이 가장 빈번했던 소셜미디어는 《위챗》, 《웨이보》, 《틱톡》이었다. 이러한 모바일 인터넷 환경에서는 일방적으로 정보 통제를 하는 게 불가능하다.

코로나19로 베이징의 도시 기능이 거의 마비된 2020년 2월로 돌아가 보자. 한 중년 여성이 영국 《스카이 TV》와의 인터뷰에 나왔다. 그녀는 "사스 당시에는 스마트폰이 없었지만 지금은 있다"면서 "그때는 들을 수 없었고 볼 수도 없었다. 지금은 스마트폰으로 많은 소식을 접할 수 있다"고 당당하게 말했다.

사스 당시에는 스마트폰이 없었기 때문에 공산당의 정보조작도 가능했다. 최초 환자 발생 뒤 5개월, 광범위하게 사스가 퍼진 뒤 2개월이 지나도록 《CCTV》 등 관영 매체는 입도 벙긋하지 않았다. 정상적 사회라면 이게 상상이나 가능한 일인가? 이번에도 당연히 언론을 통제했지만 그렇게까지 할 수는 없었다. 정보를 실시간으로 전파하는 스마트폰과 SNS의 힘이었다. 당국은 의사 리원량 사망 직후에는 일촉즉발의 위기

---

4 〈2022년 6월 전국 각 성·시 이동전화 가입자 수 순위표〉, 화징산업연구원, 2022. 9. 14.

5 〈제50차 중국 인터넷 발전상황 통계 보고〉, CNNIC, 2022. 8. 10.

감을 느껴야 했다. 미디어 환경이 급격하게 바뀌었는데도 과거 방식으로 정보를 통제하다 거센 반발에 마주친 것이다.

사스 때 베이징 시내 병원을 취재했던 차이징이 그로부터 10년 뒤인 2013년 펴낸 《칸젠》에서 당시 상황을 고발한 장면은 충격적이다.

> 병원에 도착해서 차를 주차한 뒤 나는 목격했다. 두 명의 의사가 하얀 천을 뒤집어씌운 뭔가를 밀고 있었고 그 물체는 꿀렁거리며 내 쪽으로 가까이 다가오고 있었다. 나는 까무러칠 뻔했다. 그 물체를 응급차에 싣고 있을 때 비로소 알았다. 그게 환자들을 태운 휠체어라는 사실을. 휠체어에 앉아 있는 사람들은 사스 감염자들이었다. 급한 대로 격리복 대신 침대 시트를 찢어 덮은 채로 이동하고 있었던 것이다. 환자는 줄을 이어 출현했다. 그들은 자기 손으로 링거병을 들고 있었다. 나는 몇 명인지 세기 시작했다. 하나, 둘, 셋 … . 모두 29명이었다. 이건 아니야, 공식 발표는 이보다 훨씬 적었잖아. 나는 다시 세어 봤다. 틀림없었다. 분명히 29명이 맞았다. … 그들을 이송하는 의사들도 방호복은 물론 마스크, 의료용 고무장갑마저 없었다. 단지 보통 외과용 수술복을 입었을 뿐이었다.[6]

"어쩌면 이럴 수가?"라는 말밖에 안 나온다. 2003년 4월 22일 베이징대 부속 인민병원에서 벌어진 광경이다. 차이징은 그 뒤 취재차 인민병원을 다시 방문해 응급실 주임을 통해 진상을 확인했다. 그들은 모두 사스 환자였는데 WHO가 현장 조사를 나왔을 때 실태를 숨기기 위해 그랬다고 했다. 당시 환자들을 태운 응급차는 베이징 시내를 빙빙 돌아

---

6 柴靜, 앞의 책, p.27.

다녔다. 사스 바이러스를 여기저기 퍼뜨리고 다닌 셈이다. 그때는 그래도 됐다.

《칸젠》은 300만 부나 팔려 그해 최고의 베스트셀러가 됐다. 중국 사람들이 얼마나 진실한 정보에 목말라했는지 알 수 있다.

하지만 이번에는 달랐다. 당국이 아무리 숨기려 해도 한계가 있었다. 일반 네티즌은 물론 시민기자의 고발이나 유명 작가의 실록을 통해 우한의 참상은 전 세계로 퍼져 나갔다. 물론 중국 주재 외국 미디어의 역할도 있었지만. 공안에 쫓기는 시민기자의 모습은 《유튜브》에 실시간으로 중계됐다. 우한의 화장장이 밀려드는 주검을 화장하느라 24시간 내내 움직이는 현장도 생생하게 전달됐다. 치료조차 받지 못하고 숨진 사람들의 가족은 유가족 모임을 만들어 억울함을 호소했다. 우한 봉쇄 76일 동안 《웨이보》나 《위챗》 등에 매일 일기를 올린 작가 팡팡은 그 뒤 단행본 《우한일기》를 해외에서 펴냈지만 국내에서는 출판할 수 없었다.

시민기자들에겐 《유튜브》가 구세주

나의 카메라 렌즈를 통해 우한 방역활동의 진실을 검증하고 기록할 것이다. 우한 소식을 전하는 데 있어서 세 가지를 약속한다. 첫째, 어떠한 루머도 만들어 내거나 퍼뜨리지 않겠다. (의도적으로) 사람들이 공황상태에 빠지게 하지도 않겠다. 더더욱 진실을 덮지는 않을 것이다. 둘째, 나 자신이 감염되지 않도록 철저히 대비하겠다. 셋째, 우한에서 전염병이 완전히 사라지기 전에는 여기를 떠나지 않겠다. 만일 내가 감염된다고 해도 그건 내 목숨이고 우한에서 도망치지 않을 것이다.

오늘은 섣달그믐날, 시진핑이 어디 갔는지는 상관 안 한다. 그러나 천추스는 여기 우한에 왔다. 2003년 사스 때나 이번이나 사실을 숨기고 정보를 봉쇄한 탓에 폭발적으로 감염자가 늘어났다. 똑같은 실수를 반복해서는 안 된다. 정보유통 속도가 바이러스 전염 속도보다 빠르기만 하면 된다. 그러면 이번 (전염병과의) 전쟁을 우리가 이길 수 있다.

섣달그믐날인 2020년 1월 24일 밤 10시, 변호사 천추스는 《유튜브》를 통해 우한 한커우역 광장에서 이렇게 자신의 각오를 밝혔다.[7] 자못 비장했다. 우한 봉쇄 직전 마지막으로 운행하는 고속철을 타고 그곳에 도착했다. 그는 2019년 홍콩 시위 때 시민기자로 현지 상황을 전한 탓에 《위챗》, 《웨이보》 등 중국 내 SNS 계정이 차단됐다. 하지만 《유튜브》와 《트위터》 계정을 만들고 활동을 재개했다.

천추스는 다음 날 새벽부터 우한 시내 병원들을 돌아다니며 취재를 시작했다. 1월 30일에는 입원실이 부족해 병원 복도에 수많은 사람들이 누워 있는 동영상을 《유튜브》에 올렸다. 그러면서 말했다. "나는 무섭다. 내 앞에는 질병이 있고, 뒤에는 중국의 사법 권력이 있다. 하지만 내가 살아 있는 한, 내가 본 것과 들은 것에 대해 얘기할 것이다. 죽는 것은 두렵지 않다. 내가 왜 공산당을 두려워해야 하는가?"

그 뒤 천추스는 2월 7일 자신의 《유튜브》 채널에서 어머니에게 "우한 팡창의원(임시병원)을 촬영하러 가겠다"고 말한 뒤 연락이 끊겼다. 그의 어머니가 아들을 찾으면서 이용한 플랫폼은 《트위터》였다. 《트

---

7 陳秋實, 〈我和武漢人民同進退〉, https://www.youtube.com.

위터》영상 속의 천추스 어머니는 잔뜩 굳은 표정이었다. "어제 저녁 7~8시경 병원에 취재하러 간다고 했던 아들이 새벽 2시인 지금까지 아무 연락이 안 된다"며 "도대체 어떤 상황인지 모르겠다. 네티즌 여러분이 아들을 찾을 수 있도록 도와 달라"고 호소했다. 중국 공안은 가족에게 그가 강제 격리됐다고 전했으나 구체적 상황은 밝히지 않았다. 그 뒤 천추스는 '공공질서 문란죄'로 징역 1년을 선고받고 실형을 살았다.

중국에서는 《유튜브》와 《트위터》를 막아 놓았지만 VPN 등 우회접속프로그램을 이용하면 접속이 가능해진다. 천추스 등 시민기자는 이렇게 《유튜브》와 《트위터》를 이용했다. 네티즌들도 마찬가지 방식으로 《유튜브》 등에 들어가 시민기자들이 올린 영상을 《위챗》 등 중국 SNS에 퍼 나르곤 했다. 물론 곧 삭제되곤 했지만.

전직 변호사 장잔張展은 2월 1일 봉쇄 중인 우한에 몰래 들어가서 5월 14일 체포될 때까지 우한의 실정을 알렸다. 주로 《유튜브》를 통해서였다. 그때 《유튜브》에 올린 화장장 영상에서는 "지금 오전 12시 40분이다. 이게 화장장 소리다. 이들은 밤낮으로 일한다"며 밀려드는 시신 때문에 24시간 작업하는 현장을 보여 줬다. 산소마스크를 쓴 중증 환자들이 입원실이 없어 병원 복도에 빽빽하게 드러누워 있는 장면, 부모와 자녀를 잃은 가족의 호소할 곳 없는 슬픔을 전하기도 했다.

그가 올린 영상은 《유튜브》 외에 《트위터》나 《웨이보》에도 있었다. 우한 봉쇄 50일을 회고한 영상에서는 "사망자 수는 수수께끼"라며 "증세가 경미한 환자는 양성인지 아닌지 검사조차 받지 못했다"고 밝혔다.

그의 고발은 이어진다.

사구社區의 주민들은 열이 나도 병원에 마음대로 갈 수 없다. 사구를 관리하는 단위(조직)의 허락을 먼저 받아야 한다. 그들은 사람들을 돼지처럼 집에 가둬 놓았다. 도시 관리가 마치 노예를 다루는 것 같다. 사람들이 당나귀나 말과 같다면 그냥 집에 있을지도 모르지.

여기서 '사구'는 커뮤니티, 즉 지역공동체를 뜻한다. 그는 체포에 이어 거주지인 상하이로 압송된 뒤 단식투쟁을 벌여 국제적 관심 인물로 떠올랐다. 장잔은 체포 7개월 뒤 공공질서 문란죄로 4년형을 선고받았다. 2019년 홍콩에서 송환법 반대 시위가 벌어졌을 때는 홍콩 소식을 전하는 글들을 인터넷에 올렸다. 또 상하이 도심에서 '사회주의 종식, 공산당 하야'라고 쓴 우산을 쓰고 1인 시위를 벌이다 체포돼 두 달 동안 구금되기도 했다.

《유튜브》가 없었다면 나는 없었다."

섬유업자 팡빈은 2월 1일 우한 제5병원에 들어가 5분 만에 시신 8구가 나오는 충격적인 영상을 촬영해 《유튜브》에 올렸다. 시신들은 비닐 주머니에 싸인 채 병원 바닥에 포개져 있었다. 그때 팡빈은 병원 관계자에게 시신이 더 있느냐고 묻는다. "안에 또 있어요", "헉 정말 많네요" 등의 대화가 오간다. 그 뒤 체포될 위험에 처하자 카메라 앞에서 《유튜브》가 있었기에 네티즌의 주시 속에 내가 버틸 수 있었다"고 말했다.

우한 제5병원 내부 영상에는 진찰실에서 숨을 거둔 아버지를 아들이 지키고 있는 상황도 나온다. 의사들은 "끝났어. 또 한 명 사망했어"라고 한다. 팡빈이 아들에게 "이 사람은 누구냐?"고 묻자 아들은 "아버님"이라고 대답한다. 그 아들도 호흡곤란 증세를 보이고 있었다. 그는 《위챗》에 만든 '전민자구全民自救'라는 채팅방에도 영상을 올렸다.

《복종하지 않는 텔레비전不服TV》. 리쩌화가 우한에 도착하면서 《유튜브》에서 운영한 채널 이름이다. 《CCTV》 음식 프로그램 진행자였던 그는 우한 봉쇄가 단행되자 일주일 만인 1월 말 사표를 냈고 곧이어 2월 초 우한에 들어갔다. 그는 같은 달 26일 《유튜브》에 올린 영상에서 우한의 'P4 바이러스연구소'(중국과학원 우한국가생물안전실험실)를 취재하다가 국가기관에 쫓기고 있다고 다급하게 호소했다. 코로나19 바이러스 발원지일 가능성이 거론되던 민감한 연구소를 직접 찾아간 것이다.

그날 밤 리쩌화는 《유튜브》 중계 화면을 켜 놓고 스스로 '최후진술'을 한 뒤 누군가에게 끌려갔다. 그는 "나는 왜 《CCTV》에 사표를 냈는가? 중국에서 더 많은 젊은이들이 일어서기를 바랐기 때문이다. … 나는 이상주의가 그해 봄과 여름이 교차하던 시기에 이미 파멸했고, 8 조용히 앉아만 있어서는 어떤 역할도 할 수 없다는 것을 알고 있다"고 했다.

당시 그는 우한에서 2주간 격리됐다가 고향으로 돌아가 또다시 격리 생활을 해야 했다. 그 뒤 두 달 만에 《유튜브》 방송을 통해 모습을 드러냈다.

---

8 1989년 6월 4일 톈안먼 사건 당시 유혈진압을 가리킨다.

SNS 시대, 내부고발 방식도 바꿔 놓았다

코로나19 초기 내부고발자인 우한중신의원 안과의사 리원량은 《위챗》을 고발 수단으로 삼았다. 소셜미디어를 이용한 것이다. 《위챗》은 카카오톡과 비슷한데 중국인들은 《웨이신》이라 부른다. 코로나19가 소셜미디어 시대에 발생한 최초의 팬데믹이라는 사실이 부각되는 장면이다. 사스 때 내부고발자였던 인민해방군 301병원 내과의사 장옌융蔣彦永 (91세)은 신문, TV, 시사잡지와 편지 등을 통해 진상을 알렸다.

내부고발자의 원조는 그보다 10여 년이나 앞선다. 중국에서 에이즈가 한창 유행했던 1990년대였다. 의사 왕수핑王淑平은 1991년부터 허난성 혈장수집센터에서 연구원으로 일했다. 가난한 농촌 사람들이 돈을 받고 피를 파는 관행이 에이즈 확산의 결정적 원인이라고 폭로했다. 물론 그는 신문 등 전통매체를 통해 자신의 목소리를 전했다.

왕수핑은 의사, 연구원, 언론인들과 함께 에이즈 전파를 막기 위해 고발활동을 벌였다. 당시 혈액채취는 물론 수혈 과정 전반이 상상을 초월할 만큼 비위생적인 데다가 주먹구구식이었다. 장비도 불결하기 이를 데 없었다. 이 과정에서 오염된 혈액이 에이즈 대규모 확산의 원인이었다. 그러나 당국은 이를 부인하면서 덮기에 바빴다. 이에 그녀는 자신의 주장을 뒷받침하기 위해 자비를 들여 실험한 뒤 그 결과를 공개했다.

이러한 상황이 외국 언론에 보도되면서 마침내 당국이 고개를 숙이는 반전으로 이어진다. 그 뒤 그녀는 엄청난 박해를 받으면서 직장에서 쫓겨났다. 급기야 의료행정 분야 공무원이었던 남편과도 이혼할 수밖에 없었다. 이 과정에서 농민 수십만 명이 에이즈에 감염됐지만 당국은 쉬쉬했다. 휘슬 블로어로서 중국에서 버티기 어려웠던 왕수핑은 결국 2001년 미국으로 도피한다.

2019년 9월에는 그녀의 스토리를 토대로 만든 연극 〈지옥 궁전의 왕 The King of Hell's Palace〉이 영국 런던 햄스테드극장에서 공연됐다. 중국 공안부 관리는 연극 공연을 막기 위해 허난성에 있는 그녀의 가족에게 압박을 가하기도 했다. 왕수핑은 연극 공연 시작 2주 뒤 등산 도중 심장마비로 홀연 세상을 떠났다. 향년 59세. 그녀는 솔트레이크시티에 있는 유타대에서 의료분야 연구원으로 일하면서 새 남편과 안정적인 삶을 이어가던 중이었다. 9

이제 사스 당시 상황을 고발했던 장옌융. 그는 중국 위생부장 장원캉張文康이 2003년 4월 초 TV에 나와 베이징의 사스 환자 수를 터무니없이 줄여 말하자 참을 수 없었다. 《CCTV》와 홍콩 《봉황TV》에 진실을 폭로하는 편지를 각각 보냈다. 그러나 보도되지 않았다. 이게 전부가 아니었다. 장옌융은 《월스트리트저널》과 인터뷰했고 시사주간지 《타임》에도 환자 수를 감추는 당국을 비판하는 글을 보냈다. 두 매체가 중국의 사스 상황을 크게 보도했음은 물론이다. 특히 《타임》은 '사스, 베이징을 공격하다'라는 표제의 신랄한 폭로 기사를 내보냈다. 10

이러한 보도들이 나가면서 중국 정부의 태도가 확 바뀌었다. 주석직

9 Shuping Wang, 〈Who helped expose China's rural AIDS crisis, dies at 59〉, 《New York Times》, Sept. 30, 2019.

10 Robert Peckham, 〈Past pandemics exposed China's weaknesses: The current one highlights its strengths〉, 《Foreign Affairs》, Mar.27, 2020.

에 오른 지 얼마 되지 않았던 후진타오가 마침내 움직였다. 장옌융의 폭로를 사스 퇴치의 새 전기로 삼은 것이다. 후 주석은 베이징 시장과 위생부 부장(장관)을 전격 교체했고 사스 관련 정보도 투명하게 공개했다. 그러나 당국은 그 뒤 장옌융을 '국가 이익을 해친 인물'로 지목했고 학생들이 학습하는 교재에도 그렇게 묘사돼 있다.[11]

그에 관한 자료는 검색엔진《바이두》등 인터넷에서 한동안 검색되지 않기도 했다. 이는 장옌융이 수차례 톈안먼 사건 재평가를 요구한 것도 빌미가 됐다. 그는 2019년 3월 톈안먼 사건이 범죄행위라는 내용의 편지를 시진핑 당 총서기에게 보냈다.[12] 이로 인해 그는 반복적으로 가택연금을 당했다.

코로나19 초기에는 의사 리원량이 경종을 울렸다. 그는 2019년 12월 30일《위챗》우한대 동급생 단체 채팅방에 "화난수산시장에서 나온 환자 7명이 사스 확진 판정을 받았다"는 글을 올렸다. 그러면서 '사스 코로나바이러스'라고 선명히 적혀 있는 바이러스 검사보고서 사진도 함께 띄웠다. 내부고발자는 리원량이었지만 관련 정보를 처음으로 공유한 정보전달자는 우한중신의원 응급실 주임 아이펀이었다.

경찰은 리원량과 그의 동급생 등 8명을 '허위정보 전파자'로 몰아 경고장을 발부했다. 경찰의 이러한 대응은 전국적 공분을 불러일으켰다. 그런데 중국의 〈감염병퇴치법〉은 국무원 국가위생건강위원회와 성급

---

11 《Wikipedia》, https://en.wikipedia.org/wiki/Jiang_Yanyong.

12 〈Doctor Who exposed SARS cover-up is under house arrest in China, family confirms〉, 《The Guardian》, Feb. 9, 2020.

지방정부만 감염병을 공포할 수 있도록 규정해 놓았다. 13

이와 관련해 최고인민법원은 2020년 1월 하순 자체 《위챗》 계정에 입장을 밝혔다. 리원량의 행위가 〈감염병퇴치법〉을 위반했는지는 명시적으로 언급하지 않은 채 경찰에 비판적 견해를 보였다. 즉, '코로나19'를 '사스'라고 밝힌 것은 사실과 완전히 부합하지는 않는다면서도, 이처럼 사실과 부합하지 않는 정보를 퍼뜨린 모든 행위에 대해 법률로 처벌하는 것은 필요하지 않다고 했다. 리원량은 그 뒤 환자를 진료하다 코로나바이러스에 감염됐고 2월 7일 34세의 나이로 요절했다.

이처럼 중국에서 대규모 전염병 초기 국가 총동원체제를 가동하기 전까지 벌어지는 국면은 언제나 비슷하다. 첫째, 전염병이 퍼지고 있다는 괴소문이 돈다. 둘째, 소문을 막기 위한 당국의 시도가 진행된다. 셋째, 의료계 내부고발자가 이를 폭로한다. 넷째, 당국이 뒤늦게 이를 시인한다. 다섯째, 전염병 극복을 위한 가혹한 조치가 대대적으로 시행된다.

에이즈 때도, 사스 때도, 코로나 때도 놀랄 정도로 상황 전개가 유사하다. 왜 이럴까? 답은 간단하다. 당이 언론에 재갈을 물려 놓을 수 있기 때문이다.

13　조영남, 〈중국은 코로나19에 어떻게 대응했나?〉, 《팬데믹 이후 중국의 길을 묻다》. 백영서 엮음, 책과함께, 2021, p.92.

시진핑 주석은 2020년 1월 설을 앞두고 윈난성 소수민족 마을을 방문했다. 그가 고유 복장을 한 어린이들과 밝은 표정으로 걷고 있다. 그때 후베이성 우한은 넘쳐나는 코로나19 환자들이 병상을 구하지 못해 엄청난 혼란에 빠져 있었다. 《CCTV》 등 관영 매체들은 이에 아랑곳없이 시 주석 관련 뉴스 보도를 통해 태평성대 분위기를 연출했다. (사진 =《신화통신》)

2. 관영 언론의 신뢰 추락

《CCTV》, 우한 봉쇄 직전까지 '시진핑 띄우기'

2020년 1월 20일, 후베이성 우한 시내 병원들 앞에는 코로나19 환자들이 넘쳐났다. 바야흐로 의료시스템이 붕괴되는 상황이었다. 시진핑 주석은 하루 전인 19일부터 소수민족이 많기로 유명한 윈난성雲南省을 방문 중이었다. 코로나 참상이 벌어져도 해마다 해오던 설날(춘제) 전 지방시찰은 포기하지 않았다.

공정원 원사 중난산은 20일 코로나19가 사람 사이에 전염된다는 사실을 뒤늦게 공식 확인했다.[14] 시진핑은 이날 전염병 대응 특별지시를 내렸다. 인민의 생명 안전과 신체 건강을 최우선 순위에 놓고 전염병 확산 추세를 단호하게 막으라는 내용이다. '중요 지시'라는 이름이 붙긴 했지만 평소와는 달리 단지 두 문단에 불과했다.

사회적 불안과 혼란을 야기하더라도 진상을 모두 공개하고 전국의 성시省市가 전염병 예방을 위해 떨쳐 일어나도록 할 것인가? 설날 분위기를 적당히 즐기게 하면서 점진적으로 대응할 것인가? 시진핑은 후자를 선택했다. 이러한 정황은 여러 곳에서 확인된다. 무엇보다 유례없

---

14 학술지 《뉴잉글랜드 저널 오브 메디신*New England Journal of Medicine*》(2020. 1. 29)에 실린 중국 과학자들의 논문은 이보다 한 달 전에 사람 간 전염이 진행됐음을 밝혔다. 중국질병예방통제센터와 후베이성 질병예방통제센터 등의 연구진은 이 논문에서 "2019년 12월 중순 밀접 접촉자 사이에 사람 간 전염이 일어났다는 증거가 있다. 우한 의료진 7명은 2020년 1월 11일 이전에 사람 간 경로로 신종 코로나바이러스에 감염됐다"고 밝혔다. 중국 과학자들은 이 논문을 내부 경로로 보고했으나 당국은 이를 숨겼다는 지적을 받고 있다.(〈중국, 신종코로나 '사람간 전염' 한 달 뒤에야 공개〉, 《연합뉴스》, 2020. 1. 31, https://www.yna.co.kr.)

이 짧은 지시에 알맹이가 없었다. 지시 내용을 자세히 보자.

특별지시는 "마침 춘제 기간이라 사람들이 대규모로 밀집해서 이동하는 만큼 전염병 예방이 아주 중요하다"고 강조했다. 설날 귀성 인파로 인한 전염병 확산이 우려되는 상황을 인식했다는 얘기다. 그럼에도 각급 당위원회와 정부 그리고 관련 부문이 주도면밀한 방안을 세우라고만 했을 뿐이다. 해마다 설 보름 전부터 시작되는 춘윈春運(설 연휴 특별수송) 중단 등 가장 핵심적이고 긴급한 조치는 거론하지도 않았다. 춘윈 규모는 실로 어마어마하다. 14개 나라와 국경을 접한 데다 인구 14억 국가란 점을 감안하더라도. 중국 정부는 2020년의 경우 춘윈 기간에 연인원 30억 명이 이동할 것으로 예측했었다.

오히려 여론 주도 작업과 전염병 관련 정책과 조치에 대한 선전활동을 강화하라고 밝혔다. 이를 통해 사회 전반적 정세가 안정되도록 하라고 강조했다. 바로 그다음 문장이자 이 지시의 마지막 문장은 다음과 같다.

"인민군중이 안정되고 상서롭고 화목한 춘제를 보낼 수 있게 하라."

이렇게 볼 때 특별지시의 방점이 어디에 찍혀 있는지 쉽게 알 수 있다. 혼란을 초래하면서까지 전염병 예방에 대대적으로 나서기보다 설날 분위기를 해치지 않도록 언론 통제를 적절히 잘하라는 쪽이었다.

나는 시진핑의 윈난성 방문 때 중국 라디오 방송을 빠짐없이 들었다. 스마트폰 앱을 통해 《중앙인민라디오CNR, 中央人民廣播電臺》, 《중국국제라디오CRI, 中國國際廣播電臺》, 《베이징뉴스라디오BNR, 北京新聞廣播》 등의 뉴스와 시사프로그램을 청취했다. 윈난성 시찰을 끝까지 마무리할지, 일정을 중단하고 귀경할지 궁금하기도 했다.

그러나 혹시 하는 나의 생각은 잘못된 것임을 깨달았다. 《CCTV》는 그때 저녁 종합뉴스를 통해 시진핑 윈난 방문 소식을 머리기사로 보도하면서 설날을 앞둔 태평성대 분위기만 돋우기에 바빴다. 대혼란에 빠진 우한 상황은 꺼내지도 않았다. 상황이 악화된 것은 당조직 상하 간 보고체계 때문인가? 아니면 최고지도부 내 의사결정이 문제인가? 당시 필자가 품은 가장 큰 의문은 바로 이것이었다.

첫째, 당중앙과 지방 간 보고 문제. 먼저 우한시 당국은 보고를 소홀히 하지 않았다는 게 확인됐다. 1인 지배체제를 구축한 시진핑은 집중 통일영도 방침에 따라 만기친람萬機親覽을 더욱 강화했다. 우한시 당위원회 서기15나 시장이 전염병 관련 상황을 제대로 당중앙에 보고하지 않는다는 건 엄청난 책임을 지겠다는 각오 없이는 불가능하다. 저우셴왕周先旺 우한 시장은 그 무렵 《CCTV》 인터뷰에서 "우리도 정보 통제에 불만이 있었다"고 토로했다. 보고는 제대로 했지만 당중앙에서 정보를 통제했다는 뜻이다.

가오푸高福 중국과학원 원사 겸 질병예방통제센터 주임은 사스 이후 전염병 발병 관련 온라인 직보 시스템이 구축돼 있다고 공개적으로 밝혔다. 병목현상으로 보고가 지연되거나 왜곡될 가능성은 없다는 뜻이다. 홍콩에서 발행되는 《명보明報》에 따르면, 가오푸는 1월 6일 원인 불명의 폐렴 사례와 관련해 그 위험성을 당 지도부에 알리면서 예방경계 태세를 더욱 강화하도록 건의하기도 했다. 안타깝게도 건의는 받아들여지지 않았다. 중국 정부가 문제의 폐렴이 신종 코로나바이러스에

---

15 모든 당조직에서는 당위원회 서기가 1인자. 성의 경우 성 당위원회 서기가 성장에 앞선 1인자다.

의한 것이라고 공식 확인한 때는 1월 9일이었다.

둘째, 최고지도부 내 의사결정 과정의 문제. 무엇보다 윈난성 시찰이라는 당초 일정을 긴급한 상황에 따라 탄력적으로 조정할 수 있는 사람은 시진핑 본인 외에 없다는 게 드러났다. 우한의 심각한 형편이 속속 보고돼 시 주석에게 가감 없이 전해졌더라도 결국 판단은 그의 몫이었다. 설날을 앞두고 사회 안정이 더 중요하다는 입장을 가진 이상 국태민안國泰民安을 과시하는 기회를 포기할 수는 없었다. 지방시찰을 중단하고 전염병 총력대응 체제를 가동함으로써 전국적으로 경각심을 갖도록 했더라면? 그러나 현재 중국 정치시스템에서 이런 모습을 기대하기는 어렵다.

《추스》, '시진핑 살리기' 시도하다 역풍

문제는 그다음이다. 2월 초순과 중순에 걸쳐 당 지도부의 늑장 대응을 비판하면서 시진핑 책임론을 제기하는 목소리가 봇물처럼 쇄도했다. 이에 당황한 당중앙은 같은 달 15일 코로나19 초기부터 시 주석이 상황을 파악하고 있었다고 밝혔다. 나아가 관련 대응도 지시했다고 강조했다.

이에 대한 증거로 이날 발행된 당 이론지 《추스求是》에 시 주석의 발언 내용을 자세히 공개했다. 그러나 오히려 역풍을 맞아야 했다. 책임이 시진핑 자신에게 있음을 확인시켜 줬기 때문이다. 《추스》가 공개한 발언은 시 주석이 2월 3일 주재한 중앙정치국 상무회의에서 한 것인데, 성난 민심을 가라앉히기 위한 절박한 분위기가 묻어난다.

주요 내용은 다음과 같다.

나는 1월 7일 정치국 상무위를 소집했을 때 신종 코로나바이러스 전염병을 예방하고 통제하기 위한 노력을 기울이도록 요구했다. 이어서 20일 특별지시를 내렸다. 22일에는 후베이성에 대해 사람들의 외부 이동을 엄격히 통제하라고 명확히 요구했다. 설날 당일(25일) 재차 소집한 상무위에서는 "연초부터 지금까지 전염병 퇴치는 나의 가장 큰 관심사였다. 시시각각 전염병 만연과 퇴치 상황을 파악했다. 그리고 구두 및 서면 지시를 내렸다"고 강조했다. 이와 함께 '중앙 전염병대응공작 영도소조'를 구성하기로 결정했다.

특히 설날 당일 소집한 상무위에서 시진핑 자신이 발언한 내용을 다시 확인한 부분은 '얼마나 다급했으면 …' 하는 느낌이 들게 한다. 여기서 언급한 '중앙 전염병대응공작 영도소조' 조장은 리커창李克强 총리가 맡았다. 이 소조는 명목상 전권을 갖고 전염병 퇴치 업무를 담당하도록 돼 있었다. 그러나 시진핑은 이와 상관없이 자신이 모든 것을 지휘했다고 밝혀 "소조는 방탄용으로 만들었나"라는 비난이 쏟아졌다.

"직접 지휘했고, 직접 안배했다親自指揮 親自部署."

시진핑은 정치국 상무위에서 중앙영도소조를 구성하기로 결정한 사흘 뒤인 1월 28일 문제의 이 발언을 한다. 베이징을 방문한 WHO의 테드로스 아드하놈 게브레예수스 사무총장을 만났을 때였다. 자신이 코로나19 퇴치를 위해 처음부터 전면에서 지휘했다고 강조한 것이다. 이에 게브레예수스 총장으로부터 찬사를 듣기도 했다. 당시로서는 책임감 있게 대처하고 있음을 강조한 발언이었지만, 2월 들어 강한 비판을 받는 빌미가 됐다. 모든 보고를 받고 있었으면서 왜 제대로 대처하지 못했느냐는 것이다.

왜 이렇게 됐을까? 이런 기류를 고조시킨 직접적 계기는 의사 리원량의 사망이었다. 그가 코로나19는 사스와 비슷하다며 사람 간 전염을 경고하지 않았던가. 하지만 당과 정부는 "인부전인 가공가방人不傳人 可控可防"을 되풀이했다. 코로나19는 사람 사이에 전염되지 않고, 막을 수 있고 통제 가능하고 막을 수도 있다는 뜻이다. 당국은 리원량의 경고로부터 20일이나 지난 1월 20일에야 사람 간 전염사실을 공식적으로 확인했다.

게다가 1월 23일 우한 봉쇄는 어떠했는가? 22일 밤사이에 군사 작전하듯 단행된 조치는 우한에 남은 사람들을 엄청난 공포와 무력감에 빠뜨렸다. 시진핑은 이에 대해 자신이 22일 우한뿐 아니라 후베이성 전체를 봉쇄하도록 지시했음을 분명히 했다. 위에 소개한 《추스》가 공개한 내용에 이 부분이 포함돼 있다. 여기엔 후베이성 하나 희생시켜 중국 여타 지역의 경제활동이 정상적으로 이뤄질 수 있도록 하겠다는 계산이 깔려 있었다.

우한 시민들은 "우리가 지나치게 정부를 믿은 게 잘못"이라며 눈물을 닦아야 했다. 팡팡의 《우한일기》는 "인부전인 가공가방, 이 여덟 글자가 도시를 피와 눈물로 적셨다"고 썼다. 리원량 사망과 갑작스런 우한 봉쇄 두 가지만으로도 당과 정부는 인민으로부터 신뢰를 잃기에 충분했다.

관영 언론, "시진핑은 재난 극복 지도자"

중공 최고지도자는 대규모 전염병이 발생하면 그 대처방안을 놓고 오로지 정치사회적 관점에서 접근했다. 현 정세에 비추어 볼 때 상황을 은폐하는 것이 좋을까? 그 반대일까? 방역활동은 언제 어떻게 해야 할까?

과거에는 언론이 통제되다 보니 이게 가능했다. 마오쩌둥 때 있었던 대표적인 사례를 보자. 문화대혁명이 시작된 직후인 1966년 늦여름부터 가을 사이, 베이징에서는 감염병인 수막염이 유행하기 시작했다. 수막염은 그 뒤 곧바로 전국으로 퍼졌다.

이처럼 급속히 전파된 데는 이유가 있었다. 홍위병이 결정적 역할을 한 것이다. 이들이 수막염 대유행과 무슨 관계가 있었을까. 정치투쟁의 불쏘시개였던 홍위병들은 기차를 타고 전국 각지로 돌아다녔다. 이른바 '홍위병의 대교류'였다. 그들은 문혁을 위해 마오쩌둥 사상을 퍼뜨리는 전위대 역할을 충실히 수행했다. 특히 마오가 내세운 '조반유리造反有理'의 깃발을 높이 치켜들고 대반란의 열기를 확산시켰다. 이처럼 문혁 초기는 전염병을 빠른 속도로 퍼뜨리기에 적합한 환경 아래 있었다.

문제는 마오쩌둥이 수막염이 퍼지는데도 그냥 내버려 둔 것이다.[16] 왜 그랬을까? 잘못했다간 문혁 열기에 자칫 찬물을 끼얹을 수 있었기 때문이다. 홍위병이야말로 문혁 초기의 승패를 가를 가장 중요한 세력이었다. 이에 따라 이듬해인 1967년 봄까지 16만 명 이상이 수막염으로 죽어나갔다. 혁명은 피를 먹는다고는 하지만 마오는 전염병으로 수많은 사람이 희생되는 걸 뻔히 보면서도 그대로 방치했다. 당시 미국은 수막염 전파를 막기 위해 도움을 주고자 했으나 마오는 단호히 거절했다.

이처럼 당중앙은 전염병이 퍼지면 언제나 국정國情에 미치는 영향부터 고려했다. 사스나 코로나19 때 사회 안정을 해쳐서는 안 된다며 보도통제를 한 것도 마찬가지다. 먼저 사스 발병 전후를 되돌아보자. 당시는 장쩌민에서 후진타오로 권력이 교체되는 시기였다. 장쩌민 체제

16 Robert Peckham, 〈Past pandemics exposed China's weaknesses: The current one highlights its strengths〉, 《Foreign Affairs》, Mar. 27, 2020.

는 임기 종료를 코앞에 두고 있던 터라 사스의 심각한 상황을 덮기에 바빴다. 17 권력교체기라는 이유로 제대로 대응하지 않은 것을 합리화할 수는 없지만, 체제 속성상 어쩔 수 없는 측면도 있다.

더욱이 중국은 사스 발발에 앞서 2001년 세계무역기구WTO에 가입했다. 2008 베이징올림픽 개최권도 같은 해에 따냈다. 중국은 국제적 위상을 드높일 수 있는 상승 분위기를 타고 있었다. 당 지도부는 이에 따라 중국에 대한 외국의 직접투자가 크게 증가할 것으로 기대했다.

그런데 다음해에 사스라는 복병을 만나게 된다. 당 지도부는 사스가 자칫 도약하려는 중국 경제를 수렁에 빠뜨릴지 모른다는 심각한 우려에 빠졌다. 원자바오溫家寶 당시 총리가 "중국의 국가 이익과 국제적 이미지 모두 위기를 맞게 됐다"고 말한 것은 이런 분위기를 잘 보여 준다. 사스 확산 사실이 국제적으로 알려지는 걸 숨기려 했던 것도 이 때문이다.

그렇다면 코로나19 발발 직후는 어떠했는가? 당중앙은 사스 당시보다 훨씬 더한 위기감을 느꼈다. 그중에서도 시진핑 총서기는 더욱 그랬다. 왜 그랬을까? 다음해인 2021년은 중국공산당 창당 100주년이 되는 해로, 이에 맞춰 '샤오캉 사회 전면적 건설 완성全面建成 小康社會'이라는 목표가 달성됐음을 국내외에 선포하기로 예정돼 있었다. 샤오캉 사회는 의식주 걱정 없이 풍족한 생활을 누리는 동시에 각 방면에서 만족할 만한 사회를 가리킨다.

이러한 상황에서 코로나19는 결정적 걸림돌이 될 수밖에 없었다. 당의 '핵심' 시진핑으로서는 이러한 목표를 완수하지 못할 경우 지도력에

---

17 정원교, 〈중국 언론, 코로나19 왜 조기경보 못 울렸나〉, 《관훈저널》, 2020년 여름호.

커다란 타격을 입을 것을 누구보다 잘 알고 있었다. 이에 따라 정상적 경제활동을 못하게 되는 대규모 전염병 발발을 코로나 초기에 인정하고 싶지 않았던 것이다. 이런 상황은 자연스럽게 정보 통제로 이어졌다.

하지만 결국 중공은 우한의 처참한 상황을 현실로 받아들여야 했다. 그 뒤 총동원체제 속에서 거국적으로 전염병 퇴치에 돌입, 2020년 3월 하순쯤에는 코로나19가 통제된 듯 보였다. 이어 4월 4일 청명절에 맞춰 '희생자 국민 추도회'를 열었고 같은 해 6월에 〈코로나 백서〉를 발간했다. 마침내 9월 8일에는 시 주석이 코로나19 방역 표창대회를 통해 사실상 방역 전쟁 승리를 선언했다. 그러나 그 뒤에도 곳곳에서 코로나 환자가 발생했고 인민들의 반발 속에서도 봉쇄와 격리 위주의 방역활동은 계속됐다.

이러한 단계별 대응은 당중앙이 미리 준비한 시나리오에 따라 진행된다. 선전활동도 마찬가지다. 이러한 과정에서 2020년 3월 중순부터는 관영 언론을 중심으로 시 주석을 재난을 극복한 지도자로 떠받들기 시작했다. 코로나19 초기 대응 실패 뒤 시진핑 책임론이 제기된 적이라도 있었느냐는 듯했다. 《신화통신》은 "시 주석이 보여 준 헌신은 그가 인민을 항상 최우선에 두는 마음을 갖고 있다는 것을 증명한다"고 보도했다. 《인민일보》는 "시 주석은 코로나19가 전 세계로 퍼지지 않도록 시간을 벌어 준 지도자"라고 칭송했다.

"당국이 한 일은 습관적으로 기사 막는 것"

우한은 후베이성 성도省都다. 그래서 우한시 당 기관보 《창장일보長江日報》는 물론 후베이성 당 기관보 《후베이일보》도 우한에 있다. 두 매체는 그 속성상 코로나19 초기에 적극적 보도를 하지 못했다. 우한시 당위원회나 후베이성 당위원회의 입장을 충실히 따를 수밖에 없었다. 당이 편집권과 인사권을 갖고 직접 관장하는 기관보가 중국의 언론 시스템 아래서 이런 한계를 벗어나기는 어렵다. 이로 인해 코로나19를 대규모로 확산시키는 심각한 결과를 초래했다. 이게 전부가 아니다. 두 매체는 민심을 자극하는 엉뚱한 보도를 하는가 하면 코로나 예방과 관련해 시민들을 오도誤導하는 정보를 전했다.

우선 우한 시민들의 분노를 자아낸 보도를 보자. 《창장일보》는 2월 중순 엄청난 고통에 빠진 우한 시민들의 염장을 지르는 기사를 연이어 실었다. 2월 11일 자 신문은 코로나19를 막기 위해 고군분투하느라 지친 우한 시장에게 휴식 시간을 더 줘야 한다는 기사를 게재했다. 이튿날엔 1990년대생 간호사가 유산한 지 열흘 만에 병원 업무에 복귀했다며 그를 영웅으로 부각시켰다.

그러잖아도 당국에 대한 불만이 고조될 대로 고조돼 있던 우한 시민들 아닌가. 그들은 온라인판 해당 기사에 《창장일보》를 욕하는 댓글을 엄청나게 달았다. 특히 유산까지 한 간호사를 제대로 쉬지도 못한 채 출근토록 한 건 비난받아야 할 일이지 개인을 영웅시할 일은 아니라고 거세게 비판했다. 그 뒤 문제의 기사는 삭제됐다.

또 다른 사례로, 우한의 한 남성은 임종 전 "제 시신을 국가에 기증합니다. 그런데 제 아내는요?"라는 짧은 유서를 남겼다. 《창장일보》는 이 유서가 사람들을 울린다는 사연을 전했다. 하지만 아내 걱정을 한 뒷부분은 아예 빼 버렸다. 이에 대해 《환구시보》 후시진胡錫進 편집국장은 자신의 《웨이보》에 "마지막 순간에 아내를 걱정하는 마음이야말로 진정 사람들의 눈물을 자아내는 대목"이라며 《창장일보》의 왜곡된 가치관을 비판했다. 18 《창장일보》가 국가에 대한 사랑만 부각시키고 가족에 대한 사랑은 외면하는 태도를 보였다는 것이다.

《후베이일보》의 무책임한 태도는 3장에서 이미 지적했다. 이 신문은 코로나19 환자가 발생한 뒤 한 달 동안 침묵했다. 19 물론 후베이성이 당 중앙의 의견을 듣지 않고 이러한 결정을 독자적으로 내릴 수는 없다. 그 뒤 2020년 1월 1일 처음으로 코로나 관련 기사를 보도하면서 1면이 아닌 4면 귀퉁이에 조그맣게 배치했다. 사실을 왜곡한 후베이성 발표 내용대로 사람 간 전염은 발견되지 않았다는 부제를 달았다. 이러한 보도 행태는 가능하면 사람들이 이 뉴스에 신경 쓰지 않으면 좋겠다는 뜻이다.

독자들을 혼란스럽게 만든 보도는 코로나19의 사람 간 감염 여부에 관한 것이었다. 《창장일보》는 1월 19일 《위챗》 계정에 '신종 코로나바이러스 폐렴' 예방 일문일답을 올렸다. 이를 통해 "전염력은 강하지 않다. 제한적인 사람 간 감염 가능성을 배제할 수는 없다. 그러나 사람 간 감염이 지속될 위험은 상대적으로 낮다"고 했다. 이에 따라 네티즌들은 관련 댓글에서 코로나에 대해서는 별로 관심을 보이지 않았다. 겨우 댓글 몇 개를 달았을 뿐이다. 대신 생뚱맞게 교사 월급이 공무원보다 높

---

18 李泓氷·周玉橋,〈看見的力量: 透視疫情報道與國家治理能力現代化〉,《新聞記者》 2020年 第2期, 2020. 3. 2, p.1.

19 우한시 정부는 2019년 12월 8일 코로나19 첫 환자가 나왔다고 발표했다. 그러나 우한 진인탄 의원 부원장 등 30명 가까운 중국 의사들은 의학저널 《란셋The Lancet》에 공동 발표한 논문에서 그보다 앞선 12월 1일 첫 환자가 발생했다고 밝혔다. 이 환자는 뇌경색을 앓는 칠순 남자로 화난수산시장에 간 적이 없었다. 《란셋》에 게재된 논문은 2020년 1월 24일 발표됐다. 이와 관련해 홍콩의 《사우스차이나모닝포스트》는 중국 정부의 비공개 자료를 인용해 첫 환자가 더 빠른 2019년 11월 17일 발생한 것으로 판단한다고 보도했다. 이 보도가 맞는지 여부는 확인되지 않았다. 이 환자는 후베이성에 거주하는 55세 남성이었다.

아야 하는가 아닌가를 놓고 뜨거운 공방을 벌이고 있었다.

그러나 《인민일보》의 인터넷 매체 《인민망人民網》과 《인민일보》 홈페이지는 20일 저녁 〈전염병 앞에서 요행을 바라는 행위는 생명을 앗아갈 수 있다〉는 기사를 내보내고 있었다. 우한의 기관보들을 비판한 것이다.

그 내용을 보자.

우한의 말로 표현할 수 없을 정도로 대담한 모습은 놀랍기 그지없다. 전염병 관련 뉴스 보도는 빠르지도 정확하지도 않다. 감염된 사람들은 마음대로 돌아다닌다. 전염병이 시작된 시장은 영업을 계속한다. 다른 사람들에게 불안감을 조성한다는 이유로 코로나 취약계층이 마스크도 안 쓰고 다닌다. 이런 대담함 뒤에는 요행을 바라는 마음이 자리 잡고 있다.

20일은 코로나19가 사람 간 전염이 된다고 중난산 원사가 확인한 날이다. 따라서 그전까지는 우한 매체가 사람 간 전염 여부에 대해 정확한 정보를 제시하지 못했을 수 있지만 독자 입장에서는 목숨이 경각에 달린 일이었다.

이들 두 매체와는 별도로 《CRI 뉴스 라디오》는 우한 봉쇄(1월 23일) 뒤 나의 귀를 의심하게 만드는 방송을 내보냈다. 우한 현지 여성의 발언을 담은 캠페인성 광고였다. 이 여성은 "우한에는 물자가 풍족하며 사람들은 안정된 분위기 아래 치료를 받고 있다"고 말했다. 당국의 의도에 따른 선전용 방송임은 금방 알 수 있었다. 하지만 당시 우한 상황과는 너무나 동떨어진 내용이었다. 코로나 관련 뉴스를 매일 체크하던 나로선 '아무리 그래도 이런 방송을 어떻게 할 수 있지?'라는 생각에 어리듬절할 수밖에 없었다.

당시 우한이 엄청난 혼란에 빠져 있던 것을 생각하면 실상을 아는 우한 사람들로서는 분노할 일이었다. 하지만 언론 통제 속에 갈피를 잡지 못했던 일부 사람들에겐 이런 선전이 효과를 발휘했을지 모르겠다. 이런 환경에서는 관영 매체 보도만으론 상황이 어떻게 돌아가는지 종잡기 어려웠다. 사람들은 공황상태에서 헤어나지 못했고 '카더라 통신'이 난무했다.

당시 코로나 관련 언론보도와 관련해 눈길 끄는 연구 조사 결과가 있었다. 중국런민대 신문학원(저널리즘학원)이 운영하는 플랫폼 'RUC신문방'은 코로나19 관련 뉴스 보도 2286편을 분석, 그 내용을 2월 12일 자체 《위챗》 계정에 올렸다. 20 핵심은 후베이, 광저우, 베이징, 세 곳의 매체가 코로나 관련 뉴스 보도에서 어떤 입장을 보였는지 비교 분석한 것이다. 논문은 분석 대상 뉴스를 긍정적 보도, 중립적 보도, 부정적 보도로 구분했다. 여기서 긍정적 보도는 문제가 있는 상황에 대해서도 당과 정부를 옹호하는 태도를 보이는 것을 말한다.

그 결과를 보면, 후베이 매체의 경우 긍정적 보도 34.95%, 중립적 보도 64.83%, 부정적 보도 0.22%였다. 광저우 매체는 긍정적 보도 21.52%, 중립적 보도 76.09%, 부정적 보도 2.39%로 나타났다. 베이징 매체는 긍정적 보도 8.96%, 중립적 보도 88.68%, 부정적 보도 2.36%였다. 여기서 보듯 후베이성 매체들의 긍정적 보도 경향이 두드

---

20 李泓氷·周玉橋, 앞의 논문, p.11.

러졌다. 특히 코로나가 시작된 우한시의 당 기관보 《창장일보》는 편파적 내용으로 민심과 동떨어진 보도를 하는 경우가 적지 않았다. 우한시 당이 신문 편집에 직접 영향을 미쳤기 때문이다.

긍정적 보도 비율이 상대적으로 낮은 베이징이나 광저우의 경우 그만큼 중립적 보도가 늘어났다. 부정적 보도는 전반적으로 낮았는데 이는 언론 통제의 결과로 볼 수 있다. 이러한 여건에서는 지방의 당과 정부가 잘못된 판단을 하면 현지 기관 매체가 이를 바로잡을 기회는 없다. '중대 문제에 관한 보도'는 필히 각급 당위와 선전부문의 판단을 거쳐야 하기 때문이다. 이 과정에서는 형세를 안정시킬 수 있느냐, 없느냐가 가장 중요한 기준이 된다. 21

고위 언론인 리훙빙(《인민일보》 상하이지사 부사장) 등은 이와 관련해 2020년 3월 미디어비평 월간지 《신문기자》에 발표한 논문에서 "사스와 코로나19 초기에는 공통적 특징이 있었다"며 "다름 아니라 습관적으로 기사를 막아서 여론을 통제했다는 것"이라고 지적했다. 논문은 "따라서 전염병 관련 정보가 사회에 투명하게 공개되지 않았고 미디어는 건전한 여론형성이라는 본래의 기능을 하지 못했다"며 "이로 인해 인민의 건강, 사회의 안정과 발전, 중국의 국가 이미지 등에 중대한 손실을 초래했다"고 비판했다. 논문은 이어 "전염병 보도에서 득실을 반성하고, 인민의 알 권리와 표현의 권리 등을 보장하고, 공공안전 사건 보도에서 미디어의 부족한 부분을 보충해야만 비슷한 위기 재발을 막을 수 있을 것"이라고 밝혔다.

---

21 李泓氷·周玉橋. 앞의 논문. p.12.

2022년 11월 하순 중국 각지에서는 백지시위가 벌어졌다. 제로 코로나 정책에 대한 반대가 그 출발이었지만 "시진핑 하야하라", "공산당 물러나라", "표현의 자유 보장하라"는 구호가 등장하는 등 정치적 시위로 비화됐다. 이러한 상황은 1989년 톈안먼 사건 이후 처음이다. 사진은 당시 베이징 시내 하천 량마허 주변에 모인 시민들이 백지를 들거나 스마트폰 전등을 켜 의사 표시를 하는 모습. (사진 =《게티 이미지》)

3. 코로나 암흑기의 선물

'웨이 미디어' 삼총사의 활약

코로나19 초기 《웨이신》, 《웨이보》, 《틱톡》은 중국에서 돋보인 3대 소셜미디어였다. 이들은 '웨이 미디어微媒體, Micro Media'로 불린다. 22 웨이 미디어가 코로나 상황이 아니라도 평소에 인기를 끌 수 있었던 것은 미디어 소비자들이 자투리 시간을 이용해 쉽게 정보를 접하고 소통할 수 있기 때문이다.

웨이 미디어의 등장은 인터넷을 통한 정보소통 기회의 엄청난 증가를 의미한다. 이에 따라 코로나 관련 정보의 전파 속도가 훨씬 빨라졌다. 이러한 상황에서 각종 뉴스 사이트들은 《웨이신》, 《웨이보》, 《틱톡》을 적극적으로 활용했다. 웨이 미디어는 코로나 관련 정보의 전파에서 전천후성과 시효성이 두드러졌다. 당시 대다수 중국인들은 이동이 제한되거나 자가 격리된 상황에서 하루 종일 휴대전화를 붙잡고 살았다.

이러한 환경에서는 주류 매체의 오피니언 리더는 물론 일반 네티즌들도 《웨이신》, 《웨이보》, 《틱톡》을 통해 코로나 관련 동향을 지체 없이 공유할 수 있었다. 사스 때와는 근본적으로 달라진 상황이다. 코로나19는 소셜미디어 시대에 처음으로 출현한 팬데믹이었기 때문이다. 네티즌들은 뉴스 소비자이자 생산자였다. 웨이 미디어 플랫폼에서는 탈중

---

22 웨이 미디어는 《웨이신》, 《웨이보》의 '웨이微'(작다는 뜻)를 딴 것이다. 중국 언론학자 류하이밍 충칭대 교수는 《틱톡》도 숏폼 동영상 플랫폼이란 점에서 웨이 미디어에 포함시켰다(劉海明·高杰, 〈微媒體平臺的疫情信息傳播特點及注意事項〉, 《青年記者》, 2020. 2. 11, p.1).

심화 현상이 확연히 드러났다. 《웨이신》이나 《웨이보》 플랫폼에서는 《CCTV》, 《인민일보》 등 주류 매체는 물론 의료기관, 의료전문가, 코로나 환자 등도 함께 활동한다. 청년과 중년층 네티즌은 주로 뉴스 매체의 《위챗》 계정에 뜬 뉴스, 《웨이보》 인기검색어, 《틱톡》의 뉴스 동영상을 통해 뉴스를 접했다.

이처럼 웨이 미디어는 쌍방향성을 통해 뉴스 전파 범위를 확대시켰다. 특히 《위챗》 채팅방과 《웨이보》 인기검색어는 여론형성의 대표적 창구였다. 매체들은 이러한 환경을 적극 활용했다. 《인민일보》의 《위챗》 계정은 '뉴스 포스터'를 내보냈고, 《펑파이뉴스澎湃新聞》는 '디지털 뉴스' 형태로 코로나 관련 소식을 전했다. 《천보관찰川報觀察》 앱은 '전염병 퇴치교실'에 동영상을 올렸으며, 《창장일보》는 《위챗》 계정에 코로나 관련 소식을 띄웠다.

숏폼 동영상의 역할도 두드러졌다. 《웨이보》와 《틱톡》의 짧은 동영상은 주류 미디어가 중요한 뉴스를 알리는 새로운 통로였다. 이와 함께 전염병에 대응하기 위한 과학지식, 전문가의 설명, 민간인 자원봉사자 활동 등을 전하는 데도 효율적이었다. 코로나 관련 정보나 대처능력이 부족한 농촌지역 사람들에게는 이런 동영상 콘텐츠가 커다란 도움이 됐다.

이제 웨이 미디어 각각의 특징을 살펴보겠다. 23
우선, 《웨이신》은 코로나 관련 정보의 집산지 역할을 했다. 감염병 모

---

23 劉海明·高杰, 앞의 논문, p.4.

니터링 시스템은 데이터 공유 기술을 통해 소셜미디어의 데이터를 정확히 추적할 수 있다. 따라서 《웨이신》 플랫폼을 이용해 코로나 감염 상황을 모니터링함으로써 보건 당국은 실질적 도움을 받을 수 있었다. 《웨이신》의 코로나 상황 실시간 파악 기능은 각급 위생건강위원회 및 질병예방통제센터가 발표한 최신 소식을 종합했다.

이에 따라 《웨이신》 사용자는 언제 어디서나 전국 각지의 확진자, 완치자, 사망자, 유사 환자 등 관련 정보와 각 성·시가 취한 예방조치와 그 효과 등을 찾아볼 수 있었다. 뿐만 아니라 《웨이신》은 모금활동 플랫폼 기능도 톡톡히 했다. 여기에는 개인은 물론 《알리바바》, 《바이두》, 《바이트 댄스》 등 IT 기업도 참가했다.

《웨이신》은 《웨이보》와 달리 친구 맺기를 한 사이에서만 서로 소통할 수 있었기 때문에 사용자들이 상대적으로 편한 마음으로 소식을 주고받았다. 따라서 코로나 관련 뉴스를 지인들과 공유할 때 《웨이신》을 이용하는 경우가 가장 많았다. 가입자 연령대는 《웨이보》에 비해 상대적으로 범위가 넓어 가장 많은 네티즌이 이용했다.

《웨이보》는 생방송 기능으로 코로나 초기에 주목받았다. 《웨이보》 생방송은 뉴스 현장을 편집하지 않고 날것 그대로 네티즌들에게 전달한다는 점에서 기존 TV 방송과는 차별화됐다. 특히 우한에 임시 병동인 훠선산·레이선산 의원을 건설할 당시 전국의 네티즌들은 《웨이보》 생방송을 통해 24시간 현장을 볼 수 있었다. 이들은 '중국 속도'를 자랑스러워하며 '온라인 현장감독'을 자처했다. 중국이 인터넷의 발달에 따라 '시놉티콘' 사회로 나아가고 있음을 보여 준 것이다. 이는 미디어 플랫폼의 권력 주체가 분화되고 있다는 것을 의미한다. 이에 따라 감독 대상이던 개인이 감독 주체로 나서면서 네티즌은 더 이상 침묵하지 않게 됐다.

《틱톡》은 코로나 관련 과학지식을 보급하는 숏폼 동영상으로 눈에 띄는 활약을 했다. 다양한 미디어들은 《틱톡》 플랫폼에 사진과 기사에다 동영상을 결합한 콘텐츠를 올렸다. 이러한 방식은 코로나 관련 정보를 다양한 채널을 통해 전방위로 전파하는 데 크게 기여했다.

하지만 웨이 미디어의 등장이 장점만 있는 것은 아니다. 특히 웨이 미디어의 경우 엄격한 게이트키핑 Gatekeeping 기능이 따로 작동되지 않기 때문에 가짜뉴스가 늘어날 수밖에 없다. 그중에서도 《웨이신》의 경우 친구 맺기를 한 사람에게만 정보가 노출되기 때문에, 전문가들은 네티즌들이 오히려 주의하지 않고 가짜뉴스를 퍼뜨릴 가능성이 더 높다고 지적했다. 더욱이 《웨이신》은 가입자 수가 제일 많아 가짜뉴스가 전파되는 범위도 넓다.

이에 비해 《웨이보》에 올리는 내용은 가입자 누구에게나 전파되므로 자칫 비이성적 감정에 호소하거나 극단적 성향을 띤 콘텐츠가 유통되기 쉽다. 물론 《웨이보》에서도 수많은 가짜뉴스가 유포된다. 웨이 미디어를 이용하는 네티즌의 미디어 리터러시 Media Literacy는 천차만별이어서 가짜뉴스를 군중심리에 의해 무분별하게 퍼 나르는 사례도 빈발한다.

이와 관련해 솽황롄雙黃連 구매 열풍을 되짚어 보자. 이는 코로나 초기에 벌어졌던 한바탕 대소동이었다. 관영 통신 《신화사》의 《웨이보》계정 《신화관점新華觀點》이 2020년 1월 31일 밤늦은 시간에 네티즌이 속기 쉬운 기사를 《웨이보》에 올린 게 원인이었다.

제목은 〈솽황롄 물약 코로나바이러스 억제 효능, 상하이약물연구소와 우한바이러스연구소 공동 연구로 발견〉이었다. 쐉황롄은 발열, 기침, 인후통 등에 효능이 있는 중의약품으로 금은화(인동덩굴꽃), 황금(속서근풀), 연교(개나리) 등이 주성분이다. 그 뒤 다른 매체들도 뒤따라 이 기사를 보도했다. 이에 네티즌들은 곧바로 온·오프라인에서 쐉황롄 물약 구입에 나섰고 밤새 동이 났다. 이렇게 되자 오리 등 가금류를 위한 쐉황롄도 사들였다.

문제는 '억제'는 '예방'이나 '치료'와 다른데 네티즌들은 이러한 차이를 인식하지 못했다. 그리고 쐉황롄은 아직 임상실험도 끝나지 않아 효능이나 안전성이 입증되지 않은 단계였다. 《신화관점》은 이러한 사실을 네티즌들에게 정확히 전달하지 못했다. 곧이어 전문가들은 이러한 문제를 지적했다. 24 이에 따라 "쐉황롄 물약 함부로 복용 금지"가 소셜미디어 인기검색어 1위에 올랐고 쐉황롄 소동은 잦아들었다.

그 밖에 《웨이보》에는 바이주白酒를 마시거나 담배를 피우는 것이 코로나19 예방에 좋다는 근거 없는 주장도 올라왔다. 코로나 초기에 가짜 뉴스와 부정확한 뉴스가 적잖이 웨이 미디어에 떠돌아다닌 것이다.

'서로 돕는 모임' 《위챗》 단톡방

코로나19 초기 중국 네티즌들은 주로 《위챗》을 통해 정보를 주고받고 서로 안부를 확인하면서 안개 속 같은 상황을 헤쳐 나갈 수 있었다. 이에 따라 《위챗》에는 단체 채팅방이 무수히 생겨났다. '전염병 상황 서로 돕

---

24 〈雙黃連能抑制新型肺炎? 人民日報再發聲: 抑制竝不等於豫防和治療! 請勿搶購自行服用〉, 《澎湃新聞》, 2020. 2. 1; 〈雙黃連口服液有豫防新型冠狀病毒的作用嗎〉, 《中國醫藥信息查詢平臺》, 2020. 2. 1.

기 모임疫情互助群', '서로 아끼며 사랑하는 한 집안 사람들相親相愛一家人' 등이 그 예다.

특히 관영 언론을 포함한 다양한 매체들이 《위챗》 외에 《웨이보》, 《틱톡》 계정을 통해 내보낸 뉴스도 《위챗》으로 모이는 현상이 나타났다. 네티즌들은 인터넷에 올라온 새로운 동영상, 사진, 글 등도 《위챗》 단톡방에 퍼 날랐다. 《위챗》 채팅방에는 친구만 있기에 상대적으로 편한 기분을 느낄 수 있었다. 이러한 모습은 사스 당시에 비해 미디어 환경이 혁명적으로 바뀐 덕에 가능했다.

《우한일기》를 쓴 작가 팡팡도 다른 중국인들과 마찬가지였다. 그는 2월 1일 자 일기에서 "아침에 일어나면 여전히 휴대전화부터 먼저 확인한다"고 했다. 그러면서 《웨이신》 단체 대화방을 통해 코로나 관련 정보를 주고받는 일상을 소개했다. 이 방에는 자신과 세 오빠를 포함해 4명만 있다. 맨 먼저 큰오빠가 이곳에 올려놓은 코로나 관련 최신 통계를 본다. 확진자, 의심환자, 중증환자, 사망자, 완치, 음성 판정, 감염 속도 등. 그다음 서로 안부를 묻고 주의할 일들을 얘기한다.

큰오빠는 칭화대 출신으로 화중과학기술대 교수로 있어서 접하는 정보가 많은 편이었다. 그는 우한에서 원인을 알 수 없는 폐렴환자가 발생한 사실을 2019년 12월 31일[25] 처음 이 방에 올리면서 '사스'일 가능성을 상기시켰다. 의사 리원량이 《웨이신》 대화방에 폐렴이 사스로 보인다는 경고를 올린 다음 날이었다. 그날부터 마스크를 쓰되 집 밖에

---

25 우한시 당국은 이날 단순 폐렴환자 27명이 발생했다고 상황을 축소해 발표했다.

나가지 말도록 서로 주의를 환기시켰다.

　이러한 대처는 우한 시민 중에서는 아주 모범적인 경우였다. 대다수 우한 시민들은 사람 간 전염 사실이 공식적으로 확인된 1월 20일까지 무방비로 대규모 집회에 참석하거나 외출하곤 했다. 팡팡은 이처럼 새로운 정보를 공유하고 가족의 안위를 확인하기 위해 주로 《웨이신》에 의존했다.

이처럼 소셜미디어는 코로나19 출현 뒤 이와 관련한 뉴스를 전하는 데 있어서 아주 중요한 역할을 했다. 엄격하게 봉쇄 또는 통제된 도시에서 일부 신문들은 어쩔 수 없이 휴간을 선택했다. 이 경우 많은 사람들은 소셜미디어 또는 뉴스 앱 등을 통해 코로나와 관련한 최신 상황을 파악할 수 있었다. 예를 들어 중화의학회 과학기술보급부와 중국과기신문학회 건강전파전문위원회가 공동으로 코로나 관련 조사 결과를 발표한 경우에도 소셜미디어가 이를 확인하고 알렸다. 뉴미디어는 사람들이 전염병 관련 정보를 입수하기 위한 필수적 채널로 자리 잡았다.

　하지만 소셜미디어가 이처럼 순기능만 발휘한 건 아니었다. 그 무렵 사람들은 하루 일과 중 빠지지 않고 하는 게 두 가지 있었다. 하나는 인터넷에서 코로나와 관련된 깜짝 놀랄 만한 소식이나 동영상을 찾아 '서로 아끼며 사랑하는 한 집안 사람들' 같은 《위챗》 방에 퍼 나르면서 주의를 환기시키는 것이었다. 다른 하나는 《웨이보》에서 어떤 약품이나 물질이 코로나19 예방에 도움이 되는지 파악해서 친구들에게 알리고 함께 구매에 나서곤 하는 일이었다.

　하지만 이러한 행동이 심리적 공황을 해소해 주기는커녕 수많은 정보로 인해 불안이 더욱 고조되는 결과를 가져왔다. '인포데믹 Infodemic'의 폐해였다. 즉, 공유한 소식 중에 잘못된 정보가 많아 오히려 정서적 긴장을 높인 것이다. 이에 따라 사스를 경험한 사람들은 그때보다 더 불안감을 느꼈다고 토로했다.

사스 때는 《웨이보》, 《웨이신》 등 소셜미디어가 없었기 때문에 공황상태가 사람들 사이에 전염되지는 않았다는 얘기다. 우한 시민들은 그들이 직접 보고 들은 상황이 "TV가 보도한 것보다는 엄중하지만 《웨이보》내에 오가는 소식보다는 덜 심하다"고 했다. 26 그만큼 《웨이보》에는 자극적이거나 과장한 내용이 많았다는 뜻이다.

소통과 감시의 이중창, 스마트폰

스마트폰은 코로나19 시기에 훌륭한 소통 수단이었지만 동시에 디지털 감시의 중요한 도구가 돼 버렸다. 중국에서는 경찰이 영장 없이도 개인의 휴대전화와 SNS에 접근할 수 있다. 당국은 필요하면 언제나 개인의 일상을 샅샅이 파악하고 통제할 수 있다는 의미다. 게다가 인공지능과 빅데이터는 물론 안면인식, 음성인식 기술도 디지털 감시체제에 적극 활용한다. 중국은 이미 '디지털 빅브라더 사회'에 접어든 것이다.

2022년 11월 하순 중국 각지에서 동시다발로 백지시위가 벌어졌을 때였다. 저장성에 사는 학생은 SNS 단체 채팅방에서 백지시위를 벌일 것이라고 말한 지 불과 몇 시간 뒤 경찰의 조사를 받는 상황에 맞닥뜨렸

26 易艶剛, 〈社交媒體時代的'信息疫情'〉, 《青年記者》, 2020. 2. 21, p.2.

다. 당국이 개인의 일거수일투족을 꿰뚫고 있다는 단적인 예다.

'휴대폰 건강코드'는 코로나 방역을 빌미로 주민을 통제하는 아주 좋은 수단이었다. 중국이라는 디지털 통제사회의 상징적인 일면이다. 휴대폰 건강코드는 2020년 2월 코로나19가 한창 확산될 때 등장했다. 휴대폰 앱에 기본적 인적사항과 체온, 격리대상 여부 등을 입력하면 됐다. 당시 자유로운 이동 가능 여부는 색깔로 구분됐다. 저장성 항저우에서 처음 선보인 뒤 각 성으로 퍼져 나갔다. 《알리바바》 자회사인 알리페이(즈푸바오)가 개발했다. 《신화통신》은 이를 두고 '디지털 중국'의 개가라고 찬사를 쏟아냈다.

그 뒤 휴대폰 건강코드는 백신접종과 PCR 음성 결과를 확인하는 방식으로 바뀌었다. 어디를 가든 건강코드 앱으로 인증해야만 했다. 감염자가 다녀간 장소 주변을 지나쳤을 경우 위치추적 정보를 토대로 곧바로 격리 통보도 날아온다. 이처럼 휴대폰을 통해 거의 모든 인민의 동선動線을 제어했다. 사람들은 코로나 퇴치에 동참한다는 생각으로 건강코드 사용에는 아무런 이의를 제기하지 않았다. 이런 분위기에서 당국은 거리낌 없이 개인에 대한 감시와 통제를 계속했다.

백지시위와 휴대전화

백지시위 때 상황을 되짚어 보자. 시민들은 당시 《텔레그램》 등 SNS를 통해 메시지를 교환한 뒤 집회에 참석했다. 중국에서 《텔레그램》은 차단돼 있지만 우회접속 프로그램인 VPN을 이용하면 접속이 가능하다. VPN 사용은 원칙적으로 불법이다. 시민들은 시위 소식도 소셜미디어에 속속 올렸다. 검열 당국은 이를 삭제했지만 상당수 네티즌들은 이미 관련 정보를 알게 된 뒤였다. 하지만 《트위터》에 올린 내용은 중국 당국으로서도 어찌할 수 없었다. 해외 거주 중국인들은 국내에서 벌어지는 상황을 지체 없이 알게 됐고 이에 따라 동조 시위에 나섰다.

공안 당국은 중국 내 시위참가자를 체포하기 위해 다양한 수단을 동원했다. 현장 채증探證 사진과 영상 확인, 휴대전화 위치 추적, 소셜미디어 체크 등이다. 중국 주요 도시에는 얼굴 인식 소프트웨어가 장착된 CCTV가 곳곳에 설치돼 있다. 이보다 더 직접적이고 손쉬운 방법은 시위 참여가 의심되는 사람의 휴대전화를 넘겨받는 것이다. 이 경우 상대방의 행적을 빠짐없이 알 수 있다. 물론 시위 장소나 경찰 배치 상황 등을 논의했는지도 파악할 수 있다. 나아가 금지된 콘텐츠, VPN, 외부 세계로 연결되는 앱 등이 휴대전화에 있는지도 확인한다. [27]

네티즌들은 스마트폰과 SNS란 무기를 통해 효율적으로 집회를 조율하지만 당국은 바로 그것을 장악함으로써 시위자를 어렵지 않게 추적하는 역설적 상황이 벌어졌다. 시위 예상 지역에는 경찰이 미리 출동, 시위 참가자들의 접근을 원천 봉쇄했다. [28] 인터넷 검열 당국이 소셜미디어를 상시적으로 들여다보고 있으니 시위 정보를 입수하는 건 어렵지 않았다.

이러한 감시체제는 시진핑 집권 이후 더욱 강화됐다. 첨단기술을 동원해 모든 국민을 24시간 감시할 수 있는 것이다. 중국은 이제 억압적

---

27 〈중, 시위자 대대적 검거 나서 … 휴대폰 소셜미디어 등 추적〉, 《연합뉴스》, 2022. 11. 30, https:// www. yna.co.kr.

28 Chris Buckley, 〈With intimidation and surveillance, China tries to snuff out protests〉, 《New York Times》, Nov. 29, 2022, https://www.nytimes.com.

이고 폐쇄적인 공포사회로 바뀌었다. 스마트폰과 소셜미디어가 정치운동 조직화의 도구가 됐지만 국가는 더욱 강력한 통제능력을 갖춘 것이다. 디지털 감시국가의 전형적 모습이다.

백지시위는 제로 코로나 정책에 대한 반대가 그 출발이었다. 하지만 "시진핑 하야하라", "공산당 물러나라", "민주주의와 법치를 실시하라", "표현의 자유를 보장하라"는 구호가 등장하는 등 정치적 시위로 비화됐다. 1989년 톈안먼 사건 이후 처음이다. 무차별 봉쇄와 격리를 내세운 제로 코로나 정책이 3년 동안 지속되면서 중국인들의 인내심이 폭발한 것이다.

해외에서도 동조 시위가 이어졌다. 톈안먼 사건 때는 집회 및 시위가 베이징 등 일부 지역에 국한됐지만 이번에는 국내외에서 동시다발로 벌어졌다. 사람들은 SNS를 통해 다른 곳에서 무슨 일이 벌어지고 있는지 다 알 수 있었다.

시진핑은 2020년 중국이 코로나와의 전쟁에서 승리했다고 선언했다. 그러면서 중국의 사회제도가 서방보다 우월하다는 것을 증명했다고 주장했다. 그 뒤 2021년 12월 전염성 강한 오미크론 변이가 출현하면서 상황이 급변하자 중공은 제로 코로나 정책을 엄격히 시행했다. 전염병 퇴치를 내세워 제로 코로나를 사회통제 수단으로 쓰고 있다는 불만이 제기됐지만 20차 당대회까지 요지부동이었다.

결국 백지시위가 터지자 당 지도부는 급히 물러서는 태도를 보이면서 사태를 수습했다. 하지만 잠복한 백지시위의 불씨는 언제 다시 타오를지 모른다. 이에 따라 개인에 대한 감시와 통제가 역설적으로 더 필요해지는 악순환이 반복되고 있다.

5장

중국 미디어,
지금에 이른 과정

중국 역대 왕조는 피지배 계층의 표현의 자유를 철저히 막았다. 미디어는 자신들만의 통치 수단이었다. 이러한 현상은 근대 전까지는 동서양을 가리지 않았다. 그러나 중국에서는 이런 미디어의 위상이 지금도 변함이 없다.

청나라 때는 언론 통제가 특히 심했다. '문자옥文字獄'도 빈번했다. 소수민족인 만주족으로서 중원을 지배한 뒤 반청反淸 움직임을 억눌러야 했기 때문이다.

청나라 후기에는 아편전쟁 패전과 선교사 대거 유입 등에 따라 미디어 환경이 크게 바뀌었다. 선교사들이 만드는 현대화된 신문이 나타나면서 조정에서 발행하는 관보가 쇠락했다.

국공 대립 시기 국민당은 초기에 〈중화민국임시약법〉으로 언론자유를 보장했다. 입법을 통해 언론자유를 보장하기는 중국 역사상 처음이었다. 하지만 시간이 지나면서 언론 통제를 시작했다.

공산당은 1921년 창당 때부터 미디어는 당이 직접 관리한다는 원칙을 내세웠다. 〈중국공산당 제1차 결의〉는 "중앙과 지방의 어떤 출판물도 당의 원칙, 정책, 결의에 위배되는 내용을 게재해서는 안 된다"고 못 박았다. 레닌의 언론관에 영향을 받은 것이다.

마오쩌둥 때는 '미디어는 계급투쟁 도구'라는 성격이 강조됐다. 그 뒤 덩샤오핑 시기 한때 사상해방 조류가 대두되기도 했다. 시진핑 집권기에는 '새장 속의 자유'마저 허용하지 않는 쪽으로 나아가고 있다.

중국 역대 왕조에서 표현의 자유는 기본적으로 지배 계층에게만 허용됐다. 당나라 때는 '봉건 관보'가 처음 출현했다. 그 이름은 《진주원장》이었다. 지방의 번진절도사가 수도인 장안에 설치한 연락사무소가 만든 궁중 소식 정보지였다. 송나라 때부터는 조정이 직접 발행하는 관보인 《저보》가 등장했다. 《저보》의 주요 내용은 황제의 일상생활, 관리의 인사 등이었다. 《저보》는 그 뒤 청나라 시기까지 존속했다. 사진은 2009년에 발견된 명나라 때 《저보》의 모습. (사진 =《바이두》 픽처)

1. 역대 왕조의 미디어 통치

고대 왕조 때부터 표현의 자유 막아

중국에서 미디어를 통제한 역사는 왕조의 역사만큼이나 길다. 고대사회의 지배계층은 미디어를 이용해 자신들의 통치를 공고화하면서 피지배계층의 언로는 철저히 막았다. 이런 상황은 역사 기록이 시작된 이래 꾸준히 이어졌다. 피지배계층이 공개적 의사표현을 한다는 것은 상상도 할수 없었다. 더욱이 일반 백성들은 기본적으로 지배계층과 관련된 정보는 접근 자체가 어려웠다. 간혹 통치계층의 소식이나 풍문을 접했다 해도 이를 무분별하게 전파하는 행위는 엄청난 고통 또는 죽음을 의미했다.

정보는 권력이었고, 미디어는 통치 수단이었다. 중국에서 미디어의 이러한 위상은 서방국가와 달리 지금도 변함이 없다. 고대 왕조에서뿐만 아니라 중국공산당이 지배하는 중화인민공화국에서도 미디어는 아주 중요한 통치 수단인 것이다.

고대 왕조에서 미디어의 역할이 이렇게 된 배경은 무엇일까? 왕조라는 정치조직은 무엇보다 법령을 필요로 했다. 통치 권력은 자신의 지배를 실현하고 이를 유지하기 위해 백성들이 각종 규칙을 알고 지키도록 하는 것이 필수적이었다. 이에 따라 문자로 된 법령을 관문서(공문서) 형태로 반포했다. 이 관문서는 바로 미디어였다. 고대사회의 미디어는 백성들이 지배체제를 따르도록 하는 통치 도구의 성격이 갈수록 강해졌다. 1

---

1   趙雲澤, 《作爲政治的傳播》 中國人民大學出版社, 2017, p.16.

중국 학자들은 상商나라 시기 갑골문자甲骨文2가 가장 초기의 조정 문서 형태일 가능성을 제기한다. 그 뒤 등장한 청동기 솥에 새겨진 글귀 주정명문鑄鼎銘文에는 정치, 군사, 외교, 제사, 형벌, 소송, 계약 등과 관련한 다양한 사실이 기록돼 있다. 주정명문은 상나라와 주나라 때 존재했다. 그중 대표적 내용은 임금이 신하에게 내린 명령, 정벌에서 공을 세운 기록과 계약을 둘러싼 다툼 등이다. 이러한 내용들은 바로 정보이자 뉴스였다.

후대로 오면서 '격檄' '로포露布' '방榜' '조서詔書' 등 다양한 종류의 공문서가 나타난다. '격'은 전국시대에 처음으로 출현했다. 주로 군사활동 중 적군을 성토하거나 위협하는 용도로 쓰였다고 사서에 기록돼 있다. '격문'이라고도 했다.3

'로포'는 동한東漢(후한) 시기에 처음 등장했는데 초기에는 그 형태가 확립되지 않아 격과 혼용되기도 했다. 당시 로포는 조정이 정령政令을 발표하거나 대신들이 조정에 의견을 올릴 때 이러한 절차를 공개적으로 진행하는 용도로 쓰였다. 로포는 6조 시대에 이르러 비로소 독립된 형식을 갖추면서 주로 군사적 목적으로 활용됐다. 이때가 되면 격은 전쟁 전에, 로포는 승전보를 급히 알릴 때 사용된다.

이러한 로포는 동한 말기부터 위진남북조, 수, 당에 이르기까지 전란이 계속되던 상황에서 전국적 역참驛站 제도가 완비되지 않았던 이유

---

2 갑골문자는 거북 껍데기나 소뼈에 새긴 문자. 상나라 후기 기원전 1300~1100년 사이에 사용한 것으로 학자들은 본다.

3 우리에게 익숙한 '격문'으로는 신라의 문필가 최치원이 당나라 때 '황소의 난'이 일어나자 지은 '토황소격문討黃巢檄文'이 있다. 최치원은 당시 당나라에서 벼슬을 지내고 있었다.

로 대단한 역할을 했다. 로포는 이뿐 아니라 정령, 제사, 장례 등을 알리거나 특정 정치세력이 자신들의 영향력을 행사하기 위해 이용하기도 했다. 그 뒤 수, 당나라를 거치면서 로포는 점차 국위를 드높이는 군사 의식용으로 변해 갔다.

'방'은 봉건시대 조정이 백성들에게 알리고자 하는 소식(정령, 법률 등)을 다수가 볼 수 있는 장소에 공개한 정보전달 수단, 즉 미디어였다. 진나라 때 처음 등장했고 한나라 이후 빈번하게 사용했다. 방은 초기에는 돌이나 나무에 글을 새기기도 했고 그 뒤 종이에 글을 쓰는 방식으로 발전했다. 이에 따라 궁궐 문 양쪽이나 성문에 방을 붙였다. 방과 유사한 형태로 현서懸書, 편서扁書 등도 있었는데 역시 정령과 법률 등을 백성들에게 알리기 위한 것이었다. 수, 당으로 오면 방은 과거제도 등 사회 각 방면에 활용된다.

방을 가장 많이 활용한 왕조는 송나라였다. 당시에는 방의 종류도 방유榜諭, 칙방敕榜, 조방詔榜, 인방引榜 등 다양했다.

'조서'는 조정이 행정 사무상 필요에 의해 공포하는 문서였다.4 일부 학자는 행정 사무와 관계없는 조정의 소식을 백성들에게 알릴 때도 조서를 이용했다고 주장한다.

중국 봉건왕조에서 언론봉쇄 정책을 편 최초의 군왕으로는 서주西周의 려왕厲王이 꼽힌다. 려왕은 폭정으로 악명을 떨쳐 백성들은 공공연히 왕을 비방하곤 했다. 이에 왕은 "왕을 비방하는 자는 그 자리에서 칼로

---

4 황제의 명령을 담은 문서는 '조지詔旨'라고 호칭했다. 이를 '성지聖旨'라고 부르기도 했다.

베겠다"고 공포했다. 나아가 백성들이 국사國事를 거론하는 것을 금지했고 이를 어기는 사람 역시 목숨을 내놓아야 했다. 이처럼 엄한 분위기가 조성되자 행인들은 길가에서 아는 사람을 만나도 말도 못하고 눈짓으로 인사하곤 했다. 5

춘추전국시대를 거쳐 통일왕조를 세운 진시황秦始皇은 언론 행위 자체를 아예 금지하는 법령을 반포했다. 중국 고대 통치자로서는 처음이다. 이를 통해 《시경》, 《서경》을 비롯한 육경六經, 즉 유가의 경전을 두 사람 이상이 담론하는 것을 금지시켰다. 유학자들이 군현제6를 반대했기 때문이다. 진시황 34년(기원전 213년)의 일이다. 법가로 유명한 승상 이사李斯의 의견을 받아들인 것이다. 7 이를 어길 경우 번화한 거리에서 목을 벤 뒤 그대로 내버려 두었다. 많은 사람들에게 공포심을 주기 위해서였다.

악명 높은 분서갱유焚書坑儒도 이러한 상황에서 진행됐다. 당시 《진기秦記》 이외의 사서史書는 모두 30일 이내에 관에 제출해야 했다. 이에 따르지 않다 발각되는 사람은 만리장성 건설 현장에서 4년 동안 강제노역을 하는 처벌을 받았다.

그 뒤 진나라 이후 역대 왕조는 모두 언론을 금지하는 법령을 갖게 된다. 한漢나라의 법령은 별다른 이유 없이 3인 이상 모여 음식을 먹고 술을 마시면 이를 범죄행위로 규정했다. 사민士民(선비와 백성)이 국사를

---

5 역사서에서는 이를 "國人莫敢言, 道路以目"이라고 적었다(趙雲澤, 《作爲政治的傳播》, 中國人民大學出版社, 2017, p.67).

6 군현제는 전국을 군과 현으로 구분, 황제가 직접 지방관을 파견해 직할 지배하던 중앙집권적 제도. 진나라 통치 제도의 근간이었다. 유학자들은 제후들에게 영지를 나누어 주는 분봉제를 주장했다.

7 趙雲澤, 앞의 책, p.67.

논하는 것을 막기 위해서였다. 이러한 행위로 적발될 경우 벌금을 물어야 했다. 수나라와 당나라에서도 언론탄압은 비슷하게 계속됐다.

북송 말기에는 궁정 내부의 소식을 비밀리에 전하는 《소보》가 등장하자 당시 황제 인종과 휘종은 이를 철저히 탄압했다. 헛소문을 퍼뜨려 정국을 혼란스럽게 만든다는 이유에서였다. 《소보》는 중하급 관리들이 만드는 비공식적 소식지로 관보가 아니었다. 원, 명, 청나라에서도 기본적으로 《소보》를 통제하는 정책을 유지했다.

당나라 때 '봉건 관보' 등장

중국 봉건 왕조의 언론 통제 방식에는 '언금言禁'과 '보금報禁'이 있었다. 여기서 언금은 '화어권話語權'을 금지하는 것을 말한다. 중국어에서 화어권은 발언권을 뜻한다. '표현의 자유'보다 좁은 의미로 쓰였다. 보금은 신문발행 금지를 의미한다. 이에 따라 지배계층을 제외하고는 자신의 의견을 공개적으로 표현할 기회가 봉쇄됐다. 신문발행도 관보 외에는 기본적으로 허용되지 않았다. 북송 때부터 조정의 소식을 전하는 민간 신문이 암암리에 나타나긴 했다.

'신문新聞'8이라는 단어는 당나라 초기에 등장한다. 당나라의 정사正史를 기록한 《구당서舊唐書》에 이 단어가 여러 차례 나온다. 현대 중국어에서 '신문'은 '뉴스', '소식' 등을 의미한다. 고대 중국어에서도 이와 크

---

8 중국어 '新聞'은 '신원'이라고 발음하며 '뉴스페이퍼'가 아니라 '뉴스'를 뜻한다. 우리의 '신문'에 해당하는 말은 '바오즈報紙'이다.

게 다르지 않은 '정보', '소식'의 뜻으로 쓰였다. 이는 당나라 때 소식을 전파하는 행위가 빈번하게 이뤄졌음을 의미한다.

중국 역사상 최초의 신문이 출현한 것도 당나라 때다. 당시 《진주원장進奏院狀》9으로 불렸는데, '봉건 관보'에 해당한다. 관영 신문의 초기 형태로 볼 수 있지만 조정이 직접 나서서 만든 건 아니었다. 《진주원장》이 등장한 것은 당나라의 번진藩鎭제도10와 밀접한 관계가 있다.

번진세력이 강해짐에 따라 각 번진절도사는 수도인 장안長安에 연락 사무소를 두기 시작했다. 이 기구의 기능은 크게 세 가지였다. 첫째, 번진이 조정으로 올리는 문서를 전달하는 역할을 했다. 둘째, 조정이 하달하는 문서를 번진에 전했다. 셋째, 황제의 동태나 조정의 정사政事 등 궁중 내부 소식을 번진으로 보고했다.

이 가운데 세 번째 기능, 즉 조정의 동향을 알리는 문서를 만들어 번진으로 보내는 역할이 특히 중요했다. 이때 번진을 통솔하는 세력이 관심을 갖는 사항은 빠뜨리지 않고 포함시켜야 했다. 따라서 이 문서는 궁중 정보를 담은 정보지에 해당된다. 이게 관보의 효시 《진주원장》이었다. 《진주원장》은 정식 관문서는 아니었지만 문장 형식에 있어서 관문서의 영향을 받았다.

번진의 연락사무소는 '저邸' 또는 '진주원進奏院'으로 불렸다. 진주원에

9　《진주원장》은 중앙정부가 통일적으로 발행한 관보는 아니었다. 송나라 때부터 관보가 《저보》라는 이름 아래 통일적으로 발행됐다. 따라서 《진주원장》은 《저보》의 원형으로 볼 수 있다. 《진주원장》의 가장 오래된 실물로는 '돈황敦煌 진주원장' 2부가 있다. 이들 실물은 돈황 막고굴에서 발견됐다. 현재 대영도서관과 프랑스국립도서관에 각각 1부씩 소장돼 있다.

10　번진은 당나라 중·후기에 중앙 정부가 국방을 강화하기 위해 설립한 군진軍鎭을 말한다. 하지만 번진이 반독립적 군벌세력으로 성장하게 된다.

서 일하는 관리는 '저리邸吏' 또는 '진주관進奏官'이었다. 그래서 궁중 정
보지가 《진주원장》이란 이름을 얻게 된 것이다. 《진주원장》은 번진절
도사의 권력이 강대해질수록 그 역할이 더욱 커졌다. 이들이 조정의 움
직임을 자세히 파악하고자 했기 때문이다.

당시 《진주원장》에 포함된 내용을 보면 황제의 조지詔旨와 일상생
활, 관리의 임면 사항, 관리들이 황제에게 올린 문서 등 조정 내부 소식
이 중시됐고 정치·군사 방면의 주요 정보도 포함됐다. 번진절도사의
득세는 중앙집권적 통일 왕조를 유지하는 데 불리할 수밖에 없었다. 현
종 때 '안록산安綠山의 난'은 그 대표적 예로, 번진절도사가 세력을 키우
면서 벌어진 난이었다.

다음 왕조인 송나라 때는 역사의 교훈을 거울삼아 《진주원장》 제도 개
혁에 나섰다. 그 명칭을 《저보邸報》로 바꾸면서 발행 체제를 근본적으
로 바꿨다. 조정이 《저보》 발행을 직접 관장했다. 동시에 지방정부가
중앙정부의 소식을 전파하는 매체를 없애 버렸다. 중앙정부가 관보를
통일적으로 발행한 것이다.

이를 위해 진주원을 없애는 대신 도진주원都進奏院을 수도에 두어 진
주원의 업무를 일괄적으로 관리했다. 이에 따라 《저보》의 내용, 문체
등에 큰 변화가 있었다. 종전에는 번진의 고급 관리가 주요 독자였으나
《저보》의 체제 개편에 따라 각급 행정관원과 사대부 지식인도 새로운
독자층에 포함됐다.

이 과정에서 봉건 관보의 성격이 갈수록 강화됐다. 특히 '정본定本제
도'를 실시했는데 이는 중앙정부의 사전 심의를 거쳐 정본이 나온 뒤

《저보》를 발행할 수 있도록 한 것이다. 즉, 중앙정부가 신문의 내용을 통제함으로써 통치집단의 의도가 반영되도록 했다. 송나라 뒤 역대 왕조에서도 봉건 관보는 계속 발행됐고 《저보》라는 명칭은 존속됐다.

그 뒤 원나라 때는 왕조의 존속 기간이 상대적으로 짧았기 때문에 전국적 관보 발행 체제를 정착시키지 못했다. 이로 인해 지방 관원은 중앙정부에서 내려보내는 공문서를 통해 조정의 소식을 알 수 있었을 뿐이다.

명나라에서는 다시 관보 발행 체제를 정비했다. 당·송의 진주원 대신 제당提塘을 두었고, 제당에서 일하는 관리를 제당관提塘官이라 불렀다. 제당관은 각 성에서 뽑아 수도에 상주하도록 파견한 연락관이었다. 이들이 한 일은 진주관과 비슷했다. 명나라 때의 관보 발행 체제는 단순화하면 다음과 같았다.

우선 통정사通政司가 관리들이 황제에게 올리는 문서나 지방에서 보고하는 소식 등을 종합한다. 육과六科는 황제가 관리와 백성들에게 알리는 문서나 황제에게 올라온 문서를 수집하고 공개한다. 제당은 이들 문서를 육과로부터 베낀 다음 여러 부 만들어서 각 성·부·현에 전파한다. 관보 내용은 송나라 때와 비슷했지만 궁중이 아닌 일반 사회의 기이한 소식도 포함되기 시작했고 과거科擧 관련 소식도 다뤘다. 과거 관련 정보는 관원들과 지식인 계층의 관심사였다.

청나라에서도 전국을 범위로 하는 《저보》가 계속 발행됐다. 그 절차는 명나라 때와 대동소이했다. 즉, 제당보방提塘報房이 관보인 《저보》를 발행했다. 그러나 청나라 제당관들은 관보를 만드는 한편으로 《소보》 발행에도 나섰다. [11] 이러한 《제당소보提塘小報》는 기밀을 누설하는 것이었고 때로는 정확하지 않은 내용도 있었기 때문에 당국의 단속 대상이었다. 청나라 때도 관보의 주요 독자는 각급 정부 관원이었고 일반 백성들은 관보를 접할 기회가 없었다.

청나라 말기에는 선교사들이 만드는 현대화된 신문이 출현하면서 《저보》가 쇠락했다. 그때까지 《저보》는 필사를 통해 만들었다. 각 왕조의 《저보》 내용은 황제의 일상생활, 관리의 인사, 관료가 황제에게 올리는 글 등이 주류였다. 《저보》는 본질적으로 지배계층 내부의 소통 수단이었다.

민간의 조정 소식지 《소보》 출현과 발전

북송 말기에는 《소보小報》가 등장하게 된다. 관보만으로는 관료와 사대부 등이 알고자 하는 정보가 충분히 제공되지 않았기 때문이다. 주로 중하급 관리들이 만들었다. 궁정 내부와 지배층의 소식을 비밀리에 외부로 전파하는 신문이었다.

통치자는 이를 꺼렸기 때문에 《소보》가 출현하면서부터 압박을 가했다. 유언비어를 만들어낸다든지, 시국을 어지럽힌다고 비판했다. 이에 따라 각종 수단을 동원해 《소보》 발행인들을 처벌했다. 북송 인종 때(1040년)는 황제가 칙령을 통해 수도 카이펑開封에서 《소보》를 만드는 사람을 잡아들이도록 했다. 그 뒤 휘종(1107년)도 비슷한 《소보》 금지령을 내렸다.

---

11 趙雲澤, 앞의 책, p.35.

남송 시기에는 국력이 쇠퇴하면서 《소보》에 대한 통제력도 약화됐다. 이에 따라 《소보》의 수량이 급격히 늘었다. 상황이 이렇게 되자 효종(1188년)과 광종(1193년)은 《소보》 발행인에 대한 엄격한 처벌을 거듭 천명했다.

《소보》 금지정책은 원, 명, 청에서도 원칙적으로 계속됐다. 12 그럼에도 《소보》는 지속적으로 생존했다. 조정의 소식에 관한 수요가 꾸준히 있었기 때문이다. 원나라 시기 《소보》는 《소본小本》이라고 불렸다. 원나라 때는 관보 발행 체제가 확립되지 않아 관리와 민간의 정보 욕구를 충족시킬 수가 없었다. 《소본》의 존재 이유다.

명나라 중기 이후에는 수도 베이징 등지에 《소보》를 만들기 위한 민간보방民間報房이 생겨나기 시작했다. 16세기 중엽에는 명나라 황제가 민간보방을 허락하기도 했다. 《저보》의 일부 내용을 베껴서 《소보》를 발행, 공개적으로 팔 수 있도록 했는데 그 지역을 베이징 내로 엄격하게 제한했다.

청나라 때는 앞에서 본 것처럼 제당보방의 제당관들이 관보인 《저보》는 물론 《소보》도 만들었다. 이는 《제당소보》로 불렸다. 베이징에는 민간보방이 있었는데 학자들은 여기서 일한 사람들이 제당보방에서 왔을 것으로 본다. 민간보방이 만든 《소보》는 《경보京報》로 불리기도 했다. 《경보》의 내용은 황제의 명령이나 지시, 관리들이 황제에게 올리는 글 등 관보와 크게 차이 나지 않았다.

따라서 당시 청나라 조정은 엄중한 언론 통제 속에서도 《소보》에 대

---

12 方漢奇,《中國近代報刊史》山西人民出版社, 1981, pp.3~4.

해 상대적으로 관용적 태도를 보였다. 이러한 상황이었기 때문에 청나라 전기前期의 경우《소보》의 대다수 독자가 관료와 지방 토호, 사대부 지식인 계층이었다. 독자들 중 일반 민간인은 아주 적었다.

하지만 강희, 옹정, 건륭 세 황제 때는 엄혹한 문자옥文字獄13이 성행하면서《소보》에 대한 통제도 심해졌다. 특히 옹정, 건륭 시기에는《소보》발행인에 대한 처벌 수위를 더욱 강화하면서《소보》를 구경하기가 힘들 정도였다. 역사적으로 볼 때 청나라 때가 언론 통제가 가장 심했던 시기로 구분된다.14

《소보》의 출현은 관보, 즉《저보》가 조정 소식을 독점하던 상황이 깨졌음을 의미한다. 《소보》가 존속했던 기간 전체로 보면《소보》의 독자층은《저보》에 비해 범위가 넓었다. 조정 내부 정사에 관심이 많은 계층은《소보》를 필요로 했다. 《소보》의 내용은《저보》와 비슷하면서도 시의성은《저보》보다 강했다. 각급 관원들은《소보》를 통해 조정의 소식을 제때 접하는가 하면《저보》가 공개적으로 알리지 않은 조정의 기밀도 알 수 있었다. 청나라 시기 만주족과 한족 사이의 갈등이 첨예하게 드러났을 때는 만주족에 비판적인 관리나 사대부들이《소보》를 이용해 만주족으로부터 모욕당해서는 안 된다는 주장을 폈다. 매국노를 처벌하라고 요구하는 상소문을 싣기도 했다.

그러나《소보》는 내용의 정확성을 확인하기 어려웠기 때문에 관보

---

13 문자옥은 왕조 통치자가 지식인 계층을 박해하기 위해 일으킨 필화사건을 말한다. 중국 역사상 최초의 문자옥은 한나라 때 발생했다. 그 뒤 역대 왕조에서 문자옥이 끊이지 않았다. 우리나라나 일본 역사에서도 유사한 사례가 있다.

14 趙雲澤, 앞의 책, p.68.

보다 신뢰도는 떨어졌다. 더욱이 기본적으로 《소보》는 통치자가 논한 정사를 외부로 유출하지 못하도록 한 규율을 위반한 매체였다. 봉건 통치자가 《소보》를 금지시킨 배경이다. 봉건 통치계층이 자신들의 지배를 유지하기 위해 정보를 엄격히 통제했던 기조는 바뀌지 않았던 것이다. 《소보》는 민간에서 만들었지만 일반 백성의 여론을 담아내는 것과는 관계가 없었다.

청나라의 미디어 환경

청나라 통치자들은 언론 통제를 위해 극단적 수단도 서슴지 않았다. 표현의 자유 제한이 다른 왕조보다 더 가혹했다. 소수민족인 만주족으로서 중원을 지배한 뒤 반청 反淸 움직임을 억눌러야 했기 때문이다. 지배계층을 제외하고는 정치를 논하는 것을 근본적으로 용납하지 않았다. 더욱이 청나라에 반대하는 의사 표현을 한 경우 당사자는 물론, 멸문지화 滅門之禍를 피하지 못했다.

언론 통제는 청나라 전기인 순치제 順治帝 (재위 1643~1661년) 때 시작돼 강희제 康熙帝 (재위 1661~1722년), 옹정제 雍正帝 (재위 1722~1735년)로 이어졌고, 건륭제 乾隆帝 (재위 1735~1795년) 시기에 가장 심했다. 청나라 전기와 중기에 문자옥이 빈번하게 발생한 것도 같은 맥락이다.

이 시기의 대규모 문자옥 가운데 7건은 황제에게 직접 보고됐다. 그중 3건이 건륭제 집권기에 일어났다.[15] 이를 포함해 건륭제 때 발생한

---

15 趙雲澤, 앞의 책, p.53.

크고 작은 문자옥은 무려 130여 건이나 된다. 이에 따라 사람들은 타인과 교류하면서 절대 필적을 남기지 않았다. 혹시 자신이 쓴 글이나 편지 등이 있으면 신변 안전을 위해 태워 버렸다.

청나라 후기로 가면서 가경제嘉慶帝(재위 1796~1820년) 시기 한때 언로를 트는 조치를 취하기도 했으나 오래가지 못했다. 이어 도광제道光帝(재위 1820~1850년) 때도 비슷한 상황이 반복됐다. 그 뒤로는 대규모 문자옥이 발생하지 않았다. 아편전쟁 패전과 선교사 대거 유입 등으로 중국 사회 및 미디어 환경이 크게 바뀐 탓이다.

이런 상황에서 강희제는 서방국가의 중국 내 선교宣敎를 엄격히 금지했다. 이러한 정책은 그 뒤 제1차 아편전쟁(1840~1842년) 전까지 120년가량 지속됐다. 18세기 말인 1793년, 건륭제는 영국 사신으로 중국을 찾아온 조지 맥카트니George McCartney의 정식 수교 요청을 오만하게 거부했다. 앞선 문명에다 경제적으로도 충분히 자급자족이 가능한 청나라가 왜 외국과 교류하느냐는 미몽에 빠져 있었다. 이에 따라 중국과 서양 간 교류는 거의 중단 상태에 빠졌다.

그러나 산업혁명을 거친 뒤 해외 식민지 개척에 나선 유럽 열강들은 중국을 그대로 두지 않았다. 선교사들은 암암리에 중국에 들어와 복음을 전했다. 이에 중국 문명은 동요를 일으키기 시작했다. 이러한 때에 서양의 현대적 신문도 중국에 유입됐다. 이에 따라 1815년부터 1948년 사이에 개신교 선교사들이 만든 중문中文 신문만 해도 878곳, 가톨릭 선교사들이 만든 신문까지 합하면 1000곳이 넘었을 것으로 추산된다. 16

---

16 趙曉蘭·吳潮,《傳敎士中文期刊史》, 復旦大學出版社, 2011, p.7.

선교사들은 처음부터 중국 본토에서 신문을 제작하지는 못했다. 중국 내 선교활동을 엄하게 제한했기 때문이다. 따라서 아편전쟁 전까지는 대부분 중국과 가까운 남양군도에서 활동하면서 간행물을 제작, 광저우를 비롯한 중국 동남 연해지역에 몰래 유포하는 방식을 선택했다.

중문으로 된 최초의 근대적 간행물인 《찰세속매월통기전察世俗每月統記傳》이 말래카에서 제작된 것은 이런 배경에서였다. 《찰세속매월통기전》은 영국 개신교 선교사 로버트 모리슨Robert Morrison 주도로 가경제 때인 1815년 창간했다. 월 1회 발행했는데 종교 관련 내용이 절반을 차지했다. 나머지는 뉴스와 신지식을 다뤘다. 즉, 천문, 지리, 과학기술, 역사, 사회풍습 등이 포함됐다.

1833년에는 중국 본토에서 최초의 중국어 간행물이 발간된다. 《동서양고매월통기전東西洋考每月統記傳》이 그것으로 광저우에서 창간됐다. 월간이었고 내용은 시사와 정치가 중심, 종교는 그다음이었다. 당시는 청나라 정부가 서양인이 비밀리에 간행물을 인쇄하는 것을 엄격하게 금지하던 때였다. 이에 따라 《동서양고매월통기전》은 2년 동안 공개적으로 발행한 끝에 싱가포르로 옮겼고 1838년 폐간됐다. 이 월간지는 아편전쟁 전후에 선교사가 만든 중문으로 된 종교 신문의 전범이라고 부를 만했다. 서양 각국의 정치제도를 설명하고 서방의 언론자유에 대해 처음으로 소개함으로써 중국 경세가들에게 미친 영향이 컸다.

선교사들은 아편전쟁 뒤에는 홍콩과 상하이를 중심으로 신문을 창간했고 이어서 수도 베이징까지 진출했다. 특히 홍콩의 경우 제1차 아편전쟁 뒤 난징조약 체결에 따라 영국에 할양되면서 서양인이 신문 제작

기지로 활용했다. 홍콩이 중국에서 근대적 신문업이 일어나는 첫 번째 도시가 된 것이다.

그 뒤 제2차 아편전쟁(1856~1860년)이 발발하면서 상하이의 신문업이 홍콩을 앞섰다. 청나라 말기 중국인들에게 상당한 영향을 미친 《육합총담六合叢談》,《만국공보萬國公報》,《신보申報》 등이 상하이에서 발행된 매체들이다. 이 가운데 《육합총담》은 1857년 창간된 월간 시사잡지로, 상하이 최초의 근대적 중문 간행물이었다.

1872년 영국 상인이 창간한 《신보》는 영리를 추구하는 중문 상업지였다. 1949년 폐간될 때까지 청나라 말기와 중화민국17 초기에 걸친 77년 동안 중국 사회와 신문업계에 큰 영향을 미쳤다. 이 신문은 중국 최초로 전보를 통해 원고를 전송하는 방식을 채택했다. 상업지는 서방국가의 자본주의를 중국에 이식하려는 목적에서 시작됐다. 그러나 《신보》는 상업적 입장에만 치우치지 않고 언론 본연의 자세를 잃지 않으려는 모습을 보였다.

이러한 기조 위에서 《신보》는 더 낮은 가격에 더 질 높은 신문을 선보였다. 처음에는 격일로 발행했으나 제5호부터 일간신문으로 전환했다. 특히 뉴스 보도를 중시, 중국 주요 도시에 특약 기자를 두었고 국제적 뉴스 현장에는 기자를 직접 파견하는 등 당시로서는 앞서가는 모습을 보였다. 사회 비판적 뉴스도 다룸으로써 주목을 받았다.

따라서 그때까지 상하이 신문업계에서 독점적 지위를 누리던 《상하이신보上海新報》는 《신보》의 경쟁 상대가 될 수 없었다. 마침내 《신보》

---

17 중화민국中華民國은 1911년 신해혁명을 거쳐 1912년 출범한 민주공화국. 쑨중산孫中山(쑨원孫文)이 중화민국 임시대총통으로 선출됐다.

창간 8개월 뒤 《상하이신보》는 폐간하게 됐다. 《상하이신보》는 중문 상업지로 1861년 창간됐다.

《신보》가 창간되던 해인 1872년 베이징에서는 월간지 《중서견문록 中西見聞錄》이 창간됐다. 《중서견문록》은 베이징에서 발행된 최초의 근대적 간행물이었다. 청나라 정부가 끝까지 막았던 베이징에서도 서양인이 매체를 만들기 시작한 것이다. 서양인들에게는 선교 신문 창간 과정에서 베이징에도 거점을 마련했다는 의미가 있었다.

혁명파 대 보황파 대논쟁

서학동점 西學東漸 상황에서 중국인들은 처음부터 끝까지 서양인과 서양 문명을 무시하는 태도를 보였다.

두 차례 아편전쟁 뒤 나라가 위태로운 지경이 되자 마침내 통치자는 물론 일반 백성들도 태도를 바꾸기 시작했다. 이 과정에서 서양인들이 창간한 신문 등 간행물은 중국인들이 서양의 앞선 학문과 기술을 접하는 데 큰 역할을 했다. 이들 매체는 중국 역대 왕조의 관보와 달리 일반 대중을 독자로 했다는 점에서 뜻깊다.

그중에서도 《만국공보》는 영향력이 가장 두드러졌다. 1868년 미국 감리교회 선교사 영 존 앨런 Young John Allen 등이 창간한 이 신문은 반주간 半週刊이었으나 격일간으로 바뀌었다. 서방 정치제도를 소개하고 청 왕조 부패를 비판하는 등 정치적 관점을 주저 없이 나타냈다. 전체적으로 시사 문제를 다루거나 서양의 선진 과학기술을 소개하는 내용이 주류를 이뤘고 서방 정치제도, 법률, 외교, 문화 등도 알렸다. 중국이 서방열강이 원하는 발전 방향으로 나아가기를 바랐던 것이다.

이 신문은 원래 《중국교회신보中國敎會新報》였으나 이름을 《만국공보》로 바꿨다. 여기서 알 수 있듯 교회 신도 위주였던 독자층을 정계 인사는 물론 사농공상士農工商 각계의 사람들까지로 확대했다. 특히 지식인 계층에 큰 영향을 미쳤다.

《만국공보》는 두 차례 아편전쟁 뒤 시작된 양무운동洋務運動18 때는 이에 지지 입장을 보이면서 적극적으로 의견을 나타냈다. 특히 청일전쟁 전후에는 그 영향력이 막강했다. 근대 사상가 캉유웨이康有爲와 량치차오梁啓超도 《만국공보》의 애독자였다. 두 사람의 유신維新 사상은 《만국공보》 등 서양인이 중국에서 만든 신문의 영향을 받은 바 크다. 캉유웨이와 량치차오 등이 1895년 강학회强學會19를 설립하기에 앞서 그 기관보를 창간하면서 제호를 《만국공보》20로 정한 것은 이러한 상황을 잘 말해 준다. 자신들이 추종하던 신문과 똑같이 이름을 지은 것이다.

선교사가 창간한 《만국공보》는 이처럼 유신변법維新變法을 위해서도 사상적 배경이 됐다. 유신파維新派는 청일전쟁 참패 뒤 유신변법을 통해 강국으로 가야 한다며 그러려면 신문사부터 설립해야 한다고 주장했다. 캉유웨이 등은 이러한 생각에 따라 《만국공보》를 창간했다. 당시 신문창간은 청나라 조정의 묵인 없이는 불가능했다. 하지만 그 뒤 유신파를 따라서 신문을 창간하는 움직임이 고조됐다. 이러한 분위기는 사

---

18 청나라 말기 서양의 군사장비와 과학기술을 이용해 청 왕조의 통치를 지키자며 벌였던 자구自救운동을 말한다. '자강自强'이라는 구호를 앞세웠다.

19 유신파가 청일전쟁 참패 뒤 베이징에서 만든 최초의 정치단체이다.

20 강학회 기관보 《만국공보》는 격일간으로 1895년 창간됐다. 그 뒤 《중외기문中外紀聞》으로 이름을 바꾼다.

실상 보금報禁이 해제되는 상황으로 이어졌다.

이에 따라 1895년부터 1898년 사이 전국에서 발행된 중국어 신문은 120종 안팎에 달했다. 이 중 80% 가량은 중국인이 직접 제작한 신문이었다. 이들 대다수는 유신파 또는 유신파 계통의 인사들이었다. 이들 신문은 동부 연해지역뿐 아니라 내륙의 많은 도시에서도 발행됐다. 수량이나 영향력 면에서 서양인들이 만드는 신문을 능가한 것이다. 서양인이 중국에서 정기 간행물을 만들기 시작한 지 반세기 만에 이 정도 수준에 도달한 셈이다. 이를 통해 유신운동을 적극 추진했고 사대부들의 환영을 받았다.

이런 상황에서 캉유웨이는 《만국공보》에 이어 1896년 《강학보強學報》, 《시무보時務報》21를 잇달아 창간한다. 수구세력이 유신파를 공격하면서 《강학보》가 창간 뒤 곧 폐간되고 강학회도 해산됐기 때문이다. 유신파는 《시무보》를 통해 활동을 이어갔다. 특히 량치차오는 《시무보》 주필로서 보수세력을 비판하고 유신운동을 추진하는 글을 지속적으로 발표했다.

그 뒤 1898년 9월 무술변법(백일유신)이 실패로 돌아가면서22 이를 주도한 유신파 인사들은 해외로 도피했다. 유신파 인사들은 해외에서도 신문을 만들어 자신들의 사상을 전파하는 활동을 지속했다. 그들은 신문이 있었기에 자신들의 영향력을 키우고 무술변법에 이를 수 있었다는 것을 잘 알고 있었다.

유신파는 기본적으로 입헌군주제를 통해 나라를 살리자는 입장이었

---

21 《시무보》는 열흘에 한 번 발행하는 순간旬刊이었다.
22 이를 무술정변이라 부른다. 광서제가 유신파와 손잡고 개혁을 추진하려 했으나 서태후를 비롯한 수구파의 반격으로 실패에 이른 통치집단 내부 정변이다.

다. 유신파는 이에 따라 '개량파'로 불리다 이어 '보황파保皇派'로 호칭이 바뀐다. 그러나 청나라를 무너뜨리고 혁명을 통해 공화국을 건설해야 한다는 세력이 이를 비판하고 나섰다. 이들은 이른바 '혁명파革命派'였다.

혁명파와 보황파가 공개적 논쟁을 벌인 계기는 1901년 신축조약辛丑條約23 체결이었다. 이 조약 체결에 따라 중국이 완전히 반식민지로 전락하자 쌍방은 각각의 구국 방안을 내놓기 시작했다. 자신들이 가진 신문을 통해서였다. 그러나 쌍방의 견해가 극명하게 대비되면서 대논쟁으로 이어진다. 이 논쟁은 청나라 말기 중국 사회의 엄청난 주목을 받았다. 이러한 과정을 거쳐 신해혁명辛亥革命이 잉태된 것이다.

해외로 떠난 유신파 인사들은 1899년 캐나다에서 '보구대청국황제회保救大淸國皇帝會(보황회)'를 결성했다. '보황파'라는 명칭은 여기서 나왔다. 보황회는 이어 남양군도 일대, 미주, 유럽, 오세아니아 등에 170여 개 지회를 두었다.

보황파는 그 무렵 세계 각지에서 신문을 창간하거나 운영했다. 하와이의 《신중국보新中國報》, 일본의 《청의보淸議報》와 《신민총보新民叢報》, 싱가포르의 《천남신보天南新報》, 샌프란시스코의 《금항일보金港日報》, 마닐라의 《익우신보益友新報》 등이 유명했다. 특히 보황회가 미주와 남양군도에서 운영하는 중문 매체만 30여 개에 달했다. 이들 매체를 통해 입헌군주제를 통한 구국을 적극 전파했다.

---

23 의화단 사건 처리를 위해 청나라가 영국, 미국, 러시아, 독일, 일본 등 열강 11개국과 맺은 굴욕적 조약이다. 이에 따라 청나라는 사실상 열강의 반식민지로 전락한다. 의화단 사건은 부청멸양扶淸滅洋을 구호로 내세우고 외세배척을 위해 무력을 사용한 운동이었다.

이에 비해 혁명파는 초기에 신문을 통한 '반청反淸 혁명' 이념 선전을 간과했다. 혁명파의 흥중회興中會24는 1894년 출범했으나 1901년이 돼서야 비로소 기관보 《중국일보中國日報》를 홍콩에서 창간했다.

이에 따라 해외에서 보황파를 따르는 세력이 혁명파를 훨씬 앞섰다. 상황이 이렇게 되자 혁명파는 보황파에 대한 반격에 나선다. 자파 신문을 통해 입헌군주제 주장을 공개적으로 비판한 것이다. 이에 보황파는 중국에서는 아직 혁명을 통해 공화제를 실시하기는 이르다고 반박하는 논리를 전개했다. 이러한 국면은 1901년부터 1905년 사이에 전개됐다. 이 기간에 논쟁을 벌인 혁명파 신문은 《국민보國民報》, 《중국일보》, 《소보蘇報》, 《단산신보檀山新報》 등이었고, 보황파에서는 《신중국보》, 《영해보嶺海報》, 《중외일보中外日報》, 《상보商報》 등이 나섰다.

혁명파는 1905년에 이르러 국내외에서 청조淸朝 타도를 주장하는 세력이 늘어나자 이들 세력을 모아 같은 해 8월 일본 도쿄에서 동맹회同盟會를 결성했다. 이어서 쑨중산孫中山이 직접 나서 동맹회 기관보로 《민보民報》를 창간한다. 《민보》는 창간사에서 '민족·민권·민생'의 '삼민주의'를 내세웠다. 《민보》 창간호는 동시에 량치차오가 《신민총보》에 발표한 공화제에 반대하는 글을 공개적으로 비판했다. 《신민총보》는 당시 보황파의 가장 영향력 있는 신문이었다.

이에 따라 《민보》와 《신민총보》 간 전면전이 시작됐다. 뿐만 아니라 쌍방의 국내외 20여 개 신문이 이 논쟁에 참여했다. 폭력을 사용해 청

---

24 쑨중산이 1894년 11월 하와이에서 출범시킨 중국 역사상 첫 번째 민주혁명단체. 봉건군주제 타도와 민주공화국 건설을 강령으로 채택했다. 뒷날 중국국민당으로 발전했다.

나라 정부를 무너뜨릴 것이냐, 말 것이냐가 논쟁의 핵심이었다. 이 이슈를 민족·민권·민생 세 가지 주제로 나누어 토론했다.[25]

먼저 민족 문제는 한족이 나라를 다스릴 것이냐, 만주족이 다스릴 것이냐이다. 《민보》는 이에 대해 만주족이 만약 입헌군주제를 통해 민주주의를 시행하기로 한다면, 청 왕조가 스스로 권력을 내놓아야 하는데 과연 그럴 수 있겠느냐고 반문한다. 그러면서 만주족을 배척하고 한족이 나서되 혁명을 통해서만 근본적 문제해결이 가능하다고 주장했다. 그러나 《신민총보》는 만주족은 중원으로 들어온 뒤 이미 한족에 동화돼 중화민족의 일원이 됐다고 강조했다. 동시에 만주족이 한족의 명나라를 누르고 청 왕조를 건설한 것은 단순한 정권교체일 뿐이라고 밝혔다. 한족의 조정이 망했다고 해서 혁명파가 주장하는 것처럼 중국이라는 나라가 멸망한 것은 아니라는 것이다. 따라서 입헌군주제 국가 수립을 굳이 '만주족 반대'와 연결시킬 이유는 없다고 했다.

둘째, 민권 문제는 민주공화제를 채택할 것인가, 입헌군주제를 선택할 것인가다. 《신민총보》는 이에 대해 자치 능력이 있는 국민이라야 민주공화제를 누릴 수 있다고 주장했다. 이런 능력은 장기간에 걸쳐 배양해야 하는데 중국인의 경우 오랫동안 전제정치에 길들여졌기 때문에 갑자기 자치로 가기는 어렵다고 했다. 하지만 《민보》는 인민의 역량은 물과 같아서 비록 수천 년 동안 전제정치의 억압을 받았더라도 일단 민주공화정치를 채택하면 그것을 해 나가는 능력을 발휘할 수 있다고 강조했다.

25 趙雲澤, 앞의 책, p.84.

셋째, 민생 문제는 봉건토지제도를 폐지하고 토지 국유화를 실시할 것인가이다. 《민보》는 토지 국유제를 기본으로 하는 민생주의를 강조했다. 중국이 근대화와 공업화를 실현하되 자본주의의 독점과 같은 폐단을 피해야 한다는 것이다. 《신민총보》는 이러한 주장에 극력 반대했다. 중국은 세계 자본과 경쟁해야 한다면서 국가는 전력을 다해 자본가를 보호해야 한다고 밝혔다.

이 밖에 보황파는 혁명이 일어나면 중국은 천하대란에 휩싸이게 되고 따라서 제국주의 열강들은 이 기회를 노릴 것이라고 주장했다. 혁명파는 그러나 자산계급이 추진하는 혁명은 농민 혁명과 다르기 때문에 질서 있게 진행될 것이라고 강조했다.26 그러면서 혁명 과정에서 살인과 유혈은 피할 수 없겠지만, 혁명을 하지 않는다고 현재 중국 상황에서 유혈 사태를 비켜갈 수 있는 것도 아니라고 지적했다.

쌍방 간 논쟁은 처음에는 보황파가 우세를 보이는 분위기였다. 보황파 대표 논객 량치차오가 기세 좋게 자신의 논리를 전개하는 데 반해 혁명파의 경우 논객이 모두 애송이였기 때문이다. 그러나 논전이 계속되면서 혁명파가 중국에서 군주제를 시행하면 안 되는 근거를 제시하자 보황파는 반론을 이어가지 못했다. 결국 《신민총보》가 1907년 8월 폐간하면서 대논전大論戰은 혁명파의 승리로 막을 내렸다. 쌍방 간 역사적 토론은 1911년 신해혁명에 사상적 기초를 제공한 것으로 평가된다.

---

26 당시 보황파는 물론 혁명파도 무산계급(프롤레타리아)이 아닌 자산계급이라는 공통점을 갖고 있었다.

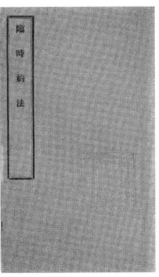

국민당은 〈중화민국임시약법〉으로 언론자유를 보장했다. 제6조 4항은 "인민은 언론, 저작, 간행 및 집회결사의 자유를 갖는다"고 규정했다. 〈임시약법〉은 중화민국 임시정부가 제정한 헌법 성격의 법규다. 이처럼 입법을 통해 언론자유를 보장하기는 중국 역사상 처음이었다. 사진은 〈임시약법〉 앞부분 내용. (사진 =《바이두》 픽처)

2. 국공 대립과 미디어

국민당 미디어 정책과 〈중화민국임시약법〉

"신문사가 문을 닫지 않으면 좋은 신문사라 할 수 없고, 주필이 감옥에 가지 않으면 좋은 주필이라 할 수 없다."

청나라 말기 중국 언론계에서 유행했던 말이다. 당시는 자산계급 혁명파가 사회 여론을 주도하면서 계급투쟁 색채가 농후한 신문을 속속 창간하고 있었다. 이에 청나라 정부가 통제를 가하던 상황을 풍자한 것이다. 1911년부터 1912년 사이는 혁명파가 주도하는 신문창간 열기가 최고조에 이른 시기였다. 이 기간에 중국인이 발행하는 신문 등 정기간행물은 100종에서 500종으로 크게 늘었다.

신문창간 붐은 이에 앞서 한차례 더 있었다. 1895년부터 1898년 사이로 이때는 유신파가 분위기를 이끌었다. 1895년은 유신파가 강학회와 《만국공보》를 만든 해이고 1898년에는 무술변법이 일어났다. 그때 중국인이 발간하는 신문 등 매체는 30종에서 100종으로 증가했다. 신문 보급이 늘면서 중국인들의 미디어에 대한 인식도 높아졌다. 이 무렵 대도시는 물론 산간벽지 등 중국 어디서도 캉유웨이와 량치차오를 모르는 사람이 없었다. 이처럼 청말민초清末民初(청나라 말기부터 중화민국 초기에 이르는 시기)에 두 차례 있었던 신문창간 운동은 유신파와 혁명파가 직접 추진했다.

이 시기 신문창간 열풍이 분 데는 과거제도 종료가 큰 몫을 했다. 1905년 광서제光緒帝는 과거제도가 더 이상 시대적 요구에 맞지 않자 이를 폐지한다고 발표했다. 수·당나라를 거치면서 시행된 뒤 1300년 동안 지속된 이 제도가 폐지된 것은 사민사회四民社會27의 해체를 의미했다. 사회구조가 근본적으로 바뀌면서 사대부 문인들은 과거를 통해 벼슬길로 나가는 대신 새로운 직업을 구해야 했다.

이러한 상황에서 미디어를 통해 시국을 논하는 것은 사회구조의 중심부에서 주변부로 밀려난 문인들에게는 소질과 능력에 맞는 일이었다. 당시에는 이미 원고료를 지불하는 제도가 시행되고 있어서 그들이 생계를 유지하는 데에도 도움이 됐다. 더욱이 지식인들이 정치를 논하는 문인논정文人論政은 고대로부터 내려오는 전통이었다.

이리하여 사대부들은 '문인판보文人辦報'의 대열에 합류하게 된다. 이들은 서방국가의 언론자유를 받아들이고 있었다. 문인이 만든 신문 가운데 초기에 가장 큰 영향력을 발휘한 신문은 《순환일보循環日報》였다. 이 신문은 1874년 유신파 사상가 왕타오王韜가 홍콩에서 창간했다. 《순환일보》는 국가의 내정이나 외교는 물론 민간의 세태도 다루면서 시대적 병폐를 지적했다. 신문 문장은 종전의 장황하고 진부한 형식에서 벗어나 간략하면서도 의미를 정확히 전달하는 새로운 문체를 선보였다.

신문화운동28은 이러한 언론 환경 아래서 시작됐다. 신문화운동은 사상계몽을 통해 중국의 운명을 바꾸자는 운동이었다. 천두슈陳獨秀 등은 1915년 상하이에서 《청년잡지青年雜誌》를 창간, 신문화운동의 출발을

---

27 사농공상士農工商, 즉 사대부 지식인 계층과 농업·공업·상업에 종사하는 사람으로 구성된 사회.
28 신해혁명이 실패한 뒤 엘리트 계층은 자산계급 혁명이 실패한 원인을 반성했다. 무엇보다도 전체 중국인의 정치적 각성이 불충분하다고 보고 신문화운동을 벌이기로 했다. 특히 민주제도를 확립하려면 먼저 봉건사상을 철저히 청산하는 게 절실하다는 방향을 설정했다.

알렸다. 이 월간잡지는 제2권부터 《신청년新靑年》으로 이름을 바꾸고 베이징에서 출간했다.

리다자오李大釗, 루쉰魯迅, 후스胡適 등 당대 지식인들이 《신청년》에 글을 기고하고 편집에도 참여했다. 이 잡지는 전제주의와 미신을 타파하고 민주주의와 과학을 전파하는 데 주력했다. 신문학新文學도 《신청년》이 제창한 주요한 주제였다. 이를 통해 1919년 5·4 운동29에 큰 영향을 미쳤다. 신문화운동은 마르크스주의가 중국에 유입되는 환경을 조성했다는 평가를 받는다.

문화 분야에서 계몽운동이 한창 벌어지던 이 무렵 신문도 크게 늘었다. 1921년 전국의 신문 등 간행물은 1134종이었고 이 가운데 일간신문이 550종에 달했다. 1924년에는 전국에서 매일 중국어로 발행되는 신문이 628종이나 됐다.30 《대공보大公報》31는 그중 엘리트 지식인 계층이 만든 '문인논정'의 대표적 신문이었다. 정치세력의 영향으로부터 벗어나 독립적 입장을 취한 것으로 유명하다. 특히 중화민국 시기에 중도 세력의 여론을 주도하는 역할을 자임했다. 1920~1930년대의 중화민국 때 신문업계 판도는 문인들이 만드는 중도 입장의 신문이 좌파나 우파의 정당 신문보다 규모나 영향력 면에서 앞섰다.

---

29 1919년 5월 4일 청년 학생들이 베이징에서 주도한 반제국주의·반봉건주의 애국운동이다. 수많은 군중들도 시위와 파업 등을 통해 이에 동참했다. 그 뒤 상하이 등 전국 대도시의 학생들도 동맹휴업을 통해 이 운동에 참여했다.

30 趙雲澤, 《作爲政治的傳播》, 中國人民大學出版社, 2017, p.107.

31 1902년 프랑스 천주교단의 영향 아래 톈진에서 창간됐다. 중국에서는 100년 넘는 역사를 가진 유일한 신문이다. 지금은 홍콩에서 발행되고 있다.

국민당의 미디어 정책은 〈중화민국임시약법中華民國臨時約法〉에 잘 나타나 있다. 〈임시약법〉은 신해혁명에 이어 1912년 1월 1일 난징에서 중화민국 임시정부가 출범한 뒤 제정한 헌법 성격의 법규다. 쑨중산이 제정을 주도해 1912년 3월 공포했다. 제6조 4항은 "인민은 언론, 저작, 간행 및 집회결사의 자유를 갖는다"고 규정했다. 앞서 청나라 말기 개량파와 혁명파가 구국 방안을 놓고 대립할 때도 언론자유에 대해서는 쌍방이 한목소리를 냈다.

〈임시약법〉은 중국 역사상 처음으로 입법을 통해 언론자유를 보장했다는 점에서 의미가 있다. 서양의 근대적 교육을 받은 쑨중산이 서방 민주주의 국가들이 언론자유를 보장하는 것을 직접 체험한 영향이 컸다. 이에 따라 국민당은 초기에 언론자유를 아주 중시하는 모습을 보였다. 그 결과 중화민국 초기에는 민주와 자유의 분위기가 고조됐고 일부 미디어들은 정부를 격렬히 비판하는 등 혼란스러운 모습도 나타났다.

이러한 상황은 시간이 흐르면서 변화를 맞게 된다. 1919년 국민당은 조직 개편 뒤 소련공산당이 내세우던 이당치국以黨治國(당이 나라를 통치함)의 영향을 받아 당보黨報의 선전 기능을 더욱 중시하게 된다. 제1차 국공합작國共合作 직전인 1923년 12월 행한 쑨중산의 〈광저우에서의 국민당원을 향한 연설〉에서는 이러한 입장이 뚜렷하게 드러난다. 그는 "혁명을 아주 빨리 성공시키려면 선전을 90% 활용하되 무력은 단지 10%만 쓰면 된다"고 강조했다. 그는 이어 "국민당은 지난 몇 년 동안 무력은 많이 사용하면서 선전은 소홀히 했다"며 "이제 선전에 집중함으로써 지금까지 드러난 문제를 해결할 것"이라고 밝혔다.

1924년 1월 광저우에서 열린 국민당 제1차 전국대표대회는 제1차 국공합작을 결정하고 공산당원이 개인 자격으로 국민당에 가입할 수 있도록 했다. 이를 통해 소련공산당 및 중국공산당과 연합, 군벌 타도에 나서기로 했다. 이에 따라 선전공작을 더욱 체계적으로 펼쳐 나가기로 했다. 이는 국민당 초기와 같은 언론자유는 허용되지 않음을 뜻했다.

그 뒤 국민당은 이른바 '황금십년'32 기간에 중앙선전부를 만들고 《중앙일보》, 《중앙통신사》, 《중앙라디오방송》으로 이뤄진 '국민당 3대 매체' 체제를 갖추는 등 선전활동을 강화했다. 이때는 장제스蔣介石 집권 시기로 '1당전정一黨專政' 체제 아래 언론자유는 위축되고 있었다. 나아가 1937년부터 중일전쟁이 시작되자 '항전건국강령' 등을 통해 엄격한 뉴스 검열제도를 시행했다. 이에 "항일전쟁이 끝나면 뉴스 검열제도를 폐지하라"는 요구가 국민당 내에서 나왔고 장제스는 언론자유를 보장하겠다는 입장을 공식적으로 밝히기도 했다.

그러나 2차 세계대전이 끝난 뒤 시작된 국공내전에서 형세가 불리해진 국민당은 '사회질서유지 임시방법'을 통해 시민의 정치 권리를 박탈했다. 특히 1948년 들어 패색이 짙어지자 각종 시사 간행물을 탄압했다. '제3의 길'을 표방한 중간지대 주간지로 전국적 명성을 얻은 《관찰觀察》과 초당파 주간지 《시여문時與文》에 폐간 명령을 내리는 등 자유주의 지식인들의 문인논정을 와해시켰다.

이렇듯 국민당의 언론 정책은 전체적으로 자유와 전제專制 사이에서 동요하는 모습을 보였다. 국민당은 공산당에 쫓겨 대만으로 건너간 뒤 자체

---

32 1927년 1차 북벌을 완성한 때부터 1937년 중일전쟁 발발 전까지 국민당 통치 10년을 이렇게 부른다.

적으로 패배 원인을 분석하면서 언론 통제 실패를 그중 하나로 꼽기도 했다.33 언론 매체의 정치적 속성을 제대로 파악하지 못했다는 것이다.

중공의 언론 통제, 레닌 언론관 영향

5·4 운동 후기 천두슈, 리다자오 등 선각자들은 잡지 《신청년》을 통해 마르크스주의를 알리기 시작했다. 이 무렵 중국을 방문한 코민테른 (국제공산당)과 소련공산당에 속한 인원들은 프롤레타리아의 신문 제작 경험과 뉴스 정책 등을 중국에 소개했다. 이러한 환경에서 마르크스주의 선전을 목적으로 한 중국공산당 초기 신문들이 창간됐다. 당 기관보는 사회주의사상을 널리 알리고 사회주의 혁명을 추진하는 정치사상의 중심 역할을 했다. 이처럼 마르크스주의는 당보의 선명한 사상적 바탕이 됐다. 이에 따라 당조직이 당보를 비롯한 모든 출판물을 철저히 통제하게 된다.

중공이 1921년 제1차 당대회에서 채택한 〈중국공산당 제1차 결의〉는 다음과 같이 당보 등과 관련한 기본 방침을 제시했다.34

모든 서적, 일간신문, 표어, 전단 등을 출판하는 사업은 마땅히 중앙집행위
원회 또는 임시중앙집행위원회의 감독을 받아야 한다. (당의) 모든 지방 조
직은 지방 기관의 통보通報, 일간신문, 주간지, 전단 및 공고문 등을 출판하
는 권리를 갖는다. 중앙이나 지방의 모든 출판물에 대한 출판 업무는 빠짐없

---

33 趙雲澤, 앞의 책, p.146.
34 趙雲澤, 앞의 책, p.147.

이 당원의 지도를 받아야 한다. 중앙과 지방의 어떤 출판물도 당의 원칙, 정책, 결의에 위배되는 내용을 게재해서는 안 된다.

이러한 방침은 레닌의 언론관에 영향을 받은 것이다. 레닌은 1905년 11월 러시아공산당 기관지 《노바야 지즈니》[35]에 〈당조직과 당 출판물〉이라는 글을 발표했다.

다음은 그 내용이다.

출판사업은 개인과 집단의 돈벌이 수단이 돼서는 안 된다. 무산계급과 무관한 개인 사업이 돼서는 더더욱 안 된다. 당성黨性 없이 글 쓰는 자들은 사라져라! 무산계급을 초월하는 글을 쓰는 자들은 사라져라! 출판사업은 마땅히 모든 무산계급 사업의 일부분이 돼야 한다. 동시에 모든 노동자계급 가운데 깨어난 선봉대가 시동을 건 거대한 사회민주주의 조직의 '기어와 나사못'이 돼야 한다. 출판사업은 마땅히 사회민주당의 조직적이고, 계획적이고, 통일된 사업의 일부분이 돼야 한다.

신문 등 출판사업은 무산계급이 그 주체가 돼야 한다는 것이다. 레닌은 당시 러시아의 구체적 혁명 방식과 관련해 정치, 사상문화, 예술에 있어서 계급투쟁을 추진해야 한다고 믿었다. 이 글에는 이러한 자신의 언론관을 담았다. 이러한 관점은 중국의 무산계급이 신문을 만드는 데 있어 직접적으로 작용했다.

프롤레타리아의 신문사업은 마르크스 · 엥겔스로부터 시작됐다. 두

---

35 신생활new life이라는 뜻. 중국에서는 이 신문을 《신생활보新生活報》라고 부른다.

사람은 유럽에서 노동자 운동, 즉 사회주의 혁명의 바람이 거세게 불던 19세기 전반부에 세계 최초의 무산계급 신문을 만들었다. 따라서 출판이 무산계급 사업의 일부가 돼야 한다는 레닌의 언론관은 마르크스·엥겔스의 영향을 받은 것이었다.

마르크스와 엥겔스가 무산계급 신문을 창간한 때는 1848년으로, 그 이름은 《Neue Rheinische Zeitung》[36]이었다. 노동자 계급이 독립적 정치세력으로 역사의 무대에 등장한 것이다. 이 독일어 일간지는 과학적 사회주의 탄생 뒤 사회주의 혁명의 중심이 됐다.[37] 신문은 그러나 창간된 뒤 1년밖에 존속하지 못했다.

공산당, 신문은 계급투쟁 도구

중국의 무산계급 혁명가들이 대중매체가 혁명에 미치는 힘을 깨닫기 시작한 것은 5·4운동 후기에 마르크스·레닌주의가 중국에 전파되면서부터다. 하지만 1920년대까지만 하더라도 마르크스·레닌주의가 중국에 퍼진 범위는 제한적이었다. 1930년에 들어서자 당시 중공중앙 기관보 《홍기일보紅旗日報》는 신문이 계급투쟁의 도구임을 명확히 했다.

1930년 8월 《홍기일보》의 발간사 〈우리의 임무〉를 보자.

지금의 계급사회에서 신문은 일종의 계급투쟁 도구다. 통치계급은 모든 언론기관을 동원해 군중을 기만하는 각종 논조를 퍼뜨린다. 전국의 공농工農군

---

36 중국에서는 이 신문을 《신라인보》라고 부른다.
37 趙雲澤, 앞의 책, p.146.

중[38]은 위대한 정치투쟁 중 그들처럼 일어나 자신들만의 혁명 신문을 만들고, 혁명 이론을 선전하고, 진실된 혁명투쟁의 소식을 전달하라.[39]

1930년대에 서방 자본주의는 세계적 대공황을 맞지만 사회주의 소련은 '5개년계획'을 조기에 달성, 마르크스주의 위상이 달라진다. 많은 나라의 지식인들은 이 새로운 사상을 학습하고 연구하기 시작했고 나아가 하나의 강력한 사조로 자리 잡는다. 《홍기일보》가 제시한 이념은 이러한 분위기에서 점점 발전하여 중국공산당 언론사업을 지도하는 중요한 방침이 된다. 이에 따라 1949년 신중국이 출범한 뒤 1976년 문화대혁명이 끝날 때까지 역사를 되돌아보면 신문, 잡지, 라디오, 텔레비전 등 대중매체의 계급투쟁 속성이 중공의 영도 아래 갈수록 강화됐다.

레닌은 신문이 계급투쟁 도구임을 밝힌 《홍기일보》의 발간사가 나오기 12년 전 이미 이러한 입장을 명확히 강조했다. 1918년 9월 발표한 〈우리 신문의 성격에 관하여〉라는 글에서다. 중공이 규정한 계급투쟁이라는 당보의 역할도 레닌의 사상에서 유래했음을 보여 준다.

레닌의 글을 아래와 같은 내용을 담고 있다. 이러한 시각은 중국에서 무산계급이 신문·잡지를 발행하는 데 있어 광범위한 영향을 미쳤다.

우리는 '자본주의의 전통을 갖고 있는 사람'과는 함께 투쟁하지 않는다. 그렇게 하면 우리의 책임을 다할 수 없기 때문이다. 자산계급과 함께 만드는 신문과 출판물은 혁명 신문, 혁명 출판물이라고 할 수 없다. … 회고해 보

---

38 노동자와 농민을 가리킨다.

39 趙雲澤, 앞의 책, p.136.

라. 자산계급이 신문과 출판물을 통해 자신들이 적대시하는 계급을 얼마나 눈부시게 공격하고, 조롱하고, 모욕하는 동시에 그들을 사지로 몰아넣었는가를.[40]

《해방일보》 쇄신 통해 당보 모델 확립

마오쩌둥이 1942년 옌안 시절 주도한 당중앙 기관지 《해방일보解放日報》 쇄신은 '당보는 계급투쟁 도구'라는 노선에 바탕을 뒀다. 중공 당보의 모델은 이를 통해 탄생했다. 《해방일보》 쇄신은 중국의 미디어 역사상, 동시에 중공 역사상 하나의 중요한 사건이다. 이는 중공이 당시 벌인 정풍운동의 일부였다. 《해방일보》는 1941년 5월 《신중화보新中華報》 폐간과 동시에 창간됐다. 《신중화보》의 전신은 당중앙 기관지였던 《홍색중화紅色中華》였다. 《홍색중화》는 당 지도부가 장정長征을 거쳐 옌안에 도착한 뒤 《신중화보》로 제호를 바꿨다. 당시 정풍운동의 목표는 왕밍王明의 정치·사상노선을 반대하고 마오쩌둥의 노선을 확립하기 위한 것이었다.

왕밍은 1935년 쭌이遵義 회의[41]에서 군사지휘권을 마오에게 넘겨줬지만 여전히 정치·사상노선을 장악하고 있었다. 이에 따라 왕밍 세력이

---

40 趙雲澤, 앞의 책, p.135.
41 장제스의 제5차 공산당 토벌작전에 따라 괴멸 직전에 이른 홍군은 1934년 10월 장정에 나선다. 당시 군사지휘권은 왕밍이 행사했다. 그 뒤 장정 도중인 1935년 1월 구이저우성 쭌이에서 개최한 당 정치국 확대회의에서 왕밍의 군사노선이 비판을 받았다. 이에 마오쩌둥이 군사지휘권을 장악하게 된다. 회의에서는 왕밍의 정치노선은 정확했다고 결의했는데 이는 장정 도중 당 지도부의 분열을 우려한 일종의 타협이었다.

었던 보구博古가 중앙당보위원회 주임으로서 《해방일보》 사장을 맡고 있었다. 왕밍과 보구는 당시 옌안의 청년과 간부들 사이에서 '진정한 마르크스주의자'로 불릴 만큼 여전히 영향력이 컸다. 젊은 여성들은 '왕밍의 언변과 보구의 사상'을 갖춘 남성을 이상적 배우자로 여길 정도였다. 정풍운동은 이 두 사람의 잘못된 사상을 더욱 철저히 배격하는 방향으로 진행됐다.

보구는 소련공산당 기관지 《프라우다》42의 방식을 그대로 답습했다. 코민테른의 지지를 받고 있던 왕밍과 보구로서는 자연스런 모습이었다. 이러한 상황은 《해방일보》의 배면에도 반영됐다. 즉, 1면 국제 뉴스와 사설, 2면 국내 뉴스, 3면 홍구紅區43 소식, 4면 옌안 소식 순으로 각 면을 꾸렸다. 코민테른을 중시하다 보니 국제 뉴스를 맨 앞에 내세웠다.

마오쩌둥은 국내 소식을 덜 중요하게 다룬다는 건 받아들일 수 없었다. 이에 따라 자신의 대리인 격인 루딩이陸定一를 《해방일보》 편집국장으로 투입한다. 보구와 루딩이 두 사람이 신문 편집 및 제작을 공동 관리하는 상황이 됐다. 그 뒤 루딩이는 마오쩌둥의 지시에 따라 《해방일보》 내에 존재하는 문제점을 지적하고 해결책을 제시했다.

주요 문제점으로는 부적절한 뉴스 배면, 당 사무에 대한 선전 부족, 형식적이고 교조적인 문체, 사실 확인이 부족한 뉴스 등을 꼽았다. 《해

---

42 옛 소련공산당 기관지. '프라우다'는 러시아어로 '진리'라는 뜻이다. 중국에서는 이에 따라 《프라우다》를 《진리보》라고 부른다. 이 신문은 1991년 소련공산당 붕괴에 따라 정간된 뒤 1993년 일반 신문으로 복간됐다.

43 공산당과 국민당이 대립하던 시기에 공산당이 지배했던 지역을 '홍구'라고 불렀다. 국민당 관할 지역은 '백구白區'였다.

방일보》 초기의 이러한 문제들은 "당 기관지로서 진정으로 투쟁하는 책임을 다하지 못했다"거나 "당 기관지로서 당중앙이 당의 노선을 알리고, 당의 정책을 관철하고, 군중의 조직화를 선전하는 무기가 되지 못했다"는 비판을 받았다.

결국 《해방일보》는 1942년 4월 1일 당중앙의 지도 아래 전면적 지면 개편을 단행한다. 이에 따라 1면 국내외 주요 뉴스, 2면 산간닝陝甘寧 (산시·간쑤·닝샤) 변경지역 뉴스와 국내 뉴스, 3면 국제 뉴스, 4면 문화 등 종합면으로 구성됐다. 《해방일보》 쇄신의 핵심은 '당성 원칙의 견지'였다.

루딩이는 《해방일보》 쇄신 1년여 뒤인 1943년 9월 〈언론에 관한 우리의 기본적인 관점〉이라는 문건을 발표, 중국공산당 당보 이론의 근본을 제시했다. 즉, 마르크스주의를 바탕으로 한 유물론과 계급분석 방법을 이용해 뉴스를 새롭게 정의했다. 뉴스의 진실성을 확보하기 위한 기준과 뉴스 보도 방법 등에 관해서도 언급했다. 그러면서 자산계급의 언론관과 국민당의 삼민주의 언론사상을 비판했다.

이에 따라 이 문건은 마르크스·레닌주의 언론사상의 가장 권위 있는 해석으로 받아들여진다. 그 뒤 이 문건은 중공 언론 분야에 지속적으로 영향을 미쳤다. 이러한 바탕 위에서 "군중을 움직여 혁명을 도모한다發動群衆搞革命"는 방향이 더욱 뚜렷해졌다. 이를 위해 마오쩌둥은 '전당판보全黨辦報', '군중판보群衆辦報'라는 방침을 내세웠다. 44

---

44 전당판보, 군중판보란 신문 제작은 혁명과 마찬가지로 소수의 사람들에게 의존하는 게 아니라 모든 인민과 군중, 그리고 당 전체의 참여 아래 이뤄져야 한다는 것이다.

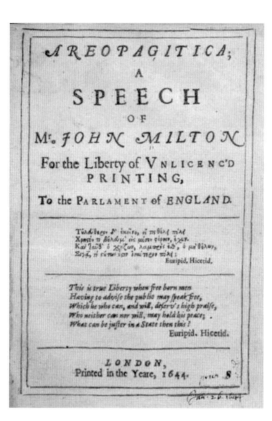

영국의 시인이자 정치사상가 존 밀턴은 미국의 언론자유 사상에 큰 영향을 미쳤다. 그가 쓴 《아레오파지티카: 허가받지 않고 인쇄할 자유를 위해 영국 의회에 보내는 존 밀턴의 글》은 검열제도의 종식과 표현의 자유를 강하게 주장했다. 밀턴 사상의 핵심은 언론자유를 보장하면 진실이 거짓을 이기는 자동조정 기능을 발휘한다는 것. 이러한 사상은 미국 수정헌법 제1조에 구현됐다. (사진 =《구글》이미지)

3. 중국 미디어 vs 미국 미디어

중국과 미국 미디어의 너무 다른 출발점

중국과 미국의 언론 매체는 태동이 너무 다르다. 미국 미디어의 정체성
은 영국 절대왕정에 저항하는 것으로부터 형성된 반면 중국 매체는 공
산혁명의 수단으로 출발했다. 미국의 경우 정치적 독립을 이루고 자본
주의를 발전시키는 과정에서 언론자유는 절실한 과제가 될 수밖에 없었
다. 무엇보다 '젱어 사건'은 미국 매체가 영국 정부를 비판할 수 있는 자
유를 확보하는 역사적 계기가 됐다.

젱어 사건은 《뉴욕 위클리 저널 New York Weekly Journal》 발행인 존 피터
젱어 John Peter Zenger가 이 잡지를 통해 부패한 영국 총독 윌리엄 코스비
William Cosby를 신랄하게 비판하자 코스비가 젱어를 상대로 명예훼손 혐
의로 소송을 제기한 것이다. 그러나 젱어는 무죄 판결을 받았다. 1735
년에 내려진 이 판결은 미국의 언론자유와 관련한 기념비적 사건으로
기록된다.

여기에다 제임스 매디슨 James Madison 등 건국 초기 정치인들은 언론자
유 확립을 위해 헌신했다. 익히 아는 대로 '수정헌법 제1조 The First
Amendment'에는 언론자유가 확실하게 보장돼 있다. 독립 뒤 미국 사회의
성장과 함께 권력이 부패하면서 이에 대한 언론의 비판 기능은 미국이
라는 국가의 건강한 발전을 위해 더욱 강조됐다.

이에 비해 중국에서는 대륙의 주도권을 둘러싼 공산당과 국민당 간
대립 당시 각종 미디어를 통한 선전전은 쌍방 모두에게 천군만마千軍萬馬

못지않게 중요했다. 마오쩌둥이 "붓대와 총대, 혁명은 이 두 개의 대에 의존해야 한다"고 강조한 것도 이러한 상황을 대변한다. 붓대는 바로 선전공작을 의미했다. 따라서 공산당 이념을 벗어난 언론의 역할은 용납될 수 없었다.

장정 長征 때 진행된 공산당의 선전공작은 이를 잘 보여 준다. 공산당군, 즉 홍군이 그때 내세웠던 각종 표어와 구호는 무려 7000종이나 됐다.[45] "홍군은 공산혁명의 주력군", "홍군은 공농 工農 혁명의 선봉대", "토호를 타도하고 논밭을 나누자", "국민파를 타도하고 소비에트를 옹호하자" 등.

선전활동 과정에서는 라디오 방송, 신문과 잡지 발행, 전단과 만화 살포 외에 표어를 바위에 새기기도 했다. 특히 산베이 陝北 혁명 근거지에서 전개한 소수민족을 포함해 농민을 상대로 한 심리전은 상당한 성과를 거두었다. 산베이는 산시성 陝西省 북부 지역이다. 이에 농민들은 단체로 홍군 대열에 합류하기도 했다.

이처럼 두 나라 미디어 환경은 극명하게 대비된다. 따라서 양국 언론을 수평적으로 비교하기는 어렵다. 양국 언론은 앞으로도 접점을 찾기가 쉽지 않은 것이 사실이다. 역사적으로 언론자유는 민주주의와 불가분의 관계에 있는데, 공산주의 국가의 언론은 그 역할이 민주주의 국가의 그것과 근본적으로 다르다. 더욱이 중국은 이런 미디어의 위상을 바꿀 가능성이 없다. 미국의 경우 영국의 절대주의 왕정으로부터 벗어나 민주적 공화정을 지향하는 과정에서 언론자유는 핵심적 가치였다.

---

45 시사 프로그램 〈環球資訊〉 중 '檔案解密', 《CRI》 라디오 방송, 2021. 8. 20.

하지만 중국의 미디어를 '공산당의 나팔수'에 불과하다며 구체적으로 알려 하지 않는다면? 중국의 정치와 사회 등 각 분야가 어떤 시스템 속에서 작동하는지 이해하는 큰 축 하나를 외면하는 결과가 된다. 동시에 양국 언론을 근원적 시각에서 바라볼 수 있는 기회도 외면하는 셈이 된다.

미국, 언론은 자유사회의 기둥

이제 양국 언론 환경의 형성 과정을 좀 더 자세히 알아보자. 미국의 언론자유 사상 형성에는 영국의 존 밀턴John Milton이 커다란 영향을 미쳤다. 시인이자 정치사상가 밀턴이 쓴 《아레오파지티카Areopagitica: 허가받지 않고 인쇄할 자유를 위해 영국 의회에 보내는 존 밀턴의 글》은 검열제도의 종식과 표현의 자유 확보를 강하게 주장했다.

검열은 책 속에 담겨 있는 인간 지성을 위협하고 인간을 통해 나타나는 신의 이미지를 죽이는 살인이라고 했다. 또한 선과 악이 함께 있으면 인간이 악이 아니라 선을 선택하듯 언론자유를 최대한 보장함으로써 다양한 주장의 대립을 거쳐 진실에 도달할 수 있다고 주장했다. 《아레오파지티카》는 본래 밀턴이 아내와 이혼하기 위해 작성한 두 편의 팸플릿에 대해 정부가 간섭하자 이에 항의하기 위해 작성했다.

밀턴 사상의 핵심은 언론자유를 보장하면 진실이 거짓을 이기는 자동조정 기능을 발휘한다는 것. 이에 따라 밀턴은 언론자유는 제한할 수 없다고 봤다. 이러한 사상은 미국 수정헌법 제1조에 구현됐다. [46]

---

46 이진로, 〈미국의 언론자유 사상 연구〉, 《정치와 평론》, 11집, 2012. 12, pp.75~106.

미국 건국 초기 정치인들 중 벤저민 프랭클린Benjamin Franklin, 제임스 매디슨, 토머스 제퍼슨Thomas Jefferson 등은 언론자유 사상 형성에 크게 기여했다.

특히 프랭클린은 자신이 운영한 신문《펜실베이니아 가제트Pennsylvania Gazette》를 통해 언론자유를 주장했다. 1731년 발표한 〈언론인을 위한 변명〉에서는 사람들의 의견이 다를 때 공중에게 양쪽 의견을 모두 들을 기회를 주면 진실은 언제나 거짓에 승리한다고 밝혔다. 밀턴의 자동조정 원리가 담긴 내용이다.

그는 1737년《펜실베이니아 가제트》에 게재한 글에서는 "언론의 자유는 자유 정부의 주요 기둥이다. 언론자유가 박탈되면 자유사회 건설은 붕괴되고 그 폐허 위에 독재자가 세워진다"고 강조했다.

앤드루 해밀턴Andrew Hamilton은 '젱어 사건' 당시《뉴욕 위클리 저널》 발행인 존 피터 젱어의 변호인으로서 언론자유를 설파했다. 즉, "미국 언론인이 권력의 폭압에 대해 자유롭게 비판하는 것은 사회의 중요한 목표"라며 "젱어의 석방은 인위적 권력에 대한 비난 권리를 모든 미국인에게 보장해 주는 것"이라고 배심원들에게 호소했다.

제임스 매디슨은 미국 헌법과 〈권리장전Bill of Rights〉의 핵심 초안자로, 언론자유 사상을 제도화하는 데 앞장섰다. 언론자유 사상은 헌법에서는 제외됐으나 이후 권리장전에 포함됐다. 수정헌법 제1조부터 제10조까지가 권리장전을 구성하는데 1791년 12월 15일 채택됐다. 수정헌법 제1조는 "의회는 … 언론의 자유 또는 출판의 자유를 침해하는 … 어떠한 법률도 만들어서는 안 된다"고 규정했다. 언론자유의 절대성을 선언한 것이다. 매디슨은 미국의 진정한 통치권자는 여론이고, 시민을 보호하는 신문이 여론을 대변한다고 주장했다.

토머스 제퍼슨은 1778년 한 편지에서 "신문 없는 정부보다 정부 없는 신문을 택하겠다"고 밝힐 만큼 언론과 여론을 중시했다. 그는 또 "사실과 오류가 서로 자유로이 반박하도록 허용하면 오류는 더 이상 위험한 것이 못 된다"며 밀턴의 자동조정 원리를 지지했다. **47**

그 뒤 미국의 언론자유는 시대의 변화와 함께 개념이 발전돼 왔다. 무엇보다 언론자유가 다른 개인적 기본권에 비해 우월적 지위를 누리게 된 것은 수정헌법 제1조에 그 뿌리를 두고 있다.

이와 관련해 《뉴욕타임스》 대 설리번 사건'은 되짚어 볼 만하다. 이 사건은 앨라배마주 몽고메리시 경찰국장 설리번 L. B. Sullivan이 《뉴욕타임스》 광고에 사실과 다른 내용이 포함돼 자신의 명예를 훼손했다며 손해배상소송을 제기한 것이다.

광고는 '그들의 들끓는 함성을 들어 보라'는 제목으로, 민권운동가 마틴 루터 킹 Martin Luther King Jr. 목사를 지지하는 단체가 1960년 게재했다. 광고는 몽고메리시 경찰이 킹 목사를 일곱 차례나 체포하고, 민권운동을 벌이던 앨라배마주립대 학생들을 굴복시키려고 학교를 포위하거나 학교 식당을 폐쇄했다고 주장했다. 여기엔 일부 사실과 다른 부분이 있었다. 실제로 킹 목사는 네 차례 체포됐고 경찰이 학생 식당을 폐쇄한 적도 없었다.

설리번은 앨라배마주 지방법원과 앨라배마주 대법원에서 승소했다. 그러나 연방대법원은 1964년 재판부 전원 일치로 《뉴욕타임스》 승소 판결을 내렸다. 원고가 공직자인 경우 언론 매체의 '실제적 악의 actual malice'

---

47 이진로, 앞의 논문, pp.88~90.

가 있을 경우에만 명예훼손죄로 처벌할 수 있다고 판단한 것이다. 이때 '실제적 악의' 입증 책임은 공직자인 원고에게 있었다. 그 뒤 '실제적 악의' 원칙 적용은 공직자에서 공적 인물public figure로 확대됐다.

지도자 바뀌어도 미디어 속성 그대로

중국의 미디어는 마오쩌둥 이래 덩샤오핑, 장쩌민, 후진타오를 거쳐 시진핑에 이르기까지 최고지도자가 교체되면서 변화를 겪었지만, 그 기본 속성은 별로 바뀌지 않았다. 마오쩌둥 시기, 특히 문혁 때는 신문에 구호만 있고 뉴스는 없었다. 언론은 계급투쟁 도구였을 뿐이다. 마오쩌둥 때의 언론 환경, 즉 중국 미디어의 태동에 관해서는 뒤에서 자세히 서술하므로 여기서는 거론하지 않겠다.

덩샤오핑 시대에는 사상해방 대조류 속에서 '뉴스'와 '선전'을 구분하기 시작했다. 뉴스 보도에 있어서 경제적 요인도 고려하게 된다. "좋은 뉴스만 보도하고 안 좋은 뉴스는 보도하지 않는다報喜不報憂"는 원칙에도 다소 변화 기미가 있었다. 하지만 근본적으로 바뀌지는 않았다. '보희 불보우' 원칙은 부정적 뉴스는 일률적으로 보도하지 않는다는 것이다. 부정적 뉴스를 보도하는 것은 사회주의를 깎아내리는 행위로 간주됐다. '보희불보우'는 국공 내전 시기부터 내려온 관행으로, 마오쩌둥 시기에 반우파 투쟁과 문혁을 거치면서 더욱 강화됐다.

덩샤오핑은 1978년 "하나의 혁명정당으로서 인민의 목소리를 못 듣는 걸 두려워해야 한다. 가장 두려운 건 아무도 말을 하지 않는 것"이라고 수차례 강조했다. 학생시위에 미온적으로 대처했다는 이유로 1987년 당 총서기직에서 물러난 후야오방 胡耀邦은 재임 당시 '팔명이암 八明二暗'이라는 지침을 내리기도 했다. 밝은 뉴스 여덟 가지에 어두운 뉴스 두 가지 정도 비율로 보도하는 게 바람직하다는 것이었다. '보희불보우'보다는 진일보한 방향이었다.

1979년 11월 발생한 석유시추선 보하이 2호 침몰 참사는 덩샤오핑 시기 언론계 상황을 상징적으로 보여 줬다. 승선 인원 74명 중 72명이 안전수칙 위반 때문에 사망했는데도 국무원 석유부는 "갑자기 세찬 바람이 불어 발생한 불가항력적 사고"라며 "선장의 지휘에는 아무 문제가 없었다"고 발표하고는 과거에 그랬듯 덮어 버리려고 했다. 《신화통신》을 비롯한 다수 매체는 현장 취재를 통해 실상을 밝혀냈으나 당중앙 허가 없이는 이를 보도할 수 없었다. 그 뒤 우여곡절 끝에 사건 발생 8개월 만인 1980년 7월 《신화통신》이 관련 기사를 보도, 전국의 매체들이 이를 인용 보도하기에 이른다. 당중앙의 지시에 따른 것이다.

우리나라의 기준으로 보면 상상할 수 없는 일이지만 이 정도만 해도 엄청나게 진전된 모습이었다. 이를 두고 중국 언론계는 비평 보도의 좋은 선례라고 당당하게 말한다. 대형재난은 그전까지 언론보도 자체가 금기시됐던 영역이었다. 48

1988년에는 중공중앙 판공청 (사무국)이 〈신문개혁좌담회 요약〉을 발표한다. 그 내용은 "특별히 중요한 비평 기사를 제외한 나머지 비평 기사는 사전에 관련 기관이나 관련 공직자 본인의 의견을 듣지 않고도 직접 보도 할 수 있다"는 것이다. 이 요약이 발표되기 전에는 일반적 비

---

48 胡正榮·李煜, 《社會透鏡: 新中國媒介變遷 60年, 1949~2009》, 清華大學出版社, 2010, pp.249~250.

평 기사도 해당 기관이나 공직자의 의견을 수렴한 뒤라야 보도할 수 있었다. 기관과 당사자의 입장을 충분히 고려하라는 뜻이다. 하지만 이러한 방침마저 1989년 6월 4일 톈안먼 사건으로 다시 얼어붙게 된다.

장쩌민은 당 총서기직에 오른 직후인 1989년 11월 중앙선전부가 주최한 뉴스 보도 세미나에서 〈당의 언론 업무상 몇 가지 문제〉라는 연설을 한다. 그는 연설에서 "언론사업은 당, 정부, 인민의 '목구멍과 혀喉舌'49다. 뉴스 보도와 선전은 필수적으로 당중앙과 일치해야 하며 자산계급 자유화에 반대해야 한다"라고 했다.

당시 정치국 상무위원이자 중앙선전사상공작 영도소조 조장이었던 리루이환李瑞環도 연설을 했다. 리루이환은 집단지도체제를 구성하는 상무위원 중에서 언론을 포함한 사장공작 분야의 최고 책임자였다. 그는 장쩌민과 함께 덩샤오핑의 후계자 후보에도 올랐던 인물이라 무게감이 더했다. 연설 제목은 〈긍정적 선전 위주의 방침을 지키자〉였다. 그 뒤 '긍정적 선전 위주正面宣傳爲主'라는 방침은 사회주의 뉴스 사업에서 지도적인 역할을 했다. 톈안먼 사건이라는 정치적 대풍랑을 거친 뒤인 만큼 두 사람의 연설은 언론에 대한 통제의 고삐를 바짝 죄는 내용이었다.

장쩌민 시대에는 이러한 분위기에서도 '신문은 상품'이라는 개념이 대두됐다. 미디어는 선전수단인 동시에 상품이라는 것이다. 이에 따라 '신문은 상품, 신문사는 기업, 신문업은 산업'이라는 말이 통용됐다. 즉, 미디어의 시장화가 하나의 흐름으로 자리 잡았다.

---

49 당과 정부의 나팔수라는 뜻이다.

이러한 상황에서 신문의 증면 경쟁이 이어졌고 신문사의 집단화(그룹화)가 대세를 이뤘다. 주말신문과 석간신문이 큰 인기를 끌었고, 도시인들의 기호에 맞춘 도시보都市報가 속속 등장했다. 텔레비전에서는 오락프로그램의 범람이 두드러졌다. 이처럼 장쩌민 시대에는 뉴스 보도 분야의 경우 당의 방침에 따르도록 하는 통제를 강화했고, 다른 한편으로는 미디어가 경영에도 신경을 쓰도록 했다.

이러한 방침은 1996년 9월 26일 장쩌민이 《인민일보》를 방문했을 때 했던 연설에서 잘 드러난다.

> 여론 선도輿論導嚮가 올바르면 당과 인민에게 복이요, 그것이 잘못되면 당과 인민에게 화가 된다. 당의 뉴스 분야 사업은 당과 동고동락해야 하며, 당 생명의 일부분이다. … 과거에는 매체들이 선전만 얘기했으나, 이제 시장경제 조건하에서 선전뿐 아니라 경영도 해야 한다.

후진타오 시기에는 인터넷을 기반으로 한 뉴미디어가 부상했다. 이에 따라 인터넷을 이용하는 일반인들이 여론 주도층으로 새롭게 등장했다. 후진타오는 2008년 6월 《인민일보》를 방문, "인터넷은 이미 사상 문화 정보의 집산지이자 사회 여론의 확성기가 됐다. 우리는 인터넷으로 대표되는 뉴미디어의 사회적 영향력을 충분히 인식해야 한다"고 강조했다. 《신화통신》이 2011년 실시한 설문조사에서는 응답자 중 75%가 '부패척결 위한 가장 효율적인 수단'으로 '인터넷을 이용한 폭로'를 꼽았다.

후진타오 집권 시기에 있었던 인터넷을 달군 대표적 사건으로는 '난단南丹현 광산 사고'가 꼽힌다. 2001년 7월 17일 광시좡족자치구 난단현에 있는 주석 광산에서 침수 사고가 발생, 지하 갱도에 갇힌 광원 81명이 모두 사망했다. 그러나 회사 측과 난단현 정부는 이 엄청난 사건을 은폐하기로 합의했다. 쌍방은 사망자 가족에게 약간의 배상금을 주면서 "사고 소식을 절대 입 밖에 내서는 안 된다"고 협박성 경고를 했다. 언론에 대해서는 취재하지 못하도록 막았다.

그 뒤 7월 27일, 《신화사》 광시 분사는 제보 전화를 토대로 사망자 가족을 취재하기에 이르렀다. 7월 30일에는 《인민일보》 기자가 〈광시 난단 광산사고에 관한 긴급 보고〉라는 '네이찬'을 본사에 보냈다. 다음 날 《인민일보》의 인터넷 매체 《인민망》이 사고와 관련해 기초적 내용만 담은 기사를 보도했고 이어서 다른 매체들도 사건 보도에 가세했다. 마침내 사건 은폐에 가담한 지방 관원 100여 명이 적발됐고, 이 가운데 50여 명은 파면됐다. 난단현 당서기는 사형에 처해졌다. 2000년대에 들어서도 관리들이 이런 발상과 행동을 했다는 게 놀라울 뿐이다.

'새장 속의 자유'도 허용할 수 없다

시진핑 시대에는 표현의 자유에 대한 통제가 갈수록 심화되는 모습을 보인다. 이러한 통제는 시진핑 집권 1기보다 2기에 더 심했고, 3기에는 그 강도가 더욱 높아질 것이 분명하다. 〈20차 당대회 보고〉는 신시대 주류사상을 견고하게 해야 한다고 강조했다. 신시대 주류사상은 물론 '시진핑 사상'이다. 이는 곧 미디어의 이데올로기 공작 강화로 연결된다.

중국의 현행 헌법(82헌법) 제35조는 "중화인민공화국 공민은 언론, 출판, 집회, 결사, 여행, 시위의 자유를 가진다"고 규정했다. 제51조는 "중화인민공화국 공민은 자유와 권리를 행사함에 있어서 국가, 사회, 단체의 이익과 다른 공민의 합법적 자유와 권리에 손해를 끼치지 못한다"고 명시했다. 제35조에서 밝힌 언론자유 등이 제한되는 상황을 제51조에 밝혔다. 개인의 자유보다는 국가나 사회의 이익이 앞선다는 걸 분명히 했다. 언론자유 역시 이러한 제한 앞에서 자유로울 수 없다.

개인보다 국가를 앞세우는 건 중국식 사회주의의 특색이다. 중국몽을 학생들에게 교육할 때도 "국가가 좋고 민족도 좋아야 나도 좋다"고 가르친다. 이에 따라 국가적 목표를 향해 다 같이 분투노력하자는 것이다. 이런 분위기에서는 목표지향적 효율성만 강조된다. 이처럼 국가, 사회, 단체를 개인보다 앞세우는 전체주의 국가에서는 언론자유를 말하기 어렵다.

과거 당의 가이드라인 아래에서는 제한된 언론자유를 누릴 수 있었던 때도 있었지만 이제 이런 '새장 속의 자유'마저 허용되지 않는 상황으로 가고 있다. 이는 〈20차 당대회 보고〉의 키워드를 분석해 보면 확연히 드러난다. 미디어 통제가 지금까지보다 강화될 것임을 예고하는 것이다.

〈20차 당대회 보고〉에서 '국가 안전'이란 단어는 27번 등장했다. 2017년 19차 당대회 때는 18번, 2012년 18차 당대회에서는 4번 각각 언급됐을 뿐이다. 이에 비해 덩샤오핑 통치 시기였던 1992년 〈14차 당대회 보고〉에는 '국가 안전'이 딱 한 번 나올 뿐이다. '강국'이란 단어는 19차 당대회 때 19번 언급됐으나 20차에서는 23번으로 늘었다. 이와 함께 '투쟁'도 20차 당대회에서 22번 등장해 과거보다 증가했다. 투쟁은 마르크스·레닌주의에서 나온 개념으로, 국내외 모순을 해결하기 위해 폭력적 또는 비폭력적 수단으로 싸우는 것을 말한다.

특히 20차 당대회에서 '중국식 현대화'를 새로 언급한 것은 주목된다.

이는 서구식 현대화의 길을 따르지 않겠다는 것으로, 필요에 따라 서구의 가치를 존중하지 않겠다는 뜻과 통한다. 서구의 가치에는 언론자유도 당연히 포함된다. 이에 비해 '경제'와 '개혁개방'은 크게 줄었다. 경제는 14차 당대회에서 195번 등장했으나 이번엔 60번에 불과했다. 개혁개방은 14차 때 54번에서 20차엔 6분의 1 수준인 9번으로 감소했다.[50]

당대회 보고에서 드러난 이러한 변화는 중공이 향후 5년간 경제성장도 물론 추구하겠지만 정책의 초점을 내외부의 적에 맞서는 데 맞출 것임을 의미한다.[51] 여기서 내부의 적은 체제안정을 위협하는 요소를 가리킨다. 외부의 적은 중국에 적대적 국제 환경을 말하는데 미국과의 관계가 대표적이다. 내외부 적에 대항하기 위해서는 이데올로기 공작이 한층 더 중요해진다.

이 과정에서는 미디어의 역할을 빼놓을 수 없다. 즉, 미디어가 체제안정, 강국 건설, 이념 투쟁 등을 위해 앞장서게 되는 것이다. 이를 통해 미디어가 중국식 현대화를 달성하는 데에도 기여해야 한다. 이런 상황에서 언론 매체는 국가의 전략적 목표를 이루기 위해 인적 · 물적 자원을 동원하는 수단이 된다. 여기에 언론자유가 끼어들 틈은 없다.

시진핑 3기 체제는 〈20차 당대회 보고〉를 통해 '사회주의 현대화 강국 전면적 건설'을 총체적 전략으로 재확인했다. 보고는 이러한 목표를 두

---

50 Kevin Rudd, 〈The return of Red China: Xi Jinping brings back Marxism〉, 《Foreign Affairs》, Nov. 9, 2022, https://www.foreignaffairs.com.

51 Matt Pottinger and Matthew Johnson, David Feith, 〈Xi Jinping in his own words: What China's leader wants and how to stop him from getting it〉, 《Foreign Affairs》, Nov. 30, 2022, https://www.foreignaffairs.com.

단계로 구분, 2035년까지 사회주의 현대화를 기본적으로 실현하고 건국 100주년이 되는 21세기 중엽까지 사회주의 현대화 강국을 건설한다는 로드맵을 제시했다.

보고는 특히 향후 5년은 이러한 로드맵을 시작하는 관건적 시기라고 밝혔다. 시진핑은 당대회 폐막 기자회견에서도 앞으로 5년의 중요성을 강조했다. 국가의 전략적 목표를 향해 달려가는 과정에서 자신이 제시하는 방침과 다른 목소리는 허용하지 않겠다는 뜻이다. 이는 5년 뒤에도, 또는 그보다 뒤에도 권력을 유지하는 토대를 만드는 환경이 될 수 있다.

중국의 정치·외교에 밝은 케빈 러드Kevin Rudd 전 호주 총리는 이와 관련해 시진핑은 스스로 물러날 것 같지 않다며 적어도 2030년대까지는 권좌에 머무르려 할 것으로 내다봤다. 그는 외교전문지 《포린 어페어스》 기고문52에서 "시진핑은 만약 스스로 권력을 내놓으면 그와 그의 가족이 후계자의 (정치적) 응징에 노출될 수 있다는 사실을 잘 알고 있다"고 썼다. 그러면서 시진핑이 남은 생애 동안 계속 중국을 통치하려 할 수도 있다고 관측했다.

이런 정치적 상황은 언론 매체와 개인의 표현의 자유를 더욱 속박하는 결과로 이어질 수밖에 없다. 사실 시진핑 집권 뒤에 헌법에서 규정한 국가, 사회, 단체 등의 이익에 손해를 끼친다고 보기 어려운 경우에도 언론자유를 억압하는 일이 이미 벌어져 왔다. 이때 무엇이 국가 이익인가에 대한 판단은 당이 할 뿐이다. 중국 사법제도에서는 법원이 당에 예속돼 있으니 가능한 일이다.

---

52 Kevin Rudd, 〈The world according to Xi Jinping: What China's ideologue in chief really believes〉, 《Foreign Affairs》, Nov./Dec. 2022, https://www.foreignaffairs.com.

이러한 환경에서 앞으로는 중국의 꿈, 즉 중화민족의 위대한 부흥을 이루기 위해 '인민의 영수' 시진핑을 중심으로 모두 한 방향으로 나아가자는 목소리가 더 커질 것이다. 마치 '위대한 영수' 마오쩌둥이 전 인민을 문혁의 광기狂氣 속으로 몰아넣었듯.

6장

마오쩌둥,
중국 미디어 토대 구축

중국의 미디어 시스템은 마오쩌둥이 그 토대를 만들었다. 공산혁명 시기 미디어는 혁명 성공을 위한 도구였다. 그는 혁명 초기 "붓대와 총대, 혁명은 이 두 개의 대에 의존해야 한다"고 밝혔다.

마오는 신중국을 출범시킨 뒤에는 미디어를 포함한 사상·문화계를 직접 관장했다. 미디어가 이데올로기 공작에서 얼마나 중요한지 일찌감치 알고 있었기 때문이다.

특히 1956년에는 신중국의 사회주의화 개조를 기본적으로 완성한 뒤 '쌍백방침'을 발표하게 된다. 여기에는 당시 소련에서 벌어진 스탈린 격하 운동이 직접적인 영향을 미쳤다. 이른바 '백화제방 백가쟁명百花齊放百家爭鳴'이다. 그 뒤 반우파 투쟁을 거쳐 1966년 문화대혁명 전까지 10년 동안 지속적으로 언론 매체의 좌경화를 밀고 나갔다.

문화대혁명 시기 뉴스 미디어는 완전히 혁명의 노예였다. 신문에는 뉴스가 없고 구호만 난무했다. 마오는 이른바 '양보일간'과 대자보를 통해 여론을 지배했다. 양보일간은《인민일보》,《해방군보》,《홍기》를 가리킨다. 그는 정교하게 조율된 사전 계획에 따라 대자보도 적극 활용했다.

미디어는 무산계급 혁명 추진을 위한 계급투쟁 수단일 뿐이었다. 문혁은 그야말로 미디어 전쟁이었던 것이다. 이에 따라 미디어에서 당중앙의 '주선율'을 벗어난 목소리는 사라졌다. 언론 매체는 당의 사업을 위한 선전도구라는 존재 의의는 이러한 과정에서 확립됐다. 중국에서 미디어를 당과 정부의 '목구멍과 혀'라고 부르는 것은 이 때문이다.

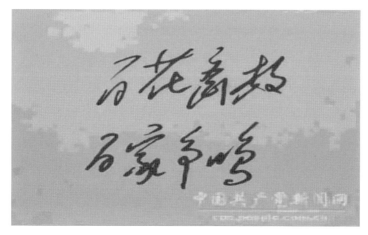

마오쩌둥은 1956년 2월 소련에서 스탈린 격하 운동이 벌어지면서 공산권 국가들이 동요하자 민감하게 반응했다. 마오는 그해 4월 25일 정치국 확대회의에서 〈10대 관계를 논함〉이라는 연설을 했다. 소련의 경험을 배우는 과정에서 드러난 문제점을 지적하면서 중국 현실에 맞는 사회주의 건설을 모색해야 한다고 강조했다. 마오는 사흘 뒤인 28일 '쌍백방침'을 선포했다. 동유럽식 혼란을 막고 '중국에 맞는 길'을 탐색하려면 각계각층의 자유로운 의견 개진이 필수적이란 주장이었다. 예술 번영을 위해 '백화제방'을, 과학 발전을 위해 '백가쟁명'을 각각 방침으로 삼았다. 사진은 마오가 직접 쓴 백화제방 백가쟁명 휘호. (사진 =《바이두》픽처)

1. 미디어 시스템 개조의 횃불을 들다

신중국, 국민당 미디어를 몰수하다

신중국 출범 초기는 정권 기반을 공고히 하고 사회주의를 건설하는 시기였다. 1949년부터 1956년까지가 이에 해당한다. 이를 다시 두 단계로 구분할 수 있다. 즉, 정권 기반을 다지고 국민경제를 회복하는 단계(1949~1952년), 농업·수공업·공업·상업을 사회주의로 개조하는 단계(1953~1956년)가 그것이다.

정권 초기 핵심사업인 언론계 사회주의화 개조는 1956년까지 기본적으로 완성됐다.[1] 당중앙은 국민당으로부터 몰수한 언론 매체를 공산당 매체로 만드는 작업을 중심으로 뉴스 네트워크를 형성했다. 동시에 민영 뉴스산업을 사회주의식 공영체제로 개조하는 데 치중했다.

당시 마오쩌둥을 비롯한 당 지도부는 자신감과 의욕이 넘쳤다. 〈국민경제발전 제1차 5개년계획〉을 조기에 완수했기 때문이다. 이 계획은 원래 1953년부터 1957년까지로 예정됐으나 1956년 말에 목표를 조기 달성했다. 이런 분위기였으니 공영뉴스 네트워크 구축에도 속도를 냈다. 신중국 초기 뉴스 네트워크는 베이징을 중심으로 해서 전국 각지로 뻗어 나가는 방식이었다. 당시에는 신문과 잡지, 통신사, 라디오 방송 세 가지가 뉴스 네트워크의 중심이었다.

그중에서도 신문과 잡지는 가장 보편적이고 중요한 매체였다. 특히 중공중앙 기관보 《인민일보》는 신문사업의 핵심 매체였다. 신문사업은 당

---

1 趙雲澤, 《作爲政治的傳播》, 中國人民大學出版社, 2017, p.170.

보 위주로 추진됐다. 《인민일보》는 지속적으로 발행 부수를 늘렸고, 각 행정구와 성·직할시 등의 당 기관보도 1950년까지 기본적으로 모두 설립했다. 정부와 군사 관련 뉴스를 보도할 때는 반드시 《신화통신》 기사를 인용하도록 하고 라디오 방송 내용은 검열을 거치게 했다. 이런 정책을 지키지 않거나 반대하는 매체는 폐쇄하거나 운영을 중단하도록 했다.

잔류 민영 매체들은 위상이 당보에 미치지 못해 광고 확보에 어려움을 겪게 되자 공영 매체와 합병을 유도했다. 이러한 사업들은 중앙인민정부 정무원에 설치한 신문총서가 맡도록 했다.

이처럼 언론 시스템을 새로 만드는 한편에선 미디어의 '정치운동'과 '전쟁선전'이 꾸준히 진행됐다. 여기서 말하는 미디어의 '정치운동'(또는 '정치비판')은 '삼반三反'·'오반五反'운동을 가리키는데, 1951년 말부터 1952년 10월까지 지속됐다. 삼반은 당·정부·군대에 속한 사람들을 대상으로 벌인 '횡령 반대', '낭비 반대', '관료주의 반대' 투쟁이다. 오반은 '뇌물공여 반대', '세금포탈 반대', '국가재산 훔치기 반대', '자재 빼돌리기 반대', '국가경제정보 절도 반대' 등 다섯 가지 캠페인을 민영 공·상업 종사자를 대상으로 전개한 것이다.[2]

대표적 사건은 삼반운동 초기 허베이성 당간부 류칭산劉靑山과 장쯔산張子善이 국가재산을 빼돌린 혐의로 체포된 것이다. 이들은 허베이성 인민법원 재판을 거쳐 전격적으로 사형당했다. 이들의 전 재산도 몰수됐다. 이 사건은 신중국 초기에 커다란 사회적 충격을 불러일으켰다.

《인민일보》는 당시 〈류칭산·장쯔산의 국가재산 절도 죄행〉이란 기

---

2 〈三反五反運動〉, 《百度百科》, https://baike.baidu.com.

사를 최고인민법원 판결문이 하달되기 전 마오쩌둥의 지시로 서둘러 보도했다. 《인민일보》는 나아가 허베이성 당위원회 부서기 마궈루이 馬國瑞가 쓴 〈관료주의를 결단코 반대함: 류·장 거액 독직 瀆職 사건이 우리에게 준 교훈〉이라는 문장, 허베이성 인민정부 주석 양슈펑 楊秀峰이 자신의 책임을 자아 비판한 글 〈무거운 책임, 비통한 교훈〉을 잇달아 게재했다. 이들이 쓴 글은 중국공산당이 부패 사건을 처리하는 단호한 입장을 찬양했다. 당연히 각 지방 신문은 이러한 글을 전문 그대로 보도했다.

중국공산당은 이 운동을 통해 자산계급이 광기를 부리는 것을 격퇴하고 사회주의 기초를 튼튼히 했다고 자체 평가했다.

《인민일보》, "6·25 전쟁은 이승만 괴뢰군 북침"

신중국 초기 '전쟁선전'은 6·25 전쟁 관련 언론보도를 가리킨다. 이는 북한의 남침 이튿날인 1950년 6월 26일부터 시작됐다. 《인민일보》는 이날 〈조선인민은 침범한 자를 격퇴하기 위해 분투하고 있다 朝鮮人民爲擊退進犯者而奮鬪〉라는 사설을 게재했다. 북한의 남침이 아니라 남한의 북침을 주장한 것이다. 마오쩌둥이 그때 김일성의 남침 사실을 이미 알고 있었는데도 말이다. 3

---

3 북한의 남침으로 6·25 전쟁이 발발했다는 사실에 대해서는 이미 국제적 논쟁이 끝났다. 수많은 자료와 연구가 이를 뒷받침하기 때문이다. 이와 관련해, 마오쩌둥이 북한의 남침을 알았음을 보여 주는 또 다른 사료 하나가 있다. 중국 랴오닝성 단둥시 잉화산에 있는 항미원조기념관에는 김일성이 남침을 앞두고 마오쩌둥에게 군사원조를 요청하면서 보낸 서한이 필자가 2013년 이곳을 방문했을 때 전시돼 있었다. 단둥의 항미원조기념관은 중국에서 유일한 6·25 전쟁 관련 기념관이다. 편지 끝부분에는 김일성과 박헌영의 공동 서명이 들어가 있다. 이 기념관은 2014년 확장 공사를 시작했고 2020년 재개관했다.

문제의 사설은 첫 문장에서 한국 군대를 '이승만 괴뢰군 李僞軍'이라고 불렀다. 미국의 괴뢰군이라는 것이다.

조선민주주의인민공화국은 이미 이승만 괴뢰군의 대규모 군사 공격을 받아 반격에 나설 수밖에 없다. 조선에서 전면적인 내전이 발발한 것이다.

주목되는 것은 《인민일보》가 이날 1면 전체를 6·25 전쟁 관련 기사 9꼭지로 도배했다는 사실이다. 마오쩌둥을 비롯한 중공 지도부가 이 전쟁을 얼마나 중요시했는지 보여 준다. 당 지도부는 그 뒤 10월 26일에는 〈시사 時事에 대해 전국적 선전을 진행하는 것과 관련한 중공중앙의 지시〉라는 문건을 발표한다. 여기서 '시사'는 6·25 전쟁을 가리킨다.

언론계는 이런 지시에 따라 반미 反美 보도의 강도를 더욱 높였다. 《인민일보》는 일주일 뒤인 11월 2일 1면 톱 제목으로 "미국에 맞서 조선(북한)을 돕고, 가정과 국가를 지키자 抗美援朝保家衛國"는 구호를 처음으로 등장시켰다. 중공은 이 전쟁을 남북한은 아예 제쳐 놓고 중국과 미국 사이의 전쟁으로 만들어 버렸다.

이에 따라 당보를 비롯한 중국 대륙의 모든 매체는 휴전 뒤 "신중국이 제국주의 미국을 상대로 한 '항미원조전쟁'에서 승리를 거두었다"고 대대적인 선전에 나섰다. '중국인민지원군 中國人民志願軍'4이 냉전 구도 아래서 제국주의 우두머리 미국을 물리쳤다는 서사는 그들에게 대단한 의미를 갖는 것이었다. 특히 신중국 출범을 선포한 직후 국내적 안정을 도

---

4 항미원조전쟁에 자발적으로 참여한 군대라는 뜻으로 이렇게 부른다.

모하기도 버거운 상황에서 마오쩌둥이 참전을 결정하고 승리를 일구어
냈다는 점을 부각시켰다.

시진핑 주석은 6·25 전쟁 발발 뒤 70여 년이 지난 지금 "항미원조전
쟁은 제국주의 침략에 맞선 정의로운 전쟁이었다"고 말한다. 그러면서
'중국몽'을 실현하려면 '항미원조정신'을 계승해야 한다고 강조한다. 중
국몽, 즉 '중화민족의 위대한 부흥'을 위해서는 중국 견제에 나선 미국
을 극복하는 것이 필수적이기 때문이다.

6·25 전쟁 당시 중국 언론의 전쟁선전은 반미 분위기 조성, 전시 동
원, 전쟁영웅 만들기 등 세 방면에서 엄청난 힘을 발휘했다. 특히 반미
를 위해 《인민일보》는 사설 〈4억 7500만 명의 항의〉(1950. 8. 28)를 통
해 "미국 군대가 우리나라 대만과 동북지역을 침략한 행위에 필히 반항
해야 하며, 중앙인민정부의 정의로운 투쟁을 필히 옹호해야 한다"고 주
장했다.[5] 4억 7500만 명은 당시 중국 전체 인구를 가리킨다.

이 신문은 11월 5일에는 〈미국을 어떻게 인식할 것인가〉라는 반미
선전의 큰 방향을 제시했다. 이른바 '삼시三視 교육'을 통한 반미 분위기
조성을 강조했다. 그 내용은 "전국 인민은 미 제국주의에 대해 일치된
인식과 입장을 가져야 한다. 친미 반동사상과 미국을 무서워하는 잘못
된 심리를 단호히 없애는 동시에 미국을 적대시하고仇視, 경시하고鄙視,
멸시하는蔑視 태도를 보편적으로 키워야 한다"는 것이었다.[6]

《인민일보》는 1950년 12월 4일부터는 1면에 〈항미원조전쟁 특집〉란

5 趙雲澤, 앞의 책, p.165.
6 趙雲澤, 앞의 책, p.165.

을 만들어 1954년 9월까지 모두 190 차례나 특집을 이어 나갔다. 건국 초기에 6·25 전쟁 참전을 대국민 선전용으로 충분히 활용한 것이다.

전시 동원을 위해서는 신문과 방송이 '애국공약 운동'이라는 이름 아래 거국적 캠페인을 펼쳤다. 《인민일보》의 1951년 3월 30일 자 사설 〈애국공약 운동을 널리 퍼뜨리자〉는 베이징시 공상업계가 '5개항 애국공약'을 발표한 것을 치하하면서 이러한 움직임이 전국에 확산돼야 한다고 강조했다. '5개항 애국공약'은 모든 역량을 '항미원조 보가위국'抗美援朝保家衛國을 지원하기 위해 바치겠다는 내용을 담고 있다. 이런 과정에서 전쟁 물자 지원을 위한 현금과 귀금속 등 헌납 움직임이 불길처럼 번졌다. 전국 각지에서는 '항미원조 보가위국' 플래카드를 앞세운 채 전쟁 지원 결심을 드러내 보이는 집회가 끊이지 않았다.

《인민일보》는 추사오원邱少雲이나 황지광黃繼光 같은 전쟁영웅을 발굴해 선전하는 데도 앞장섰다. 추사오원은 1952년 10월 12일 강원도 평강과 김화 사이 391고지 부근 풀숲에서 잠복하던 중 미군이 쏜 소이탄에 맞았다. 그 뒤 온몸이 불길에 휩싸였으나 위치를 노출시키지 않기 위해 고통 속에서도 신음 소리조차 내지 않고 견디다가 숨졌다. 황지광은 1952년 10월 19일 오성산 상감령 전투에서 미군 진지를 향해 공격하던 중 수류탄이 바닥나자 가슴으로 적의 총구를 막다 전사했다. 둘 다 중학교 역사교과서에 실렸다.

《중앙인민라디오》는 〈미국의 진상眞相〉, 〈미제美帝의 중국침략사〉 등 강좌 프로그램을 새로 만들었다. 1951년 초부터 대외 선전용 영어방송 프로그램도 시작했다.

사상·문화계는 마오쩌둥이 직접 관장

중국에서 공산혁명이 성공한 뒤 출범한 중화인민공화국, 마오쩌둥 시절에는 문화·사상계가 모두 그의 관장 아래 있었다. 사상투쟁, 즉 계급투쟁을 위해 언론 매체는 물론 연극·영화 등도 당연히 그 도구였다. 중공중앙 기관보 《인민일보》의 경우 건국 초기 마오쩌둥이 기본적 편집 방향을 제시했다. 마오 주석 자신이 사설을 쓰기도 했다.

'문단 3대 사건文壇三公案'7은 이러한 배경 아래 시작되고 진행됐다. 이는 신중국 초기 사상·문화 분야의 대비판운동이다. 〈무훈전武訓傳〉비판, 〈홍루몽 연구紅樓夢 研究〉및 후스 비판, 후펑 문예사상 비판이 여기에 포함된다. 언론계는 그 와중에 계급투쟁이란 원칙에 따라 '좌左'의 입장을 부추김으로써 중국의 문화사업에 커다란 해를 끼쳤다. 마오쩌둥은 《문예보文藝報》와 《인민일보》를 여론 진지로 삼아 비판운동에 앞장섰다.

영화 〈무훈전〉 비판은 신중국 최초의 대규모 문화비판운동이다. 이 영화는 1950년 12월 촬영을 끝내고 1951년 초부터 베이징, 톈진, 상하이 등 대도시에서 상영되기 시작했다. 청나라 말기 역사적 인물인 무훈이 구걸로 연명하며 저축을 계속해 교육사업을 일으킨 스토리다. 무훈은 이를 통해 가난한 가정의 아이들에게 학업 기회를 줬다.

3월이 되자 중공중앙은 전국적으로 〈무훈전〉 관련 토론을 전개하라는 〈통지〉를 발표했다. 초기에는 다수 신문이 이 영화를 찬양하는 글을 게재했다. 다만 《문예보》만 비판하는 문장을 실었다.

---

7 '문단 3대 사건'은 '3대 매체 사건'이라고 불리기도 한다. 사건이 모두 언론 매체를 통해 전개됐기 때문이다.

그러던 중 5월 15일 《인민일보》는 마침내 침묵하던 태도에서 벗어났다. 《문예보》가 게재했던 〈교훈으로 삼기에 부족한 무훈〉이라는 비판 글을 전재한 것이다. 이로써 〈무훈전〉 대비판이라는 신중국 출범 뒤 첫 정치운동이 시작됐다. 5월 20일에는 《인민일보》가 마오쩌둥이 집필한 사설 〈마땅히 영화 무훈전 토론을 중시해야〉를 실었다. 요지는 "봉건문화를 선전하는 영화의 찬양은 농민의 혁명투쟁, 중국 역사, 중국 민족을 모독하는 반동 선전"이라는 것이었다. 《인민일보》는 같은 날 〈공산당원은 당연히 무훈전 비평에 나서야〉라는 글도 게재했다.

7월 말까지 〈무훈전〉 비판 글과 뉴스를 《인민일보》는 100편 이상, 《광명일보》는 30여 편, 《문회보文匯報》는 100여 편 각각 보도했다. 한 차례 질풍노도식 정치비판이 휩쓸고 지나간 것이다. 8

이 과정에서 마오쩌둥 부인 장칭江靑은 '무훈 역사 조사단'을 이끌고 산둥성에서 현지조사를 벌였다. 장칭이 문화비판운동의 지도자로 데뷔한 것이다. 뒷날 문혁의 횃불을 밝히기 위해 〈해서파관〉 비판을 은밀히 준비했던 장칭의 모습과 겹쳐지는 대목이다.

〈무훈전〉 비판이 남긴 해악은, 학술 측면에서 시작한 문화비판운동이 정치적 색채를 띠게 됐다는 것이다. 그 뒤 각 기관으로 하여금 관련 입장을 표명하도록 몰아갔다. 특히 마오가 지적한 '반동 선전'이란 네 글자가 초래한 충격은 컸다. 문화계 모든 인사들은 깜짝 놀라 스스로 움츠렸다.

〈무훈전〉 비판과 관련해 잊지 말아야 할 것은 또 있다. 그 뒤 이어진 〈홍루몽〉 연구 사상 비판, 후펑 문예사상 비판, 〈해서파관〉 비판에서도

---

8 趙雲澤, 앞의 책, p.168.

〈무훈전〉 비판 모델을 거의 그대로 따랐다는 사실이다. 특히 문혁 전야의 〈해서파관〉 비판도 〈무훈전〉 비판 방식을 채택했다는 점은 주목된다.

다음으로 〈홍루몽〉 연구 사상 비판은 처음에는 위핑보俞平伯를 겨냥했다. 하지만 그 뒤 위핑보의 스승 후스胡適 공격으로 이어졌다. 사실 후스를 공격하기 위해 위핑보 비판부터 시작한 것이다. 위핑보와 후스는 20세기 홍학紅學 분야에서 가장 큰 영향을 미친 대가로 꼽힌다. 홍학은 〈홍루몽〉을 연구하는 학문이다.

위핑보는 1952년 〈홍루몽 연구〉를 발표했다. 자신이 쓴 〈홍루몽 변辨〉을 수정한 것이었다. 그는 이어 1954년 3월 〈홍루몽을 간단하게 논함紅樓夢簡論〉이란 글을 썼다. 이 글은 〈홍루몽〉의 전통성, 독창성, 그리고 이 소설 집필 배경 등을 분석하고 소개했다.

그로부터 6개월 뒤인 1954년 9월, 산둥대 학보 《문사철文史哲》에 〈홍루몽을 간단하게 논함'과 그 밖에 관해〉라는 논문이 실렸다. 글을 쓴 사람은 젊은 학자 두 명이었다. 논문은 위핑보의 관점을 비판하는 내용을 담았다. 두 젊은 학자는 처음에 《문예보》에 이 글을 투고했다. 그러나 《문예보》는 실어 주지 않았고, 그 뒤 《문사철》에 게재됐던 것이다.

이러한 상황에서 장칭이 마오 주석의 지시라며 《인민일보》에 이 논문을 전재할 것을 요구했으나 거절당했다. 마오의 의견인지, 장칭의 의견인지 알 수가 없었기 때문이다. 쌍방은 대신 《문예보》에 이 논문을 싣기로 절충했다. 이어 9월 30일 《문예보》는 〈홍루몽을 간단하게 논함'과 그 밖에 관해〉를 게재했다. 그로부터 열흘 뒤인 10월 10일, 《광명일보》는 두 젊은 학자가 새로 쓴 〈홍루몽 연구' 비평 評紅樓夢研究〉을 보도했다.

마오는 10월 16일, 〈홍루몽 연구 문제에 관한 편지〉를 직접 써 중공 중앙정치국 주요 지도자들과 문예계 책임자들에게 읽어 보도록 했다.[9] 편지는 두 젊은 학자의 논문을 두고 "지난 30여 년 동안 이른바 홍루몽 연구 권위자라는 이들이 갖고 있던 잘못된 관점을 처음으로 진지하게 공격했다"고 높이 평가하면서 "후스파의 자산계급 유심론唯心論에 대한 반대 투쟁을 시작해도 좋을 것"이라고 밝혔다.

이는 홍루몽 비판을 계기로 자산계급 유심론을 공격, 마르크스주의를 지도이념으로 확립하겠다는 의도였다. 후스는 근대 중국의 자유주의사상가이자 중국 학계를 대표하는 인물로 1949년 국민당 편에 섰다. 이로 인해 대륙에서 후스는 물론 그의 동료와 제자들도 공격 대상이 됐다. 그는 특히 '5·4 신문화운동'의 대표 인물이었고 위핑보와는 사제 지간이었다. 두 사람 모두 베이징대 교수를 지냈다.

〈무훈전〉 비판에서는 학술 영역과 정치를 결합하는 단계까지 나아가지는 않았지만, 위핑보와 후스 비판에서는 학술사상과 정치사상을 완전히 동일시했다. 이 비판운동은 10개월이나 계속됐고, 논리적으로 비판하는 게 아니라 '반공산당', '반사회주의'라는 딱지를 붙이는 식으로 진행됐다. 따라서 이런 방식의 '후스 비판운동'을 문혁의 서막이라고 보는 전문가도 있다.

'후평胡風 문예사상' 비판은 문화계뿐만 아니라 중국 전체를 공포로 몰아넣었다. 문예사상 투쟁이 갑자기 '후평 반혁명 집단' 비판으로 비화됐기 때문이다. 이 비판은 장기간에 걸쳐 진행됐다. 후평이 문학의 고유성

---

9 胡正榮·李煜,《社會透鏡, 新中國媒介變遷 60年》, 清華大學出版社, 2010, p.47.

과 작가 정신을 강조한 데 대한 것이었다. 후펑은 예술과 정치는 분리돼야 한다는 생각을 갖고 있었다.

1952년 6월, 《인민일보》는 후펑의 문예사상에 대해 "자산계급과 소자산계급의 개인주의적 문예사상에 속한다"고 비판했다. 마오쩌둥의 〈옌안 문예좌담회 강연〉 10주년을 맞아, 당시 비판을 받고 있던 작가 수우舒芙가 자신의 잘못을 반성하는 글을 발표한 것이 계기였다. 《인민일보》는 이 글을 전재하면서 '편집자 주'를 통해 후펑을 비판한 것이다. 그 뒤 1953년 1월과 2월, 《문예보》는 후펑에 대해 군중 속으로 들어가는 문예사상이 부족하다고 비판했다. 그러면서 이를 '근본적인 잘못' 또는 '반마르크스주의'라고 지적했다.

이에 후펑은 1954년 7월 〈삼십만언서三十萬言書〉라 불리는, 자신의 문예이론을 무려 30만 자에 담은 〈해방 이후 문예실천 상황에 관한 보고서〉를 당중앙에 제출했으나 결국 거센 역풍을 피해 갈 수 없었다.[10]

중국작가협회는 1955년 후펑의 문예사상을 '자산계급 유심주의 문예사상'이라고 비판했다. 이는 학술논쟁을 뛰어넘어 정치투쟁의 범주로 들어간 것이다. 《인민일보》는 20여 편의 비판 문장을 계속해 내보냈다.

당국은 후펑의 집에서 편지를 압수, 그와 서신을 주고받은 사람 2100명 가운데 78명을 '후펑 반혁명집단'으로 몰고 갔다. 이에 따라 후펑이 활동한 상하이가 '후펑 반혁명집단'의 근거지로 부각됐다. 뒤이어 후펑 집단 색출을 위한 전국적 투쟁이 전개됐다. 이런 정치투쟁은 당중앙 기관보가 먼저 시작한 뒤 통신사, 일간지, 라디오가 뒤따르는 방식으로 진행됐다.

---

10 胡正榮·李煜, 앞의 책, p.51.

마침내 1955년 5월 13일, 《인민일보》 2면 머리에는 〈나의 자아비판〉이라는 글이 실렸다. '나'는 후펑이었다. 그 뒤 5월 18일 후펑은 체포돼 투옥됐다. 그 뒤 1978년까지 무려 24년간 감옥에서 보냈다. 그는 근대문학의 태두 루쉰魯迅의 친구로 1930년대 좌익문화운동의 중심인물이었다. 1949년 10월 1일 오후 3시 톈안먼 광장에서 열린 '개국대전開國大典'을 현장에서 보고 난 뒤 그 감동을 담아 3000행이 넘는 장시長詩 〈시간이 시작되다!〉를 발표했던 그였다. 신중국과 마오쩌둥을 찬양한 이 장시는 《인민일보》에 실렸다. 세상이 바뀌어 덩샤오핑이 집권한 뒤 그는 1980~1988년 3단계에 걸쳐 복권됐다.

'쌍백방침' 발표 뒤 매체들에 "제발 동참해 달라"

신중국은 1956년까지 언론계의 사회주의화 개조를 기본적으로 끝냈다. 그러나 소련의 경험을 맹목적으로 따라 하는 '교조주의' 병폐가 기승을 부렸다. 당시는 스탈린 격하 운동 와중에 공산권 국가가 민감하게 반응할 때였다. 소련공산당 20차 당대회(1956. 2. 14~25)에서 당 제1 서기 니키타 흐루쇼프Nikita Khrushchyov는 비밀연설을 통해 스탈린Joseph Stalin 개인숭배를 격렬하게 비판했다. 뒤이어 폴란드와 헝가리에서 대규모 시위가 일어났다. 중국에서도 같은 해 가을부터 파업과 시위가 발생하는 등 후폭풍이 만만치 않았다. 마오쩌둥은 이러한 난관을 헤쳐 나가야 하는 과제를 떠안게 됐다.

1956년 4월 25일, 마오는 정치국 확대회의에서 〈10대 관계를 논함論十大關係〉이란 연설을 했다. 소련의 경험을 배우는 과정에서 드러난 문제점을 지적하면서 중국 현실에 맞는 사회주의 건설의 길을 모색해야 한다는 것이 주요 내용이다. 특히 혁명과 건설의 관계를 잘 설정해야 한다고 강조했다.

마오는 사흘 뒤인 28일 정치국 확대회의 토론을 정리하며 '쌍백雙百 방침'을 선포했다. 동유럽식 혼란을 막고 '중국에 맞는 길'을 탐색하려면 각 계각층의 자유로운 의견 개진이 필수적이란 주장이었다. 예술 번영을 위해 '백화제방百花齊放'을, 과학 발전을 위해 '백가쟁명百家爭鳴'을 각각 방침으로 삼았다. 중앙선전부 부장 루딩이는 그 뒤 5월, 당중앙을 대표해 지식인 계층에게 쌍백방침을 구체적으로 설명했다. 창작과 비판의 자유, 자기 의견을 발표하거나 지키거나 유보하는 자유를 보장한다는 것이다.

언론계는 이에 맞춰 언론개혁에 나섰다. 《인민일보》는 〈독자에게〉 (1956. 7. 1)라는 사설을 발표하며, 그 신호탄을 쏘아 올렸다. 사설은 언론보도에서 고쳐야 할 세 가지를 강조했다. 보도 범위를 넓힐 것, 자유 토론을 전개할 것, 문체를 향상시킬 것 등이 그 내용이다. 당중앙은 이러한 방향에 긍정적 반응을 보이면서 적극적 지지를 표시했다. 전국의 신문들은 이런 분위기에 크게 고무됐다. 새로 창간되는 각종 신문과 잡지도 눈에 띄게 늘었다. 《인민일보》가 먼저 지면을 개편했고 뒤이어 중앙과 지방의 신문, 통신사, 라디오 등도 자체 개혁에 나섰다.[11]

《신화통신》은 그동안 선전 위주 보도 방식에서 벗어나 뉴스 보도라는 통신사의 고유 기능에 충실하기로 했다. 즉, 국내 뉴스에서 어떤 정책을 보도할 때 순조로운 상황만 알리기보다는 집행 과정에서 발생하는

---

11 趙雲澤, 앞의 책, p.171.

문제나 오차도 함께 전하기로 했다. 국제 뉴스의 경우 객관적 보도를 함으로써 서방 통신사와도 경쟁할 것이라고 밝혔다. 이러한 방침은 당시로서는 획기적이었다. 라디오 방송의 개혁은 같은 해 7~8월 제4차 전국라디오업무회의를 마친 뒤 시작됐다. 그 특징은 뉴스 보도를 "많이, 빨리, 짧게, 좋게" 한다는 것이다. 이처럼 1956년에 진행된 뉴스 보도 개혁은 주목을 끌기에 충분했고 독자들로부터도 큰 환영을 받았다.

그러나 이러한 언론개혁에도 불구하고 지식인들은 쉽게 입을 열지 않았다. '후펑 반혁명 집단' 숙청 광풍이 휩쓸고 지나간 게 불과 얼마 전이었기 때문이다. 마침내 1년이 지난 뒤 1957년 4월 말, 5월 초에 가서야 의견을 표출하기 시작한다大鳴大放. 그렇게 되기까지 마오쩌둥과 당중앙은 무척 많은 공을 들여야 했다.

당중앙은 1956년 하반기에 대대적으로 쌍백운동을 선전하며 10월에는 《문회보》 복간을 허용했다. 1957년 3월 전국선전공작회의에서는 마오쩌둥이 《문회보》 총편집(편집국장)에게 "《문회보》는 신문을 잘 만들고 있다"고 특별히 칭찬하며 쌍백에 적극 나서도록 격려했다. 마오는 이어 4월 30일 '민주당파'12 책임자들을 톈안먼 성루에 불러 모아 좌담회를 열고 "각 민주당파 내부의 정풍整風은 잠시 접어 두라. 대신 공산당에 집중적으로 의견을 개진함으로써 공산당의 정풍에 도움을 주길 바란다"고 촉구했다.

《인민일보》는 5월 2일 〈정풍은 왜 필요한가〉란 사설을 게재한 데 이어 3일, 7일 연이어 정풍의 목표, 방법 등을 선전하는 사설을 실었다.

---

12 공산당 외 정치협상회의에 참여하는 1920~1930년대에 창당된 정당들을 일컫는다. 공산당 하위에 있으며 실질적 영향력은 없다.

쌍백방침에 따라 1957년 5월 1일 정풍운동이 시작되자 당초 예상보다 과격한 주장이 쏟아졌다. 《광명일보》와 《문회보》가 특히 적극적이었다. 마오쩌둥은 마침내 6월 8일 "당조직이 우파분자의 광기에 찬 진격에 반격을 가하라"는 당내 지시를 내렸다. 《인민일보》는 이날 지체 없이 〈이건 왜?〉라는 1면 사설로 '반우파 투쟁'의 개막을 알렸다. 《인민일보》는 이어 14일에는 마오가 쓴 사설 〈문회보의 일정 기간 자산계급 방향〉에서 《문회보》와 《광명일보》 두 신문을 꼭 집어 비판했다. 정풍운동에서 반우파 투쟁으로 급변한 것이다. 이러한 과정은 굴속에 숨은 뱀을 유인하는 '인사출동' 수법이라고 불린다. 사진은 《문회보》가 반우파 투쟁에서 비판을 받자 살아남기 위해 1면에 실은 〈반우파 투쟁은 국가의 존망에 관계된다〉는 제목의 기사. (사진 = 《바이두》 픽처)

2. 미디어로 세상을 장악하라

반우파 투쟁, 《문회보》와 《광명일보》 집중 공격

이러한 과정을 거쳐 일단 봇물이 터지자 예상을 훨씬 뛰어넘는 과격한 발언들이 쏟아져 나왔다. 《광명일보》[13]와 《문회보》는 그 전면에 나섰다.

《문회보》는 1957년 5월 1일 당중앙이 정풍운동을 정식으로 지시한 날로부터 6월 8일 반우파 투쟁이 시작될 때까지 39일간 '정풍명방整風鳴放' 관련 사설 8편, 기사 213편 등 대부분 지면을 정풍 보도로 채웠다. 당시 베이징대 교정에는 "민주가 아니라 당주黨主로 바뀌었다", "중화인민공화국이지 중화당원공화국이 아니다" 등 공산당 1당독재를 정면 비판하는 대자보가 나붙을 정도였다.

더욱이 영국 유학파로 자유주의자를 자처하는 《광명일보》 총편집 추안핑儲安平은 1957년 6월 1일 당중앙이 소집한 각 민주당파 책임자 좌담회에서 문제의 〈마오 주석과 저우 총리에게 제기하는 의견〉을 발표했다. 〈당천하黨天下 연설〉로 불리는 이 발표문은 그다음 날 《인민일보》, 《광명일보》, 《문회보》 등 주요 일간지와 《중앙인민라디오》가 그대로 보도했다.

그 핵심 내용을 살펴보자.

---

13 민주당파와 무당파 인사들이 공동으로 만든 신문. 1949년 창간됐으며 지식인 계층이 주요 독자층이다.

해방 이후 지식분자들은 모두 열렬히 당을 옹호했고 당의 영도를 따랐다. 그러나 최근 몇 년 사이 당과 군중 관계가 좋지 않다. 더욱이 이는 지금 우리나라 정치에서 급히 조정해야 할 문제가 됐다. 관건은 '당천하'라는 사상이다. 내가 생각하기에 당이 국가를 영도한다고 해서 당이 국가를 소유하는 것은 아니다. … 당이 '왕의 영토가 아닌 곳이 없다莫非王土'는 사상에 빠진 것이 아닌가? 나는 '당천하' 사상이 모든 종파주의 현상의 근원이라고 생각한다. 그리고 당과 '비당非黨' 사이의 모순은 바로 여기에 존재한다고 본다.[14]

이런 내용이 알려지자 찬성하는 사람도 있었지만 마오쩌둥을 비롯한 당 지도부는 충격을 받았다. 마오쩌둥은 이런 주장이 나오는 이유는 '계급투쟁'과 '프롤레타리아 독재'를 제대로 하지 않았기 때문이라고 봤다.

일주일 뒤인 6월 8일, 마오는 마침내 "당조직이 우파분자의 광기에 찬 진격에 반격을 가하라"는 당내 지시를 내렸다. 《인민일보》는 이날 지체 없이 〈이건 왜?〉라는 1면 사설로 '반우파 투쟁'의 개막을 알렸다. 《인민일보》는 2면에 〈추안핑 발언은 사실에 부합하지 않는다〉 등 추안핑을 비판하는 글 3편을 게재, 그를 집중적으로 성토했다. 《인민일보》는 뒤이어 14일에는 마오가 쓴 사설 〈문회보의 일정 기간 자산계급 방향〉에서 《문회보》와 《광명일보》 두 신문을 꼭 집어 비판했다. 결국 《광명일보》와 《문회보》는 '자산계급 우파의 진지'라는 공격을 받게 된다. '반우파 투쟁'은 9년 뒤 문혁의 리허설에 해당하는 사건이었다.

마오쩌둥은 스탈린 격하 운동 뒤 국내외 정세를 관망하던 중, 쌍백운동을 들고 나온 초기에는 사상과 표현의 자유를 보장해 공산당 내 문제점

---

14 胡正榮·李煜, 앞의 책, p.65.

을 고쳐 나가겠다는 의도가 있었다고 다수 학자들은 본다. 이에 따라 마오는 1957년 2월 최고국무회의에서 "폭풍우식 계급투쟁은 이미 기본적으로 끝났다"고 선언했다. 그러나 그해 10월에는 "계급 모순은 여전히 가장 중요한 모순"이라고 밝혔다. 정풍운동에서 과격한 입장이 가감없이 공론화되자 반우파 투쟁으로 급변한 것이다.

그 과정에서 의도적으로 굴속에 숨은 뱀을 유인하는 '인사출동引蛇出洞' 수법을 동원했다. 마오는 7월 1일 《인민일보》 사설 〈문회보의 자산계급 방향은 마땅히 비판받아야〉를 통해 분명히 말했다. "어떤 사람은 이것을 음모陰謀라고 한다. 우리는 이것을 양모陽謨라고 한다. 독초는 땅위로 올라오도록 해야만 제거할 수 있는 것"이라고. 우파가 모습을 드러내게 했던 것은 공개적 모의였으므로 '양모'라는 논리다.

이를 통해 《인민일보》가 1957년 6월부터 9월 사이에 '우파분자'라며 이름을 공개한 언론계 인사는 104명이었다. 이러한 언론계 반우파 투쟁은 1958년까지 계속됐고, 신문은 '계급투쟁의 도구'로 전락했다. 추안핑은 이 과정에서 반당·반인민·반사회주의 자산계급 우파로 몰렸다. 그는 문혁 초기인 1966년 9월 베이징 시내 호수 스차하이에서 숨진 채 발견됐다. 반우파 투쟁 기간 동안에 전국에서 우파로 붙잡힌 지식인은 55만 명이 넘었다.[15] 이들은 노개(노동개조)라는 미명 아래 강제노동수용소에 감금됐다. 쌍백운동에서 반우파 투쟁으로 이어지는 과정은 1940년대 옌안 시절 반대파 제거를 위해 벌였던 정풍운동의 재판이었다.

이처럼 한차례 광풍이 지나갔으니 1958~1960년 대약진운동에서 언

---

15 胡正榮·李煜, 앞의 책, p.80.

론이 제 기능을 할 리가 없었다. 농산물과 철강 생산량을 사실대로 보도했다가 '우파'로 몰리는 위험을 아무도 감수하지 않았다. 모든 매체는 '위성 쏘아 올리기'에 바빴다. 당시 언론의 과장 보도는 이렇게 불렸다. 생산량을 조작한 보고서를 소련이 쏘아 올린 인공위성 스푸트니크호의 성공에 비유한 것이다. 《신화사》와 《인민일보》를 비롯한 전국 각급 매체는 '거짓되고, 과대포장하고, 속이 텅빈假大空' 보도 경쟁을 벌였다. 중국 역사상 가장 규모가 큰 '허위조작운동'이었다.

결과는 참담했다. 대기근으로 3600만~4500만 명이 굶어 죽었다. 16 언론자유가 있었다면 이런 일이 벌어졌을까. 1998년 노벨 경제학상 수상자인 아마르티아 센Amartya Sen은 "언론자유가 있는 민주국가에서 대규모 기근이 발생한 사례는 단 한 건도 없었다"고 말했다. 17

신중국에서 언론계의 사회주의화 개조는 1956년까지 기본적으로 완성됐지만, 그 뒤에도 언론의 좌경화는 쌍백운동, 반우파 투쟁, 대약진운동을 거쳐 문혁 전야까지 지속됐다. 이러한 10년에 걸친 언론개혁은 우여곡절도 많았으나 문혁이라는 대동란으로 연결되는 과정이었을 뿐이다.

---

16 대약진운동 당시 아사자 수는 중국 안팎 연구자들에 따라 큰 차이가 있다. 그중 대표적인 것은 홍콩대 디쾨터 교수가 베이징올림픽 직전 잠시 개방된 중국 각 지방 당안관(기록보존소)을 돌며 조사한 결과다. 이에 따르면 대약진 기간 동안 최소 4500만 명이 비자연적 죽음unnatural deaths을 당했다. 비자연적 죽음에는 아사 외에 극한 상황에서 발생한 국가 폭력과 민간인 상호 보복도 포함된다. 또 하나는 《신화통신》 기자 출신으로 자유주의를 표방하는 잡지 《염황춘추》 부사장을 지낸 양지성의 저서 《묘비》(2008)에 기록된 내용이다. 《묘비》는 1958년부터 1962년까지 3600만 명이 아사했다고 밝혔다. 이와 함께 인구 자연증가율에 비춰 볼 때 4000만 명이 태어나지 못했다는 것이다. 따라서 총 7600만 명이 대기근으로 희생됐다고 기록했다(송재윤, 《슬픈 중국, 인민민주독재 1948~1964》, 까치, 2020, pp.343~344).

17 송재윤, 앞의 책, p.351.

《문회보》의 〈해서파관비평〉에 다른 매체 반응은?

문혁의 횃불이 타오르기 전 해인 1965년, 야오원위안姚文元은 문예비평 〈신편역사극 해서파관을 비평함評新編歷史劇海瑞罷官〉(〈해서파관비평〉)을 집 필했다. 〈해서파관〉은 명나라 때 관리 해서의 강직하고 올곧은 모습을 영웅적으로 그린 신편 역사극이다. 〈해서파관〉의 주인공 해서는 부탁 과 협박에도 굴하지 않고 지방 토호세력을 척결했는데 황제 가정제嘉靖帝 는 그를 파면했다. 그를 모함하는 세력에 넘어간 것이었다.

〈해서파관〉은 베이징시 부시장이던 우한吳晗이 1961년 1월 《베이징 문예》에 발표했다. 베이징 경극단은 이 극본으로 경극을 공연하여 언 론의 찬사를 받았다. 마오쩌둥도 경극 관람 뒤 작품을 칭찬했다. 우한 은 당대 최고의 명대明代 역사 전문가로 명나라 태조 주원장朱元璋의 전 기 〈주원장전〉을 썼다. 우한은 그때 공산당에 입당한 지 얼마 지나지 않아 마오쩌둥과 공산당에 대해 아주 강한 믿음을 갖고 있었다. 마오쩌 둥을 비난하는 글을 쓸 이유가 없었다.18

〈해서파관비평〉은 그해 11월 10일 《문회보》에 게재됐다. 사람들은 깜짝 놀랐다. 상하이 신문이, 그것도 신예 문예평론가가 베이징 부시장 을 지목해 비판한 글을 보도한 것은 지극히 이례적이었다. 이틀 뒤인 11월 12일 상하이시당 기관보인 《해방일보》도 〈해서파관비평〉을 실 었다.19 그 뒤 2주일 사이에 이 글은 각 성 신문에 잇달아 전재됐다. 저

---

18 胡正榮 等, 앞의 책, p.130.
19 여기에는 장춘차오의 역할이 컸다. 그는 당시 상하이시 당위원회 서기처 서기로 《문회보》는 물론 《해 방일보》에도 영향력을 갖고 있었다.

장성 《저장일보浙江日報》, 산둥성 《다중일보大衆日報》, 장쑤성 《신화일보新華日報》, 푸젠성 《푸젠일보福建日報》, 안후이성 《안후이일보安徽日報》, 장시성 《장시일보江西日報》 등이다. 20

하지만 그사이 베이징에 있는 신문들에는 〈해서파관비평〉이 전혀 보이지 않았다. 어찌된 일일까? 시국 흐름을 주목하던 당 간부들은 예사롭지 않은 낌새를 느꼈다.

〈해서파관비평〉 중 가장 핵심적인 부분은 아래와 같다.

> 퇴전退田과 평원옥平冤獄은 현재 벌어지고 있는, 자산계급이 무산계급 독재와 사회주의 혁명을 반대하는 투쟁의 초점이다. 〈해서파관〉은 결코 향기로운 꽃이 아니며 한 그루 독초일 뿐이다.

여기서 '퇴전'은 고위관직을 지내고 고향으로 돌아온 극중 인물 서계가 백성들로부터 빼앗은 땅을 해서가 되돌려 준 것을 말한다. '평원옥'이란 해서가 부패한 관리를 참수함으로써 백성들의 억울한 죄를 풀어준 것을 가리킨다.

〈해서파관비평〉은 극중 이러한 내용이 '펑더화이彭德懷의 복권을 노리는 움직임飜案風'과 관련돼 있다고 주장했다. 가정제가 해서를 파면했지만 해서는 관직을 물러나기 직전 퇴전, 평원옥 등을 단행했다. 〈해서파관비평〉은 이를 황제에게 반기를 든 행위로 봤다. 이에 따라 '해서-황제 관계'를 '펑더화이-마오쩌둥 관계'로 연결시켰다. 우한에게는 억울

---

20 송재윤, 앞의 책, p.78.

하기 그지없는 일이었다.

야오원위안의 글이 《문회보》에 게재되기 3년 전인 1962년 6월, 펑더화이는 마오쩌둥과 당중앙에 〈팔만언서 八萬言書〉를 보내 1959년 7~8월에 열린 루산회의21에서 자신에게 씌워진 죄명에 대해 반박했었다. 마오는 이에 대해 펑더화이가 당시 결정을 뒤집고 복권을 시도한다고 여기며 불쾌한 감정을 숨기지 않았다. 〈해서파관비평〉은 펑더화이를 자산계급으로 치부하면서 무산계급 독재와 사회주의 혁명에 반대한다고 표현했다.

이 상황을 이해하기 위해 루산회의 당시로 돌아가 보자. 펑더화이는 중공 중앙정치국 확대회의 기간(1959. 7)에 혁명동지 마오쩌둥에게 대약진과 인민공사화 운동의 문제점을 바로잡아야 한다는 편지를 보냈다. 그러나 마오쩌둥은 강경했다. 이어 개최된 제8기 8중전회(1959. 8)에서 펑더화이의 편지를 공개했다. 마오는 펑더화이를 '우경 기회주의 반당 집단 우두머리'라고 비난하고, 그를 국방부장에서 파면했다.

사실 "해서의 강직하고도 권력에 영합할 줄 모르며 진실을 말하는 모습"을 널리 알리도록 한 사람은 마오 자신이었다. 마오는 1959년 4월 후난성 전통극 〈생사패 生死牌〉를 관람했는데 이 극의 마지막 부분에 해서가 나온다. 마오는 당시 열리고 있던 제8기 7중전회(제8기 전국대표대회 제7차 중앙위원회 전체회의)에서 "간부들이 진실을 말하지 않는 나쁜 태도"를 강하게 비판하고는 해서를 선전하라고 했다.

---

21 1959년 여름에 루산에서 열린 중국공산당 중앙정치국 확대회의와 제8기 전국대표대회 제8차 중앙위원회 전체회의(제8기 8중전회)를 합해 루산회의로 부른다.

야오원위안이 〈해서파관비평〉을 쓰고 《문회보》가 이를 보도하는 전 과정은 장칭 주도 아래 장춘차오張春橋와 함께 기획했다. 마오의 아내로 권력욕이 강했던 장칭은 〈해서파관〉을 '대독초大毒草'라며 이 역사극에 대한 비판 공론화를 집요하게 시도했다. 장칭은 《문회보》가 〈해서파관비평〉을 보도하기 전 베이징에서 중앙선전부, 문화부 등의 부장(장관)을 만나 〈해서파관〉에 대한 공개 비판의 필요성을 제기했으나 아무도 그의 말에 귀를 기울이지 않았다. 이에 상하이로 눈을 돌렸다. 상하이는 장칭의 본거지로, 그에게는 기지基地 격이었다.

1965년 2월, 장칭은 마침내 상하이에 도착했다. 상하이시 당위원회 제1 서기 겸 시장 커칭스柯慶施는 당연히 장칭 편이었다. 커칭스는 '마오 주석의 좋은 학생'이라고 불릴 만큼 마오쩌둥의 정치노선을 관철하는 인물이었다.[22]

마침내 《문회보》에 〈해서파관비평〉을 발표했으나 처음에는 별다른 반응이 없었다. 여기에는 몇 가지 이유가 있었다. 당시 《문회보》는 당 중앙 기관보나 상하이시 당위원회 기관보도 아니어서 영향력에 한계가 있었다. 지식분자(지식인 계층)가 주로 찾는 신문이기는 했지만. 여기에 야오원위안은 베이징의 유명 인물도 아니고 상하이시당 기관보 《해방일보》의 편집위원을 맡고 있는 신예 문예평론가일 뿐이었다. 더욱이 《문회보》 독자들, 즉 인텔리들도 야오원위안의 글에 교묘하고 황당하다는 반응을 보였다.

또 한 가지, 《문회보》가 야오원위안의 글을 실은 것은 뉴스 보도 원

---

22 胡正榮 等, 앞의 책, p.131.

칙을 어긴 것이었다. 23 이는 우한이 베이징시 부시장이었던 것과 관계된다. 즉, 베이징시와 동급인 상하이시의 매체가 동급의 당위원회(베이징시 당위원회)와 정부(베이징시 정부)를 마음대로 비판해서는 안 되는 것이었다. 베이징시당 기관보《베이징일보》를 비롯한 베이징 일간지들이 야오원위안의 평론을 지체 없이 전재하지 않았던 데는 이러한 배경도 작용했다. 베이징시당은 대신《문회보》가 이 글을 보도한 배경을 파악하려고 애썼으나, 장춘차오는 이에 대해 절대 함구하도록 명령을 내렸다. 베이징시당 간부들은 막후의 거대한 음모를 알 길이 없었다.

《인민일보》, 왜 편집권 뺏긴 1호가 됐나?

《인민일보》 총편집 우렁시吳冷西는 〈해서파관비평〉이《문회보》에 게재된 뒷배를 전혀 모른 채 이를 보도하는 문제에 있어 둔감한 태도로 일관했다. 학술토론 내용을 편집할 때는 학술 페이지 내로 배면을 제한하는 입장을 고수했다. 〈해서파관비평〉도 물론 이에 해당됐다. 신중국 초기 학술논쟁을 정치투쟁으로 끌고 가는 과정에서 경험한 폐해를 반복하지 않겠다는 뜻이었다.

하지만 마오쩌둥이 이와 다르게 생각할 경우에는 상황이 간단치 않았다. 이에 따라《인민일보》와 우렁시는 정치선전과 관련해 마오쩌둥으로부터 '낙후분자落後分子'(지진아)로 찍힐 수밖에 없었다. 마오는《인민일보》,《베이징일보》 등의 태도에 아주 불만이 많았다. 마침내 그

---

23 胡正榮 等, 앞의 책, p.132.

는 야오원위안의 문장을 소책자로 만들어서 전국에 배포하라고 지시했다. 24

이쯤 되자 베이징 매체들은 비로소 상황이 다급하다는 것을 느꼈다. 그리고 《문회보》가 실은 야오원위안의 글을 전재하기 시작했다. 베이징 매체들 중에서는 중앙군사위원회 기관보 또는 인민해방군 기관보로 불리는 《해방군보》가 맨 먼저 나섰다. 그날이 1965년 11월 29일이었으니 《문회보》가 야오원위안의 평론을 보도한 뒤 19일 만이었다. 더욱이 《해방군보》는 "〈해서파관〉은 한 그루 대독초"라는 편집자 주까지 덧붙였다. 이는 여타 베이징 매체의 입장과는 완전 배치되는 것이었다. 베이징의 다른 신문과 잡지들은 사태가 심상치 않게 돌아간다는 것을 알고 깜짝 놀랐다. 그러나 여전히 그 배경을 놓고는 오리무중이었다.

《해방군보》가 이렇게 한 데는 그럴 만한 이유가 있었다. 당시 중앙군사위원회 비서장이자 총참모장으로 군을 장악하고 있던 뤄루이칭羅瑞卿이 저우언라이周恩來 총리를 수행해 상하이에 갔다. 거기서 상하이시당으로부터 은밀하게 전해 들은 얘기가 있었다. 마오 주석이 베이징의 신문들이 야오원위안의 〈해서파관비평〉을 싣지 않는 데 대해 아주 불만스러워한다는 것이었다. 이에 뤄루이칭은 해방군 총정치부 선전 담당자에게 전화를 걸어 〈해서파관비평〉을 빨리 게재하라고 지시했다. 25

---

24 胡正榮 等, 앞의 책, p.133.

25 《해방군보》가 〈해서파관비평〉을 보도한 전후 상황에 대해서는 당시 《해방군보》 문화공작선전처 편집인 쑹웨이가 〈해방군보가 '신편역사극 해서파관을 비평함'을 전재한 전말〉이라는 글에서 자세히 묘사했다(胡正榮 等, 앞의 책, p.132).

이 같은 상황에서 《베이징일보》도 같은 날인 11월 29일 〈해서파관비평〉을 보도했다. 하지만 물밑의 흐름을 몰라 고심했다. 이에 '편집자 주'를 어떻게 쓸지 고민하다 철 지난 마오쩌둥의 '쌍백방침'을 인용했다. 〈해서파관비평〉을 마지못해 게재하면서도 쌍백 당시 마오가 사상과 표현의 자유를 보장하겠다고 했던 사실을 들어 비판적 입장을 보인 것이다. 이러한 내용은 펑전彭眞이 직접 썼다.26

《인민일보》도 마침내 하루 뒤인 11월 30일 떠밀리듯 야오원위안의 글을 전재하기에 이른다. 그러나 우렁시의 지론대로 1면이 아닌 5~6면 '학술연구'란에 배치했다.27 5면 전면과 6면 하단에 게재한 것이다. 5면 〈해서파관비평〉 바로 위에는 1957년의 마오쩌둥 연설문을 인용해 학술연구의 다양성을 옹호하는 '편집자 주'를 실었다. 편집자 주를 넣은 것은 저우언라이의 의견을 따른 것이었다.28 마오쩌둥은 이에 만족할 수가 없었다. 이처럼 군보(《해방군보》)와 당보(《인민일보》)가 서로 엇갈린 태도를 보이면서 중공중앙 고위 지도부 내에 심각한 갈등이 형성되기도 했다.

---

26 胡正榮 等, 앞의 책, p.132.

27 《인민일보》가 〈해서파관비평〉을 5~6면에 배면한 게 우렁시 판단인지 펑전 판단인지를 놓고는 주장이 엇갈린다. 胡正榮·李煜, 《社會透鏡, 新中國媒介變遷 60年》, p.132는 우렁시로 봤다. 당시 《인민일보》 부총편집을 맡았던 리좡이 자신의 회고록 李莊, 《李莊文集回憶錄編 下》, 寧夏人民出版社, 2004, p.332에서 이렇게 썼다. 그러나 송재윤, 《슬픈 중국, 문화대반란 1964~1976》, 까치, 2020, p.79는 펑전이라고 서술했다. 당시 저우언라이 총리가 펑전에게 〈해서파관비평〉 배후에 마오가 있음을 알렸다고 했다. 송재윤은 MacFarquhar and Scheonhall, *Mao's Last Revolution*, pp.15~19를 인용했다.

28 胡正榮 等, 앞의 책, p.132.

마오가 《인민일보》를 '편집권 박탈 1호 매체'로 삼은 데는 당 기관보라는 상징성도 있었지만 이러한 배경이 작용했다.

이처럼 베이징의 신문과 잡지는 상하이의 《문회보》가 야오원위안의 글을 발표한 뒤 관심을 두지 않거나 무시하는 태도를 보여 마오의 눈 밖에 났다. 《인민일보》, 《베이징일보》와 잡지 《전선前線》의 경우 〈해서파관비평〉에 아주 소극적인 태도를 보이던 중 한차례 게재를 거부하기도 했다. 《광명일보》와 잡지 《홍기》는 갈피를 잡지 못해 펑전에게 어떻게 할지 물어봤으나 그로부터 유보적 대답을 들었을 뿐이다. 당시 펑전은 당 정치국위원이자 베이징시 당위원회 제1 서기 겸 베이징 시장으로, 베이징시당에서 제일 영향력이 큰 인물이었다. 마오쩌둥은 그 뒤 "베이징시 당위원회는 바늘이나 물방울 들어갈 틈도 없는 독립왕국"이라고 비판했다.

펑전은 결국 1966년 5월 4일부터 베이징에서 열린 당 정치국 확대회의에서 베이징 시장을 비롯해 일체의 공직에서 해임됐다.29 《인민일보》를 비롯한 베이징의 매체들을 장악했던 펑전을 몰아냄으로써 마오는 중공중앙 매체를 모두 수중에 넣었다. 펑전의 실각은 곧 당내에 몰아닥칠 대규모 숙청의 서막에 불과했다.

---

29 산케이신문 특별취재반, 《모택동비록 상》, 임홍빈 옮김, 문학사상사, 2001, p.165.

마오쩌둥은 1966년 8월 5일 마침내 직접 작성한 〈사령부를 포격하라 – 나의 대자보〉를 중난하이 정원에 내붙였다. 대자보는 200자 원고지 한 장 분량으로 짧았다. 주요 부분은 "일부 지도자 동지는 반동적 자산계급 입장에 서서 자산계급 독재를 했다"는 내용이다. 직접 밝히지 않았을 뿐 류사오치劉少奇를 공격하고 있다는 건 누구나 알 수 있었다. 그 뒤 8일 〈무산계급 문화대혁명에 관한 중공 중앙위원회 결정〉이 마오 주도로 채택됐다. 류사오치 숙청을 공식화한 것이다. 사진은 《인민일보》 1면에 보도된 대자보 전문과 관련 사설. (사진 =《바이두》백과)

3. 문화대혁명과 미디어

"양보일간과 대자보로 여론을 지배하라"

문화대혁명 文化大革命의 신호탄은 《인민일보》가 쏘아 올렸다. 문혁 시작을 알리는 공식 문서 〈516통지 通知〉를 《인민일보》가 1면 머리로 보도한 것이다. 1966년 5월 17일이었다. 문혁 기간 《인민일보》를 포함한 '양보일간'은 혁명주도 세력에게 더없이 강력한 무기였다.

이들 매체는 중앙문혁 소조가 직접 통제했다. '중국 최대의 여론 진지'로 불린 《인민일보》, 군 상대 여론전을 주도한 《해방군보》, 마오가 직접 창간을 주도한 이론지 《홍기》30를 마음대로 부린다는 것은 문혁을 의도한 방향으로 끌고 갈 수 있음을 의미했다. 이에 따라 뉴스 미디어는 완전히 혁명의 노예로 전락했다. 신문에는 뉴스가 없고 구호만 난무했다.

이들 매체 중 잡지 《홍기》는 매달 2회씩 출간된 중공의 대표적 이론지였다. 국내외 주요 현안에 대한 중공의 공식 입장은 대부분 《홍기》의 사론社論(사설)을 통해 발표됐다. 이를 위해 마오는 1958년 3월 대약진운동을 시작하기 위해 소집한 청두成都 회의에서 이론 간행물 창간 필요성을 제기했다. 마오는 《홍기》를 혁명의 이론화 도구로 활용했다. 《홍기》는 문혁 당시 사설과 평론을 통해 의제설정 기능을 충실히 수행했다. 지금은 《추스》가 시진핑 신시대의 당중앙 입장을 게재하는 데 《홍

---

30 대약진운동 중이던 1958년 6월 1일 베이징에서 창간됐다. 1988년 7월 1일 《추스》가 창간되면서 폐간됐다. 《추스》는 당중앙 이론지로 지금도 계속 발행된다.

기》가 하던 역할과 차이가 없다.

〈516통지〉의 정식 명칭은 〈중국공산당 중앙위원회 통지〉. 5월 16일 중국공산당 중앙정치국 확대회의에서 통과됐기 때문에 이렇게 부른다. 〈516통지〉는 〈2월제강_{提綱}〉31과 '문화혁명 5인소조'32를 폐지하고 '문화혁명 소조'를 새로 구성한다고 밝혔다. 이 문화혁명 소조는 '중앙문혁 소조'로 불렸다. 그러면서 〈2월제강〉의 열 가지 죄상을 열거했다. 〈516통지〉는 마오쩌둥의 정치비서 출신 천보다_{陳伯達}가 소조를 통해 초안 작업을 주관했고 마오쩌둥이 7번이나 수정한 끝에 완성했다. 천보다는 중공의 이론가로 마오의 유령작가 역할을 했는데 중앙문혁 소조33가 출범한 뒤에는 조장을 맡았다.

---

31 문화혁명 5인소조는 1966년 2월 〈당면한 학술토론에 관한 문화혁명 5인소조의 보고 제강〉을 당중앙에 제출한다. 이 보고서는 〈2월제강〉으로 불린다. 펑전 주도로 만든 〈2월제강〉은 〈해서파관〉을 둘러싼 논쟁이 학술계와 사상계의 혼란을 초래하지 않도록 방향을 잡았다. 이에 따라 펑전은 우한을 감싸면서 〈해서파관〉에 대해 정치적 문제를 제기하지 않도록 했다. 류사오치, 저우언라이, 덩샤오핑 등 당중앙의 당권파들은 〈2월제강〉을 승인했다. 그 뒤 장칭 등은 이에 대해 반격을 가하기 위해 '부대 문예공작 좌담회'를 열고 그 내용을 정리한 〈부대 문예공작 좌담회 기요_{紀要}〉를 발표한다. 〈2월제강〉을 전면 부정하는 내용이었고 마오쩌둥은 이에 지지를 보낸다.

32 문예계 정풍이 진행되던 1964년 7월 마오쩌둥의 결정에 따라 '문화혁명 5인소조'가 구성됐다. 마오는 이 소조에 문화부를 철저히 바로잡으라고 지시했다. 조장은 당시 당중앙의 이데올로기 분야 업무를 주관하던 펑전이었다. 국무원 부총리 겸 중앙선전부 부장 루딩이, 중앙선전부 부부장 저우양_{周揚}, 문화부 부부장 캉성_{康生}, 《신화사》사장 겸 《인민일보》 편집국장 우렁시 4명이 조원이었다. 마오는 심복 캉성을 통해 이 소조의 움직임을 파악했다.

33 1966년 5월 출범 때는 중앙정치국 상무위원회에 속해 있었다. 그러나 문혁이 진행되면서 중앙정치국 기능을 대체하게 된다. 조장 천보다 외에 고문 캉성, 부조장 장칭, 장춘차오 등 4명, 조원 야오원위안 등 7명으로 출범했다.

〈516통지〉의 핵심 부분은 당 구성원 모두에게 이렇게 요구한다.

무산계급 문화대혁명의 큰 깃발을 높이 들고, 반당·반사회주의 성향의 이른바 '학술계 권위자들'의 자산계급 반동입장을 철저히 폭로하고, 학술계·교육계·언론계·문화예술계·출판계의 자산계급 반동사상을 철저히 비판하고, 이들의 문화영역 중 영도권領導權을 탈취하라.

여기서 자산계급 반동사상 비판은 누구를 겨냥했던 것일까. 그때까지는 과녁이 어디인지 분명히 드러나지 않았다. 우선 문혁 1호 대자보부터 살펴보자. 〈516통지〉에 이어 5월 25일에는 베이징대에 문혁 1호 대자보가 나붙었다. 이 대자보는 표면적으로는 베이징시 당위원회 대학부 부부장 쑹숴宋碩 등 3명을 공격했다. 하지만 이는 펑전과 베이징시 당위원회를 집중 공격하기 위한 것이었다. 펑전은 앞서 5월 4일 공직에서 해임됐지만, 1호 대자보 뒤 비판투쟁에 거의 매일 끌려 나가 모욕과 고문을 당했다.

이처럼 문혁 당시 여론을 좌우했던 또 다른 미디어는 대자보였다. 대자보는 중앙문혁 소조의 직접 지휘 아래 작성됐다. 그랬던 만큼 양보일간이 대자보 내용을 주목할 정도로 영향력이 대단했다. 대자보는 위협적인 선전수단이었다. "최고 지시", "최신 지시", "마오 주석 시사詩詞" 등을 전파하는 데 쓰였고 동란을 부추긴다는 점에서 위험했다. 터무니없는 트집을 잡았고 조반파造反派가 '대비판운동大批判運動'을 추진하는 예리한 무기이기도 했다. 대자보에는 폭력적 언어가 범람했고 걸핏하면 최상급

형용사를 남용했다. "가장 가장 가장 경애하는最最最敬愛的"처럼 수시로 동어를 반복했다. 한 통계에 따르면 칭화대 교정에는 1966년 6월 한 달 동안에만 대자보 6만 5000여 장이 붙었다. **34**

마오가 〈516통지〉 뒤 주도한 조치는 언론 매체의 편집권 박탈이었다. 《인민일보》는 그 첫 대상이었다. 1966년 5월 31일 심야, 중앙문혁소조 조장 천보다가 인솔하는 공작조가 《인민일보》에 들이닥쳤다. 곧바로 이 신문의 편집권을 장악했고 동시에 《신화사》와 라디오 방송의 뉴스도 '지도'한다고 천명했다. 공작조는 또 총편집 우렁시의 직무를 박탈했고 《인민일보》의 조직 개편을 단행했다. 《인민일보》를 함락시킨 데 이어 조반파는 전국 각지 매체를 접수하기 시작했다. 그 뒤 언론계는 바람보다 먼저 드러누웠다. 비굴한 모습 속에 '역사적 재난'을 적어나갔을 뿐이다.

마오가 쓴 《인민일보》 사설

천보다가 이끄는 공작조가 《인민일보》의 편집권을 박탈한 바로 그다음 날(1966. 6. 1), 《인민일보》는 역사적 사설을 1면 톱 통단으로 올렸다. 사설 제목은 〈우귀사신을 싹 쓸어버려라橫掃一切牛鬼蛇神〉. 마오쩌둥이 직접 썼다. 전국에 '문화대혁명 총동원령'을 내린 것이다. 특히 홍위병으로 하여금 '조반'의 대열에 적극 나서도록 선동했다. 여기서 '우귀사신'은 소귀신과 뱀귀신이란 뜻으로 '요괴가 변화한 것'을 가리킨다. 즉, 마오

---

34 송재윤, 《슬픈 중국, 문화대반란 1964~1976》 까치, 2022. p.110.

가 칭찬한 홍위병이 적으로 간주하는 자들은 인간이 아니라 우귀사신에 불과하다는 것이다.

혁명 격문의 전형인 이 사설의 시작 부분을 보자.

무산계급 문화대혁명의 클라이맥스가 지금 세계 인구의 4분의 1을 차지하는 사회주의 중국에서 한창 고조되고 있다. 당중앙과 마오 주석의 전투에 나서라는 호소에 따라, 불과 몇 개월 만에 수억 명의 공농병工農兵 군중들과 수많은 혁명 간부들과 혁명 인텔리知識分子들이 마오쩌둥 사상을 무기로, 사상문화 진지에 둥지를 튼 우귀사신 소탕에 떨쳐나섰도다. 오랫동안 착취계급이 그들에게 가했던 정신적 속박을 분쇄하는 기세가 마치 폭풍과 소나기처럼 맹렬하구나. 이른바 자산계급의 '전문가', '학자', '권위자', '창시자'들은 꽃잎이 우수수 날리듯 대패하였으니 그 위세가 땅바닥에 떨어졌구나.

불과 얼마 전까지도 여론 공작에 둔감했던 《인민일보》는 이로부터 문혁의 선도자로 변신했다. 그 하루 뒤인 6월 2일부터는 《인민일보》라는 제호 바로 오른쪽 옆에 《마오 주석 어록》을 게재하기 시작했다. 35 이에 맞춰 당보들이 마오쩌둥 신격화를 시작했다. 동시에 마오쩌둥 사상의 절대적 권위를 세웠다.

《인민일보》는 또 군중들에게 무산계급 문화대혁명을 끝까지 완수하

---

35 《마오 주석 어록》을 신문 제호 옆에 제일 먼저 게재한 매체는 인민해방군 기관보인 《해방군보》였다. 《인민일보》보다 한 달 먼저인 1961년 5월 1일부터 시작했다. 군을 장악한 린뱌오가 추진한 일이었다. 이에 전국 각지 신문들은 《해방군보》를 따랐다. 루산회의 뒤 펑더화이의 국방부장직을 이어받으면서 중앙군사위 일상 업무를 관장하게 된 린뱌오는 마오쩌둥 개인숭배를 적극 추진했다.

도록 고무하는 일련의 사설을 잇달아 발표한다. 그 사설 중에는 〈사람들 영혼을 뒤흔드는 대혁명〉, 〈자산계급이 강점한 역사학 진지를 탈취하라〉, 〈마오쩌둥 사상의 새로운 승리〉, 〈무산계급 혁명파가 될 것인가, 자산계급 보황파保皇派가 될 것인가?〉, 〈우리는 구세계舊世界에 대한 비판자〉, 〈군중이 나서서 반혁명세력을 철저히 타도하게 하라〉 등이 있다. 이들 사설은 전국 각지 신문들이 그대로 게재하여 그야말로 혁명 열기가 중국 전역에 고조된다. 《인민일보》가 전국적 여론을 좌우할 수 있는 선전도구라는 위상을 충분히 활용한 것이다.

이처럼 마오쩌둥은 〈해서파관〉을 쓴 우한 비판을 통해 처음으로 '그랜드 플랜'의 일부를 수면 위로 드러낸 뒤 〈516통지〉로 〈2월제강〉을 비판하면서 무산계급 문혁의 큰 깃발을 높이 치켜들었다. 이어 베이징대에 등장시킨 문혁 1호 대자보로 '삼가촌三家村'을 공격하면서 펑전을 포함한 베이징시 당위원회를 더욱 구체적으로 겨냥했다. '삼가촌'은 베이징시 기관간행물인 잡지 《전선前線》의 고정 칼럼 〈삼가촌찰기三家村札記〉의 필진 3명을 가리킨다. 필진은 〈해서파관〉을 쓴 베이징시 부시장 우한을 포함, 베이징시 당위원회 서기처 서기 덩퉈鄧拓와 베이징시당 통일전선 부장 랴오모사廖沫沙였다. 이 칼럼은 고사故事를 빌려 현대를 풍자하는 수필 형식이었다.

이러한 상황에서 쓴 《인민일보》 사설 〈우귀사신을 싹 쓸어버려라〉는 홍위병을 동원하는 격문이었다. 마오는 이를 위해 '혁명무죄 조반유리革命無罪 造反有理'라는 구호를 내세웠다. "반란을 일으키는 데는 그만한 이유가 있다"는 뜻이다. 그 뒤 중국 대륙은 대자보로 넘쳐났다.

문혁 광풍이 온 세상을 휩쓸도록 분위기를 끌고 가는 과정은 이처럼 시종 면밀하게 기획되고 은밀하게 추진됐다. 외곽 때리기와 군중의 계급 투쟁을 통해 이데올로기 문제를 해결하는 방식이 그 핵심이었다. 캉성 康生은 마오가 이를 위해 1965년 여름부터 치밀하게 준비했다고 일지에 기록했다. 36 마오는 그 뒤 11월 초 열차편으로 베이징을 떠나 남방으로 향했다. 그는 항저우와 우한의 고급 주택에 머물면서 세상을 뒤엎는 열기가 대륙 전체에 넘치도록 원격 조종하고 있었다.

1966년 7월 16일, 마오는 후베이성 우한에서 장강長江(양쯔강)을 헤엄쳐 건너는 세계적 이벤트를 연출했다. 그 이틀 뒤 베이징으로 돌아왔다. 남쪽으로 떠난 지 8개월 만이었다. 마오는 베이징으로 복귀한 이튿날 류사오치에게 문화대혁명 상황보고회를 열도록 했다. 이 자리에서 그는 류사오치를 가차 없이 비판했다. 홍위병의 집단 광기에 제동을 걸기 위해 '공작조'를 학교에 파견한 것이 잘못이라고 강한 어조로 공격했다. 37 그 뒤 정치국 상무위 확대회의에서 공작조 철수를 결정했다.

사실 공작조 파견에 마오 자신도 동의했었다. 마오의 지시에 따라 문화대혁명 진두지휘를 맡았던 류사오치, 그는 마오가 쳐 놓은 그물망에 자신이 걸려들고 있다는 사실을 몰랐던 것일까.

---

36 송재윤, 앞의 책, p.83.
37 산케이신문 특별취재반, 앞의 책, p.146.

문혁은 미디어 전쟁

홍위병들이 미쳐 날뛰고 세상이 뒤집어지는 이런 상황이 어떻게 가능했던 것일까. '10년 대동란大動亂', '10년 대참사浩劫'로 불리는 이 중국 현대사의 비극은 어떻게 동력을 유지할 수 있었을까. 그것은 바로 미디어가 있었기에 가능했고, 미디어로부터 추진력이 생겼다. 여기서 말하는 미디어에는 신문, 라디오 방송, 잡지, 대자보, 소보, 소책자, 서적 등 다양한 정보전달 수단이 포함된다. 당시 당보든 군보軍報든, 일간지든 대자보든 소보든, 또는 방송이든 잡지든 소책자든 일체의 미디어는 계급투쟁의 도구, 즉 혁명 완성의 수단이었다.

이 가운데《홍보서》또는《소홍서》로 불린《마오 주석 어록》은 손바닥만 한 소책자였지만 그 위력은 대단했다. 홍위병이나 인민들은 물론 당에서도 군에서도 이 소책자를 성경처럼 읽었다. 문혁의 경전이라고 부를 만했다. 이 책은 국방장관 린뱌오林彪가 1964년 1월 인민해방군의 정신 무장에 필요하다며 출판했다. 공산당, 계급투쟁, 군중노선에서부터 청년, 여성, 문화예술 등 분야에 이르기까지 마오쩌둥 사상의 집대성이었다. 이 소책자는 공산권뿐만 아니라 서부 유럽과 일본에까지 보급돼 그야말로 성경에 버금가는 베스트셀러가 됐다. 이러한 각종 매체는 때로는 서로 경쟁하고 대립했고, 때로는 서로 협력하는 모습을 보였다.

베이징에서 발행되는 중공중앙 기관보《인민일보》와 베이징시당 기관보《베이징일보》등은 상하이시당 기관보《해방일보》와《문회보》등 상하이 매체와 대립하는 모습을 보이다 굴복해야 했다. 중앙군사위원회

비서장이자 총참모장으로 군을 장악한 뤄루이칭은 인민해방군 기관보 《해방군보》에 절대적 영향력을 행사하면서 장칭 일파에 맞서 〈해서파 관비평〉에 소극적 태도를 보이다 문혁 시작과 함께 인민재판 대상으로 몰락했다. 문혁 기간에 무수히 생겨난 《문혁 소보》와 《홍위병 소보》는 각 파벌 자체의 세력을 키우기 위해 상호간 치열한 투쟁을 벌였다. 이 과정에서 《인민일보》는 1967년 1월 24일부터 3면을 '혁명조반파전쟁터革命造反派戰地' 면으로 만들어 조반파가 쓴 소보를 싣는 페이지로 할애했다. 38

마오는 펑전 숙청과 함께 《인민일보》와 《베이징일보》를 포함한 중앙의 모든 매체를 장악한 뒤 자신이 대자보와 《신화통신》, 《인민일보》, 《중앙인민라디오》 간 유기적 '콜라보'를 조율했다. 이처럼 문혁은 다양한 형태의 '미디어 전쟁' 속에서 정점을 향해 달려갔던 것이다.

이런 미디어 전쟁이라는 양상은 문혁 뒤에도 사라지지 않았다. 마오쩌둥 사후 진리표준문제 대토론 시기, 개혁개방을 추진하던 때, 톈안먼 사건 뒤 덩샤오핑의 남순강화 전후에도 미디어를 통한 대리전은 은밀하면서도 치열하게 전개됐다.

시진핑 집권 3기에 들어선 지금 중공은 이데올로기 공작의 중요성을 더욱 강조하면서 미디어를 통한 선전활동을 강화하고 있다. 이에 따라 당중앙의 주선율을 벗어난 목소리는 설 자리가 없어졌다. 마오쩌둥 시기를 닮아가는 것이다.

---

38 趙雲澤, 앞의 책, p.183.

"소보는 대보를 바라보고, 대보는 두 학교를 바라본다"

문혁 기간 동안 언론계는 정상적 작동을 멈췄다. 대신 "소보는 대보를 바라보고小報看大報, 대보는 두 학교를 바라본다大報看梁效"라는 말이 유행할 만큼 기형적 현상이 나타났다. 여기서 대보는 '양보일간'을 말한다. 소보는 《문혁 소보》나 《홍위병 소보》처럼 문혁에 참여한 각 조직이 선전도구로 활용한 신문을 말한다.39 '두 학교'는 '兩校'로 써야 하지만 '梁效'로 썼다. 두 단어의 발음이 '량샤오'로 같기 때문이다. 이런 경우를 '해음諧音'이라고 한다. 발음은 같지만 다른 글자로 표기하면 그 의미가 한눈에 금방 노출되지 않는 이점이 있다. 문혁 당시 필명을 이런 식으로 적는 경우가 아주 많았다.

'량샤오梁效'는 베이징대와 칭화대의 어용 집필 그룹으로 1973년 10월 구성됐다. 중앙문혁 소조의 장악 아래 대자보40 등 문혁 관련 문장을 썼다. 사실상 장칭 등의 생각을 대신 써 주는 역할을 했다. 이러한 어용 집필 그룹을 '사작조寫作組' 또는 '대비판조大批判組'라고 불렀다. 베이징대와 칭화대는 문혁 당시 여론을 주도한 근거지였다.

량샤오가 쓴 장황한 문장은 《홍기》나 《인민일보》에 실릴 만큼 권위를 갖고 있었다. 이에 따라 량샤오가 쓴 문장이 종종 지도 원칙이 되기

---

39 胡正榮 等, 앞의 책, p.154에 따르면, 《東方紅》, 《造反者》, 《紅衛兵》 등 문혁 때 군중 조직이 만든 신문과 간행물은 전국적으로 헤아릴 수 없이 많았다. 따라서 정확한 통계치가 없다. 다만 일부 학자들이 1만종 이상으로 본다. 전국 각지 홍위병과 기타 조반파 조직이 만든 소보도 무수히 많았다. 베이징의 경우 800종 이상으로 추산된다.

40 문혁 당시 군중투쟁 과정에서 엄청난 힘을 발휘한 선전수단이다. 극단적인 언론자유의 허상이었지만 《인민일보》는 대자보를 당당하게 합법적 미디어로 인정했다.

도 했다. 이 경우 전국의 여타 매체는 일제히 이 문장에서 제시한 원칙에 동조하는 입장을 표명해야 했다. 량샤오는 보칭栢青, 가오루高路, 징화景華, 안제安杰, 친화이원秦懷文, 귀핑郭平, 완산훙萬山紅, 스쥔施均, 주샤오장祝小章, 량샤오장梁小章 등 아주 다양한 필명을 갖고 있었다. 41

위에 인용한 유행어는 "소보는 대보를 베끼고小報抄大報, 대보는 두 학교를 베낀다大報抄梁效"라고 말하기도 했다. '바라본다'는 뜻의 '칸看' 대신 '베낀다'는 '차오抄'를 쓴 것이다.

문혁 때 등장한 홍위병이나 조반파造反派 조직은 셀 수 없을 만큼 많았다. 이들은 파벌 간 투쟁하는 과정에서 무력 충돌도 불사하는 등 극도의 혼란상을 보였다. 이러한 상황에서 나돌았던 위에 언급한 유행어는 '대자보'와 '양보일간'이 문혁 때 얼마나 큰 힘을 발휘했는지 잘 보여 준다.

당시 양보일간에 게재된 내용은 바로 정치풍향계가 됐다. 특히 《홍기》는 거의 매번 사작조의 문장을 실었다. 《인민일보》와 《해방군보》, 그리고 《광명일보》는 사작조의 문장을 가장 눈에 띄는 위치에 수시로 보도했다. 그때 중국에서는 매주 '정치학습'을 의무적으로 하도록 했는데 양보일간에 보도된 문장이 교재였다. 사작조가 당시 중국인의 정치 생활에 엄청난 영향을 미쳤음을 알 수 있다.

이처럼 사작조가 쓴 문장은 양보일간의 지면을 점령했다. 문혁 당시 사작조는 량샤오를 포함해 규모가 큰 4개 조직이 있었다. 나머지 3개는 상하이시 당위가 운영한 '뤄쓰딩羅思鼎', 중공중앙 당교의 '탕샤오원唐曉文',

---

41 胡正榮 等, 앞의 책, p.174.

문화부에 속한 '추란初瀾'이었다. '羅思鼎'은 나사못이라는 뜻을 가진 '螺絲釘'의 해음이다. 나사못이란 레이펑雷鋒이 "영원히 녹슬지 않는 하나의 나사못이 되겠다"고 한 말에서 따왔다. 레이펑은 인민해방군 병사로 중공 당원이었으며 멸사봉공의 모범을 보인 인물로 꼽힌다. 중공은 "레이펑 정신을 배우자"며 그를 칭송하고 있다.

뤄쓰딩은 상하이에 기반을 둔 장춘차오, 야오원위안이 직접 관장했다. 1971년 7월 출범했다. 주로 뤄쓰딩이라는 필명을 썼지만 스룬石侖, 캉리康立, 치융훙齊永紅, 스펑史鋒 등 다양한 필명을 함께 사용했다.

'탕샤오원唐曉文'은 '당샤오원黨校文'의 해음으로, 중앙당교에서 발표하는 문장이라는 의미를 내포한다. 1973년 9월부터 활동을 시작했다. 문화부의 사작조 '추란'은 '칭추위란靑出於藍'(청출어람)에서 '추'와 '란'을 따와 해음을 썼다. 여기서 '칭추위란'의 '칭'은 '장칭'을 가리킨다.

이 밖에 《해방군보》도 사작조가 있었는데 '가오쥐高炬'(가오쥐高擧의 해음, 高擧는 높이 치켜든다는 뜻), '한웨이둥韓衛東'(마오쩌둥 사상을 지킨다는 뜻, 捍衛 + 毛澤東), '허쭤원何左文'(좌파의 문장左文을 합작合作한다는 뜻, 合作과 何左는 해음), '우지옌武繼延'(무장부대가 옌안혁명 전통을 계승한다는 뜻) 등의 필명을 썼다.

문혁 당시에는 "일대일소一大一小"라는 표현도 있었다. 여기서 '일대'는 대자보, '일소'는 소보였다. 소보는 넘쳐나는 홍위병과 조반파 조직을 위해 '목구멍과 혀' 노릇을 한 매체였다. 전단지에 가까운 형태였다. 특히 1967년은 《문혁 소보》의 전성기였다. 당중앙 기관보인 《인민일보》와 《중앙인민라디오》도 여러 차례 소보 내용을 그대로 보도했다. 당중앙이 소보를 지지한다는 방증이었다.

문혁 1호 대자보 기획은 누가?

문혁 초기 대자보는 앞에서 본 것처럼 중앙문혁 소조 등이 정교한 기획을 거쳐 사작조를 통해 생산했다. 그렇다면 베이징대에 나붙은 제1호 대자보는 어떤 과정을 거쳐 등장했을까?

1호 대자보는 물론 학생들 스스로 만든 게 아니었다. 베이징대 철학과 당지부 서기로 대자보 작성을 주도한 여성 강사 녜위안쯔聶元梓는 학생들의 자발적 격문이라고 주장했지만, 전후 상황을 보면 이는 설득력이 부족하다. 배후에 중앙문혁 소조가 있었다는 것이 다수 연구의 결과다.

중앙문혁 소조 고문이었던 캉성이 대자보 작성을 지시했다.42 이 과정에서는 캉성의 아내 차오이어우曹軼歐가 다리 역할을 했다. 대자보가 작성되기 전 이미 베이징대에 공작조로 파견돼 있던 그녀는 녜위안쯔와 접촉했다.43 일본 산케이신문 특별취재반이 쓴 《모택동 비록 상》에서는 베이징대 부근 한 호텔에서 두 사람이 만났다고 묘사했다. 차오이어우는 1966년 초 공작조를 이끌고 베이징대에 들어가 활동하고 있었다. 녜위안쯔는 문혁 때 베이징대 조반파 지도자로 베이징대 문화혁명위원회 주임 등을 맡은 맹렬 여성이었다. 1983년 베이징시 중급인민법원은 반혁명선전선동죄, 무고죄 등을 적용해 그녀에게 17년형을 선고했다. 1986년 가석방됐다.

1966년 5월 25일, 녜위안쯔 등 7명은 〈쑹숴, 루핑, 펑페이윈은 문화혁명 중 도대체 뭘 했는가?〉라는 대자보를 작성해 베이징대 대식당 동쪽

---

42 胡正榮 等, 앞의 책, p.145; 산케이신문 특별취재반, 앞의 책, p.128.
43 산케이신문 특별취재반, 앞의 책, p.128; 송재윤, 앞의 책, p.99.

벽에 내붙였다. 마오쩌둥은 이 대자보를 '전국 최초의 마르크스 레닌주의 대자보'라고 불렀다. 이 대자보는 비판 대상 3명을 '군君'이라고 깎아내려 호칭했다. 비판 대상자 쑹쉬宋碩는 베이징시 당위원회 대학부 부부장, 루핑陸平은 베이징대 총장 겸 당위원회 서기, 펑페이윈彭珮雲은 베이징시 당위 대학부 간부 겸 베이징대 당위원회 부서기를 각각 맡고 있었다.

대자보는 전국적으로 '삼가촌'을 성토하는 분위기가 고조된 뒤에도 베이징대에서는 아무런 움직임도 없었고, 학교 측이 강렬한 혁명의 요구를 억압했다고 비판했다. 당 간부에 대한 공개적 비판은 '반당 행위'였으므로 이 대자보가 주는 충격은 엄청났다. 캉성은 이 대자보를 두고 "베이징대 문화대혁명의 서막을 열었을 뿐만 아니라 베이징시 문화대혁명의 화염이 치솟게 했고 전국적인 문화대혁명의 불씨에 불을 붙였다"고 추켜세웠다.[44]

때는 바야흐로 세계적으로 미니스커트가 유행하고 일본 청년들이 비틀스의 일본 공연을 앞두고 열광하던 시절이었다.

마오쩌둥은 1호 대자보를 적극 활용했다. 대자보 발표 일주일 뒤인 6월 1일, 대자보 전문을 관영 통신 《신화사》가 보도하도록 했다. 이를 통해 전국의 신문과 잡지 등이 《신화사》를 인용 보도토록 하라고 캉성 등에게 지시했다. 6월 1일은 《인민일보》가 〈우귀사신을 싹 쓸어버려라〉는 사설을 1면 톱으로 보도했던 날이다. 《중앙인민라디오》는 그날 밤 《신화사》를 인용해 대자보 전문을 보도했다. 그다음 날인 6월 2일에는 《인민

44 胡正榮 等, 앞의 책, p.147.

일보》가 〈베이징대의 동지 7명이 작성한 대자보가 대음모를 폭로하다〉라는 제목의 기사를 1면에 보도했다. 《인민일보》는 1면에 〈베이징대의 대자보를 환호함〉이라는 논설위원의 논평까지 실었다. 이처럼 대자보를 선전하는 데 전국 매체를 동원함으로써 그 효과를 최대치로 끌어올렸다.

마오쩌둥은 앞서 1호 대자보가 나오기 전에 〈삼가촌찰기〉뿐 아니라 〈연산야화燕山夜話〉까지 포함해 그 내용이 반당·반사회주의적이라고 비판했다. 자신이 머무르던 항저우에서 1966년 3월 28일부터 30일까지 장칭, 캉성 등과 세 차례 만나 펑전을 비롯한 베이징시 당위와 〈2월제강〉을 비판하면서였다. 그 뒤 4월에는 마오가 항저우에서 중앙정치국 확대회의를 소집했다. 여기서 〈2월제강〉 취소를 결정하고 펑전을 격렬히 비판했다. 5월 8일에는 베이징의 《광명일보》와 《해방군보》가 동시에 포문을 열었다. 《광명일보》는 베이징시 당위와 기관보를 공격했다. 《해방군보》는 덩퉈를 비롯한 삼가촌을 반당·반사회주의자라고 낙인찍으면서 베이징시 당위의 기관 매체 《베이징일보》, 《베이징만보》, 《전선》을 싸잡아 "대량의 독소를 방출하는 반당 도구"라고 비판했다.

이틀 뒤인 10일, 이번에는 상하이의 《해방일보》와 《문회보》가 나섰다. 두 신문은 〈해서파관비평〉을 쓴 야오원위안이 집필한 〈연산야화〉와 〈삼가촌찰기〉를 비판하는 논문을 동시에 게재했다. 그다음 날, 전국의 신문들이 이 글의 전문을 그대로 실었다. 이 논문의 의도는 명확했다. 베이징시 당위를 쓰러뜨리기 위해 베이징시 당위의 〈해서파관〉을 적극적으로 비판하지 않은 잘못에다 별도로 새로운 죄명을 추가한 것이었다. 배후의 목표는 '당중앙에 잠복한 자산계급사령부'였다. 그리고 뒤이어 〈516통지〉가 나오게 된다.

〈연산야화〉는 덩퉈가 〈삼가촌찰기〉 공동 필자로 참여하기 전 1961년 3월부터 9월까지 《베이징만보》에 고정 기고한 칼럼이다. 그는 《베이징만보》의 요청에 따라 이 칼럼을 썼다. 독자들의 반응이 아주 좋았다. 《전선》은 이에 영감을 받아 비슷한 형식의 〈삼가촌찰기〉를 만들었다. 덩퉈는 납득할 수 없는 이유로 비판 대상이 되자 억울함을 견디지 못하고 스스로 목숨을 끊었다. 〈516통지〉가 채택된 지 이틀 뒤인 5월 18일이었다.

1호 대자보가 나온 뒤 2개월여가 흐른 8월 5일, 마침내 마오가 직접 작성한 대자보 〈사령부를 포격하라 ― 나의 대자보〉가 등장했다. 그전 1일부터는 중공 제8기 중앙위원회 11차 전체회의(제8기 11중전회)가 인민대회당에서 열리고 있었다. 손으로 쓴 이 대자보는 중난하이 정원에 나붙었다.45 중난하이는 공산당 지도부, 국무원 등 국가 중추기관이 있는 곳이다.

대자보는 200자 원고지 한 장 분량으로 짧았다. 주요 부분은 다음과 같다.

일부 지도자 동지는 반동적 자산계급 입장에 서서 자산계급 독재를 했다. 무산계급의 기세 높은 문화대혁명 운동을 쳐부수고, 옳고 그름을 뒤바꾸고, 혁명파를 포위해 소탕하고 의기양양해 있다. 이 얼마나 악랄한가?

---

45 이 대자보가 맨 먼저 등장한 장소와 날짜에 대해서는 의견이 엇갈린다. 제8기 11중전회 회의장에 7일 배포되고 그 뒤 중난하이에 붙였다는 주장도 있다(산케이신문 특별취재반, 《모택동비록 상》 임홍빈 옮김, 문학사상사, 2001, p.170). 필자는 胡正榮 等, 앞의 책, p.146에 따랐다.

그 뒤부터 대자보는 전국에서 하늘과 땅을 뒤덮을 기세로 등장하기 시작했다.

이 대자보는 이름만 직접 밝히지 않았을 뿐 류사오치를 공격하고 있다는 것을 누구나 알 수 있었다. 문혁의 최종 타깃이 드러나는 순간이었다. 이틀 뒤인 7일에는 대자보 인쇄본이 제8기 11중전회에 배포됐다. 그리고 다음 날인 8일 〈무산계급 문화대혁명에 관한 중공 중앙위원회 결정〉이 마오 주도로 채택된다. 16조로 된 이 결정은 당내 자본주의 노선을 걷는 당권파의 타도가 운동의 주된 목적임을 밝혔다. 류사오치 숙청을 공식화한 것이다. 〈사령부를 포격하라〉 대자보는 1년 뒤인 1967년 8월 5일 《인민일보》에 1면 머리기사로 보도됐다. **46**

---

46 胡正榮 等, 앞의 책, p.148.

마오쩌둥은 5·4 운동의 열기가 고조되던 1919년 7월 고향으로 돌아가 후난성 창사에서 주간신문 《상강평론》을 창간했다. 마오는 자신이 직접 쓴 《상강평론》 창간 선언 (사진)을 통해 미디어는 혁명 성공을 위한 선전선동 도구여야 한다는 언론관을 보여 줬다. 마오는 특히 《상강평론》에 연재한 〈민중 대연합〉이란 장편 정치평론을 통해 러시아 10월 혁명, 신해혁명, 5·4 운동의 교훈을 결산하면서 민중 대연합 개념을 구체적으로 제시했다. (사진 = 《바이두》 픽처)

4. 마오쩌둥의 언론관

5·4 운동 때 주간신문 창간

이제 마오쩌둥의 언론관이 형성되는 과정을 살펴보자. 마오는 청나라 말
기와 중화민국 초기의 계몽사상가 량치차오가 편집인으로 있었던 《시
무보》의 애독자였다. 《시무보》는 유신운동 시기인 1896년 창간됐다.
열흘에 한 번 발행하는 순간旬刊으로 유신파의 입장을 전파하는 매체였
다. 마오는 특히 량치차오가 쓴 문장은 거의 암기할 정도로 반복해서 소
리 내어 읽은 것으로 유명하다. 47

그 뒤 《신청년》이 창간되자 이 월간잡지의 충실한 독자가 됐다. 《신
청년》은 당시 신문화운동을 주도했다. 이 잡지는 5·4 운동48 후기부터
마르크스주의를 중국에 소개했다. 마오는 이런 매체를 접하면서 시대의
흐름을 파악했다.

마오쩌둥은 1918년 10월부터 이듬해 3월까지 베이징대 도서관에서
사서(도서관리원 보조)로 일하는 동안 언론에 눈뜨는 좋은 기회를 가졌
다. 중국 최초 언론학 연구단체인 베이징대 언론학연구회에 참가한 것
이다. 그때 베이징대 도서관장은 리다자오였다. 그는 3년 뒤인 1921년
7월 천두슈와 함께 중국공산당을 창건했다. 마오는 공산당 창당대회에
참석했던 13명 가운데 1명이었다.

---

47 趙雲澤, 앞의 책, p.148.
48 1919년 5월 4일 베이징의 학생들이 일으킨 항일운동이자 반제국주의, 반봉건주의 운동으로, 3·1 운동
의 영향을 받았다. 신문화운동 중심지인 베이징대가 5·4 운동 진원지였다.

그는 도서관 사서였을 때 자부심 강한 명문 베이징대 학생들 사이에서 열등감에 사로잡히기도 했으나 나름 그 시기를 잘 활용했다. 언론학 연구회에는 저명한 기자로 '만능 언론인'으로 불렸던 사오퍄오핑邵飄萍과 미국에서 공부하고 돌아온 쉬바오황徐寶璜 교수가 참가했다. 두 사람은 이 모임의 지도교수 역할을 했다.

그 뒤 마오는 5·4 운동의 열기가 고조되던 1919년 7월 고향 후난성으로 돌아갔다. 그리고 창사長沙에서 주간신문 《상강평론湘江評論》을 창간했다. 《상강평론》으로 마오는 신문창간의 꿈을 실현했다. 그는 편집주간을 맡아 새로운 사상을 전파하고 혁명에 투신할 것을 독려했다.

마오가 직접 쓴 《상강평론》 창간 선언의 주요 부분을 살펴보자. 당시 그는 미디어는 혁명 성공을 위한 선전선동 도구여야 한다는 언론관을 가졌음을 보여 준다.

세계 혁명의 목소리가 드높은 지금 인민해방 운동도 맹렬히 진행되고 있다. … 세상에서 가장 강대한 힘은 전체 인민이 연합한 힘이다. 인민은 마땅히 떨쳐 일어나 자신들의 철저한 해방을 위해 강권통치를 향해 투쟁을 벌여야 한다. … 혁명의 관건은 인민에게 있다. 따라서 혁명을 위해 만들어진 신문과 간행물은 인민을 선동하고 민중을 상대로 선전하는 데 앞장서야 한다.

마오는 특히 《상강평론》에 연재한 〈민중 대연합〉이라는 제목의 장편 정치평론을 통해 러시아 10월 혁명, 신해혁명, 5·4 운동의 교훈을 결산하면서 민중 대연합 개념을 구체적으로 제시했다. 그는 《상강평론》창간 선언에서도 "전체 인민이 연합한 역량이 가장 강대하다"며 이러한 생각을 밝혔다. 마오는 《상강평론》창간 초기 주요 기사 작성 책임을 도맡았는데, 한 달 이내에 40여 편의 글을 썼다. 동시에 직접 편집, 교열 등을 하면서 신문 제작 과정에도 익숙해졌다.

그러나 《상강평론》은 창간 한 달 만인 8월 군벌 장징야오張敬堯에 의해 폐간됐다. 초기 공산당 운동 지도자 리다자오는 《상강평론》에 대해 "전국에서 가장 무게감 있었고 (시대 상황에 대한) 견해에 깊이가 있었던 간행물"이라고 말했다. 후난성에서 혁명 운동을 추진하는 과정에서 중요한 역할을 했던 신문이라는 평가다.

마오는 이어 《정치주보政治週報》를 통해 국민당 우파 토벌을 위한 여론 조성에 나섰다. 《정치주보》는 1925년 12월 국민당 기관지로 창간됐으나, 사실상 마오가 발간을 주관했다.[49] 《정치주보》는 당시 공산당 중앙 기관지였던 주간 《향도嚮導》나 공산혁명을 고취하던 월간 《신청년》과 함께 국민당 공격 선전활동을 벌인 매체였다.

《정치주보》창간 시기는 의미가 있다. 국민당은 한 해 전인 1924년 제1차 전국대표대회를 열어 제1차 국공합작을 선언했다. 그러나 1차 국공합작은 오래가지 못했다. 국민당 우파가 1925년 3월 쑨원이 사망한 뒤 그해 12월부터 반공·반통일전선 활동을 공개적으로 시작했기 때문이다. 마오는 자신이 쓴 〈정치주보 발간 이유〉를 통해 "우리가 적들을 반격하는 데 있어 논쟁을 길게 할 필요 없다. 우리의 혁명사업과 관련한 사실을 충실하게 알리기만 하면 되는 것"이라고 밝혔다.

---

49 趙雲澤, 앞의 책, p.149.

이처럼 마오의 언론관은 《상강평론》 창간 선언과 〈정치주보 발간 이유〉에 잘 드러나 있다. 그 요지는 다음 두 가지다. 첫째, 혁명의 관건은 인민인 만큼 매체는 인민을 상대로 선전선동을 벌여야 한다. 둘째, 매체는 혁명사업 관련 사실을 충실하게 보도해야 한다. 이렇게 보면 마오는 정치투쟁과 관련한 신문의 역할에 대해 젊은 시절부터 상당한 안목을 갖췄음을 알 수 있다.

여기에는 두 가지 상황이 크게 작용했다. 첫째, 베이징대 언론학연구회 활동을 통해 쉬바오황 교수와 사오퍄오핑 기자로부터 지도를 받은 것. 마오에게는 언론의 존재 의의를 새롭게 인식하는 계기였다. 둘째, 마오 스스로도 신문 편집과 관련한 경험을 적극적으로 쌓은 것. 무엇보다 5 · 4 운동 와중에 《상강평론》을 창간했던 것은 언론 실무 능력을 쌓는 좋은 기회였다.

마오쩌둥이 《상강평론》 발행 때 축적한 언론 경험, 그리고 그전에 형성한 언론관은 그 뒤 중국공산당이 당 기관보를 제작하는 과정에서 커다란 영향력을 발휘했다. 그의 언론관과 신문 제작 실무 경험은 특히 옌안 시절 《해방일보》를 개편할 때 결정적 작용을 했다. 신문과 출판물은 계급투쟁의 수단 역할을 해야 한다는 이념도 중공의 당보에 그대로 반영됐다.

매체는 당과 정부의 '목구멍과 혀'

중공중앙이 옌안에 있을 때인 1942년 진행한 《해방일보》 혁신은 중공 당보 역사에서 하나의 분수령이었다. 《해방일보》 쇄신은 당시 마오쩌둥이 주도한 정풍운동의 일환이었다. 마오는 이를 통해 신문 제작 과정에서 당성黨性의 중요성과 신문의 계급투쟁 속성을 선명하게 드러냈다. 그 결과로 당위원회의 신문에 대한 영도 작용이 강화됐고, 신문은 정치선전을 통해 군중이 혁명에 참여하도록 시동을 걸었다.

이러한 《해방일보》 쇄신 뒤 '전당판보'와 '군중판보' 방침이 확립됐다. 이 두 가지를 통해 신문이 군중을 움직이게 함으로써 혁명을 성공시킨다는 논리다. 문혁 때 동원했던 수법이 바로 미디어를 통해 군중이 움직이게 하는 것이었다. 그러나 이는 곧 신문을 포함한 출판물의 철저한 독립성 상실을 의미했다. 이런 상황에서는 언론이 당의 정책이나 지도자의 좌편향 또는 우편향을 그대로 따라가는 오류를 피할 수 없었다.

마오쩌둥은 이와 관련해 1948년 4월 〈《진수일보》50 편집담당자들에 대한 담화〉를 발표한다. 담화는 전당판보, 군중판보를 다시 한번 강조했다. 그러면서 당보의 역할과 임무, 신문 제작의 노선과 방침, 기자의 학습과 수양에 대해 자세히 밝혔다. 한마디로 당보는 당의 정책을 당 지도자뿐만 아니라 간부, 그리고 수많은 군중들도 알도록 하는 것이 주요 역할이었다. 이를 위해 당보나 당 간행물은 당의 정책에 대한 선전활동을 책임져야 한다고 강조했다. 마오는 이에 대해 "당보의 역할은 전쟁을 하는 것과 같다"며 "전쟁 승리를 위해서는 간부만 단결해서는 안 되고 전사들도 마음을 합해야 한다"고 비유했다.

---

50 1940년 9월 창간된 《항전일보抗戰日報》가 《진수일보晉綏日報》의 전신이다. 1946년 7월 《진수일보》로 이름을 바꿨으며 중국공산당 진수분국晉綏分局의 기관보였다. 진수는 산시山西성 서북부와 내몽고자치구의 동남부 지역에 해당한다.

지금까지 살펴본 것처럼 공산혁명 시기 미디어의 모습은 전적으로 마오쩌둥의 언론관에 따른 것이었다. 그는 혁명 초기 "붓대와 총대, 혁명은 이 두 개의 대에 의존해야 한다"라고 밝혔다. 이러한 모습은 신중국 건국 초기에도 바뀌지 않았을 뿐더러 '매체는 계급투쟁 도구'라는 속성이 오히려 마오 주도 아래 더욱 강화됐다.

언론 매체는 당의 사업을 위한 선전도구라는 존재 의의는 이 과정에서 확립됐다. 중공 체제 아래서 매체의 이런 지위는 지금까지 이어지고 있다. 언론 매체, 특히 관영 매체를 당과 정부의 '목구멍과 혀喉舌'라고 부르는 것도 이 때문이다.

덩샤오핑 시기 일시적 사상해방 분위기

덩샤오핑이 정치무대에 다시 나선 뒤에는 언론환경에 변화의 기운이 감돌았다. 그는 마오쩌둥 사망과 4인방 몰락에 이어 중공을 이끌기 시작했다. 바야흐로 봄바람이 불면서 문혁 시기에 비해 사상해방 분위기가 조성됐다.

하지만 이는 그전에 비해 상대적 변화였을 뿐 근본적이고 심층적인 건 아니었다. 그럼에도 문혁이라는 참혹한 10년 세월을 견뎌온 세대에게는 이마저도 엄청난 의미로 다가갔다. 사상해방의 단초가 열린 것은 1978년 12월 중공 11기 3중전회에서 개혁개방과 사회주의 현대화 건설에 당 전체와 전국 인민의 힘을 쏟기로 결정하면서다. 다음해인 1979년 열린 '전국문학예술인 제4차 대표대회'에서는 덩샤오핑이 축사를 통해 문예 방면의 행정명령은 필히 폐지돼야 한다고 밝혔다. 사상 통제 완화에 대한 기대를 한껏 높인 것이다.

덩샤오핑은 특히 "무엇을 쓰고 어떻게 쓸 것인지는 문예가文藝家가 창작활동 중 스스로 모색하고 차츰차츰 해결해야 하는 것"이라며 "이와 관련해 함부로 간섭해서는 안 된다"고 강조했다. 51

이런 상황에서 덩샤오핑을 비롯한 개혁파를 시험하는 상황이 생겼다. 1979년 9월 시나리오 〈쿠롄 苦戀〉이 발표되고 이어 1980년 말 이를 토대로 한 영화 〈태양과 사람太陽和人〉이 만들어졌다. 시나리오와 영화가 중공을 비판하는 내용을 담고 있었기 때문에 문화예술계는 물론 당중앙도 주목했다. 영화를 둘러싼 논란이 1981년까지 계속됐다.

〈쿠롄〉의 간략한 줄거리는 이렇다. 국민당에 쫓겨 미국으로 도망간 화가가 유명해진 뒤 신중국으로 돌아왔는데 곧 문혁이 발발, 비참한 환경에서 어렵게 지내야 했다. 화가의 딸이 남자 친구와 함께 다른 나라로 가려 하자 화가는 반대한다. 이에 딸은 "당신은 고생고생하면서도 이 나라를 사랑했는데 이 나라는 당신을 사랑했나요?"라고 묻는다. 문혁 때 같았으면 이런 내용의 시나리오를 쓴 작가나 영화를 만든 감독은 혹독한 대가를 치러야 했고 때로는 목숨을 부지하기도 힘들었다.

당시는 폴란드에서 정치적 격변이 벌어지던 때였다. 공산당으로부터 독립된 자유노조가 결성되면서 기존 정치질서가 흔들리고 있었다. '폴란드 사태'로 불린 이런 상황은 1980년 여름에 시작됐다. 중국공산당은 폴란드 사태에 민감하게 반응할 수밖에 없었다. 1981년 1월 당중앙은 〈신문 및 간행물, 뉴스, 라디오의 선전 방침에 관한 결정〉을 발표한다.

---

51 胡正榮 等, 앞의 책, p.205.

이를 통해 "신문과 간행물, 뉴스, 라디오, 텔레비전은 당이 사상정치 공작을 펼치는 중요한 무기"라면서 "필히 (이들에 대한) 통일적 영도를 강화해야 한다"고 강조했다.[52] 2년 전 전국문학예술인 대회 때 부각했던 사상 통제 완화 분위기는 일시에 얼어붙었다.

그 뒤 1981년 3월 덩샤오핑이 〈쿠롄〉에 대해 입을 열었다. 그는 〈쿠롄〉은 비판받아야 한다고 밝히면서도, 비판은 사실에 입각해야 하고 편견을 가져서는 안 된다고 말했다. 이와 관련한 각 매체의 논조는 서로 엇갈렸다. 《해방군보》, 《베이징일보》, 《홍기》 등은 작가가 자산계급 자유화 경향을 보인다며 신랄하게 비판했다. 《인민일보》, 《문회보》, 《문예보》 등은 예술작품을 사상과 연결시키는 것에 반대하는 입장을 보였다. 일부 지식인들은 정치비판투쟁이 횡행했던 문혁 시절로 되돌아가는 것 아니냐고 우려했다.

마침내 덩샤오핑이 나섰다. 그는 1981년 7월 일부 당 간부들과 만나 〈쿠롄〉 논란을 어떻게 처리할지 구체적 방안을 제시했다. 이어서 8월 '사상전선 좌담회'가 열렸고, 여기서 그 방안이 공개됐다. 즉, 그동안 비판 목소리를 높였던 《해방군보》는 그 정도에서 그치되, 〈쿠롄〉을 비판하지 않았던 《문예보》는 비판 칼럼을 게재한다. 시나리오 작가 바이화白樺는 자신의 잘못을 반성하는 편지를 《해방군보》와 《문예보》에 보내고 두 신문은 이를 각각 보도한다. 〈쿠롄〉 비판을 반대했던 《인민일보》는 《문예보》가 게재한 〈쿠롄〉 비판 칼럼과 바이화의 편지를 보도한다. 이렇게 처리하기로 한 것이다.

---

52 趙雲澤, 앞의 책, p.198.

이러한 방식은 문혁 때처럼 정치비판투쟁으로 연결되지 않았다는 점에서 긍정적이었다. 하지만 시나리오나 영화 하나를 놓고도 최고지도자가 나서서 교통정리를 해야만 계급투쟁으로 비화되지 않는 엄연한 현실을 드러냈다. 〈쿠렌〉을 둘러싼 풍파는 1978년 이후 사상해방 분위기가 조성되긴 했지만 이는 국내외 상황에 따라 언제든지 변할 수 있다는 사실을 깨닫게 해 줬다.

맺는말

당연한 얘기지만 인터넷은 그야말로 축복이다. 어느 나라 자료든 검색만으로 거의 대부분 접근할 수 있다는 건 정말이지 대단한 일이다. 인터넷이 없었다면 외진 바닷가 마을에서 순조롭게 책을 쓰지 못했을 것이다.

2020년에 집필 준비를 시작했다. 그 뒤 숲 가꾸기를 위해 남쪽 바닷가로 오면서 당초 일정에 변화가 생겼다. 온라인 강의를 하던 때였기에 서울을 떠날 수 있었다. 2022년 말까지는 책을 출간하려 했는데 결국 2023년 봄에야 마무리하게 됐다.

이곳에 와서 풀이름과 별자리를 꽤 알게 되고, 요리를 하게 되고, 바닷가 조깅을 좋아하게 되고, 텃밭을 가꾸게 되고, 클래식 음악을 즐기게 되는 등 얻은 게 적지 않았다. 인구 소멸의 길을 가고 있는 농어촌 현실을 두 눈으로 직접 본 건 참으로 소중한 경험이었다.

중국에서 대학교수로 있는 박사과정 동학 리즈민은 일부 논문을 검색하는 데 있어 기꺼이 도움을 줬다. 중국 사이트의 인터넷 검색이 순조롭지 않은 경우가 있었기 때문이다. 이 자리를 빌려 그에게 감사의 정을 전한다.

저술 작업을 지원해 줬을 뿐 아니라 출간 시기를 넘겼는데도 인내심을 갖고 기다려 준 방일영문화재단에 감사드린다. 흔쾌히 출판을 맡아 주신 나남출판사 조상호 회장님과 넘겨준 원고를 깔끔한 책으로 만들어 낸 이자영 편집부 차장님에게도 고마움을 표한다.

항상 나에게 힘이 되어 주는 아내와 가족 모두에게 사랑을 전한다. 동생을 언제나 애정 어린 눈길로 지켜봐 주는 칠순의 누님이 멋진 노후를 보내길 응원한다.

참고자료

1. 도서

柴靜, 《看見》, 廣西師範大學出版社, 2013.

方漢奇, 《中國近代報刊史》, 山西人民出版社, 1981.

胡正榮・李煜, 《社會透鏡: 新中國媒介變遷60年, 1949~2009》, 清華大學出版社, 2010.

劉少杰・王建民, 《中國網絡社會研究報告 2017》, 中國人民大學出版社, 2018.

王年一, 《大動亂的年代》, 河南人民出版社, 1988.

《習近平談治國理政》第二卷, 外文出版社, 2017.

曉蘭・吳潮, 《傳敎士中文期刊史》, 復旦大學出版社, 2011.

趙雲澤, 《作爲政治的傳播》, 中國人民大學出版社, 2017.

趙雲澤・王靖雨・滕沐穎・焦建, 《中國社會轉型焦慮與互聯網倫理》, 中國人民大學出版社, 2017.

김인희, 《중국 애국주의 홍위병, 분노청년》, 푸른역사, 2021.

데이비드 웰시, 《독일 제3제국의 선전정책》, 최용찬 옮김, 혜안, 2001.

매튜 휴즈・크리스 만, 《히틀러가 바꾼 세계》, 박수민 옮김, 플래닛 미디어, 2011.

산케이신문 특별취재반, 《모택동비록 상》, 임홍빈 옮김, 문학사상사, 2001.

_____, 《모택동비록 하》, 임홍빈 옮김, 문학사상사, 2001.

에번 오스노스, 《야망의 시대: 새로운 중국의 부, 진실, 믿음》, 고기탁 옮김, 열린책들, 2015.

이희옥·백승욱 엮음, 《중국공산당 100년의 변천 1921~2021》, 책과 함께, 2021.

장성준, 《소셜 미디어와 사회 참여》, 커뮤니케이션북스, 2016.

정철운, 《요제프 괴벨스》, 인물과 사상사, 2018.

케빈 패스모어, 《파시즘》, 이지원 옮김, 교유서가, 2016.

팡팡, 《우한일기》, 조유리 옮김, 문학동네, 2020.

한나 아렌트, 《예루살렘의 아이히만: 악의 평범성에 대한 보고서》, 김선욱 옮김, 한길사, 2021.

Wang, Xinyuan, 《*Social Media in Industrial China*》, UCL Press, 2016.

2. 논문 및 보고서

〈吃瓜改變世界: 從"全景監獄"到"共景監獄"〉, 《傳媒實驗室》, 2017. 8. 24.

〈第50次中國互聯網絡發展狀況統計報告〉, 《中國互聯網絡信息中心CNNIC》, 2022. 8. 31.

〈2022年6月全國各省市移動電話用戶數排行榜〉, 《華經産業研究院》, 2022. 9. 14.

〈習近平: 高擧中國特色社會主義偉大旗幟 爲全面建設社會主義現代化國家而 團結奮鬪-在中國共產黨第二十次全國代表大會上的報告〉, 《新華社》, 2022. 10. 25.

〈習近平關於全面建成小康社會論述摘編〉, 《中央文獻出版社》, 2016.

〈習近平: 決勝全面建成小康社會 奪取新時代中國特色社會主義偉大勝利: 在中 國共產黨第十九次全國代表大會上的報告〉, 《新華社》, 2017. 10. 27.

〈習近平總書記黨的新聞輿論工作座談會重要講話精神學習輔助材料〉, 《學習 出版社》, 2016.

〈在中央政治局常委會會議研究應對新型冠狀病毒肺炎疫情工作時的講話〉, 《求是》, 2020. 2. 15.

陳富清, 〈黨管媒體理論的創新發展〉, 《新聞學論集》, 第26輯, 2011. 6.

陳力丹, 〈堅持正確輿論導嚮, 加强互聯網內容建設: 學習十九大報告關於新聞興論工作的論述〉,《國際新聞界》, 2017. 11.

_____, 〈習近平在黨的新聞興論工作座談會上的講話〉,《新聞界》, 第2期, 2018.

陳秀雲, 〈新中國成立以來中國共產黨突發事件新聞思想的演變歷程〉,《新聞學論集》, 第26輯, 2011. 6.

靖鳴・劉自艱, 〈習近平關於興論監督重要論述和理論體系的核心內容〉,《新聞愛好者》, 2020. 2.

藍天・鄒升平, 〈習近平關於興論引導的重要論述探析〉,《思想教育研究》, 2021. 1.

李泓永・周玉橋, 〈看見的力量: 透視疫情報道與國家治理能力現代化〉,《新聞記者》, 第2期, 2020. 3. 2.

劉海明・高杰, 〈微媒體平臺的疫情信息傳播特點及注意事項〉,《青年記者》, 2020. 2. 11.

喬雲霞, 〈論中共主要領導人興論監督思想的發展〉,《新聞學論集》, 第26輯, 2011. 6.

卿志軍, 〈發展歷程, 邏輯基礎與戰略路徑: 習近平黨管媒體重要論述研究〉,《現代傳播》, 第4期, 2021.

沈正賦, 〈興論監督與興論引導: 新時代中國共產黨新聞興論思想的核心理論〉,《新聞與傳播研究》, 第11期. 2018.

魏永征, 〈略論治理網絡謠言的行政處罰〉,《新聞記者》, 第3期, 2020. 3. 31.

吳挺・賴勤, 〈平臺型媒體的社會責任〉,《中國廣播電視學刊》, 第9期, 2021.

易艷剛, 〈社交媒體時代的'信息疫情'〉,《青年記者》, 2020. 2. 21.

張壘, 〈習近平總書記關於網絡强國的重要思想發展脈絡及其對新聞興論工作的指導意義〉,《中國出版》, 第11期, 2021.

鄭保衛, 〈論毛澤東, 鄧小平, 江澤民, 胡錦濤新聞思想的歷史地位及理論貢獻〉,《新聞學論集》, 第26輯, 2011. 6.

莊永志, 〈監督就是防疫, 致敬七大監督報道〉,《青年記者》, 2020. 2. 15.

류젠췬, 〈중국특색 거버넌스의 논리〉,《중국의 길을 찾다》, 이희옥・수창허 엮음, 책과함께, 2021.

박진범, 〈영화 '장진호'와《CCTV》의 애국주의〉,《한중저널》, 2021년 겨울호.

이문기, 〈정치 변동과 국가 거버넌스 개혁〉,《중국의 길을 찾다》, 이희옥・수창허 엮음, 책과 함께, 2021.

이진로, 〈미국의 언론자유 사상 연구〉, 《정치와 평론》, 11집, 2012. 12.

전은숙, 〈중국 정부의 초기 대응, 사스 때와 판박이〉, 《한중저널》 제3호, 2020년 봄호.

정원교, 〈중국 언론, 코로나19 왜 조기경보 못 울렸나〉, 《관훈저널》, 2020년 여름호.

조영남, 〈중국은 코로나19에 어떻게 대응했나?〉, 《팬데믹 이후 중국의 길을 묻다》, 백영서 엮음, 책과 함께, 2021.

Liu, Jun, 〈Mobile phones, social ties and collective action mobilization in China〉, 《Acta Sociologica》, Jul. 24, 2016.

Barkin, Noah, 〈In the Post-Pandemic Cold War, America is Losing Europe〉, 《Foreign Policy》, May 19, 2020.

Blanchette, Jude, 〈Party of one: The CCP congress and Xi Jinping's quest to control China〉, 《Foreign Affairs》, Oct. 14, 2022.

Economy, Elizabeth, 〈The Coronavirus Is a Stress Test for Xi Jinping〉, 《Foreign Affairs》, Feb. 10, 2020.

Lin, Bonny and Joel Wuthnow, 〈The weakness behind China's strong façade: Xi's reach exceeds his military's grasp〉, 《Foreign Affairs》, Nov. 10, 2022.

Peckham, Robert, 〈Past pandemics exposed China's weaknesses: The current one highlights its strengths〉, 《Foreign Affairs》, Mar. 27, 2020.

Pottinger, Matt, Matthew Johnson, and David Feith, 〈Xi Jinping in his own words: What China's leader wants and how to stop him from getting it〉, 《Foreign Affairs》, Nov. 30, 2022.

Rosenberger, Laura, 〈China's Coronavirus Information Offensive: Beijing Is Using New Methods to Spin the Pandemic to Its Advantage〉, 《Foreign Affairs》, Apr. 22, 2020.

Rudd, Kevin, 〈The Coming Post-COVID Anarchy〉, 《Foreign Affairs》, May 6, 2020.

Rudd, Kevin, 〈The return of Red China：Xi Jinping brings back Marxism〉, 《Foreign Affairs》, Nov. 9, 2022.

Rudd, Kevin, 〈The world according to Xi Jinping：What China's ideologue in chief really believes〉, 《Foreign Affairs》, Nov./Dec. 2022.

Shirky, Clay, 〈The political power of social media：Technology, the public sphere, and political change〉, 《Foreign Affairs》, Jan./Feb. 2011.

Weiss, Jessica Chen, 〈China's self-defeating nationalism：Brazen diplomacy and rhetorical bluster undercut Beijing's influence〉, 《Foreign Affairs》, July 16, 2020.

3. 미디어

중국 미디어

〈北京廣播電視臺推出抗擊疫情主題歌曲'武漢! 武漢!'〉, 《新京報》, 2020. 2. 19.

〈對話'傳謠'被訓誡醫生：我是在提醒大家注意防範〉, 《新京報》, 2020. 1. 31.

〈國家監委調查組發布李文亮有關情況調查通報〉, 《人民日報》, 2020. 3. 19.

國務院新聞辦公室, 〈抗擊新冠肺炎疫情的中國行動〉, 《人民網》, 2020. 6. 8.

〈就在今天, 這件事一定要做, 不然枉爲中國人〉, 《好看視頻》, 2020. 4. 4

〈兩高兩部：嚴懲妨害疫情防控犯罪 推動提高依法治理能力〉, 《人民網》, 2020. 2. 11.

〈民間組織瘋狂捐贈, 爲什麼武漢的醫院還缺物資?〉, 《人物》, 2020. 2. 1.

〈任志强同志, 你正在演出一場機會主義鬧劇〉, 《人民網》, 2016. 2. 25.

〈雙黃連能抑制新型肺炎? 人民日報再發聲：抑制竝不等於豫防和治療! 請勿搶購自行服用〉, 《澎湃新聞》, 2020. 2. 1.

習近平, 〈在網絡安全和信息化工作座談會上的講話〉, 《人民日報》, 2016. 4. 26.

〈習近平主席在視察解放軍報社時强調 堅持軍報姓黨堅持强軍爲本堅持創新爲要 爲實現中國夢强軍夢提供思想輿論支持〉, 《人民日報》, 2015. 12. 27.

〈中共中央政治局10月9日下午就實施網絡强國戰略進行第36次集體學習〉, 《人民日報》, 2016. 10. 10.

〈中美貿易戰, 終局大推演〉, 《人民日報》, 2018. 4. 4.

許志永, 〈勸退書〉, 《公民China Citizens Movement》, 2020. 2. 4.

張千帆, 〈張千帆: 倡議設立2.6日爲中國言論自由日〉, 《微信》, 2020. 2. 7.

서방 미디어

Buckley, Chris, 〈With intimidation and surveillance, China tries to snuff out protests〉, 《New York Times》, Nov. 29, 2022.

Zhong, Raymond, 〈China clamps down on coronavirus coverage as cases surge〉, 《New York Times》, Feb. 5, 2020.

〈Coronavirus: China's first confirmed Covid-19 case traced back to November 17〉, 《South China Morning Post》, Mar. 13, 2020.

〈Doctor Who exposed SARS cover-up is under house arrest in China, family confirms〉, 《Guardian》, Feb. 9, 2020.

〈Exclusive: Internal Chinese report warns Beijing faces Tiananmen-like global backlash over virus〉, 《Reuters》, May 4, 2020.

〈Shuping Wang, Who helped expose China's rural AIDS crisis, dies at 59〉, 《New York Times》, Sept. 30, 2019.

〈Xi Jinping visits Wuhan for first time since coronavirus outbreak began〉, 《Guardian》, Mar. 10, 2020.

鄧聿文, 〈疫情大考: 習近平的生死戰?〉, 《NYT中文網》, 2020. 3. 5.

〈肺炎疫情: '發哨人'引發反審查戰, 中國人用創意接力反擊〉, 《BBC中文網》, 2020. 3. 11.

〈肺炎疫情: 模糊不清的"零號病人"與病毒來源爭議〉, 《BBC中文網》, 2020. 2. 18.

〈肺炎疫情: 中國學生集體在線上課, 老師因'違規'被屛蔽〉, 《BBC中文網》, 2020. 3. 5.

〈新冠疫情全球蔓延 新華社轉發'世界應該感謝中國'文章引爭議〉, 《BBC中文網》, 2020. 3. 9.

〈新冠疫情: 遭中國社交媒體屛蔽的數百個關鍵詞〉, 《BBC中文網》, 2020. 3. 6.

〈中國嚴整網絡信息生態: 北京加强審查和控制的時機和反響〉, 《BBC中文網》, 2020. 3. 2.

한국 미디어

〈"시진핑에 감사" 제안했다가 뭇매 맞은 우한시 당서기〉, 《한겨레》, 2020. 3. 10.
〈시진핑 방문 이틀날, 쓰레기차로 식량 공급받은 우한 주민〉, 《중앙일보》, 2020. 3. 12.
〈시진핑, 택시 타고 민생 잠행 기사는 오보〉, 《국민일보》, 2013. 4. 18.
〈CIA, "시진핑, 2027년까지 대만 침공 준비 지시"〉, 《동아일보》, 2022. 10. 6.
〈중, 시위자 대대적 검거 나서 … 휴대폰 소셜미디어 등 추적〉, 《연합뉴스》, 2022. 11. 30.
〈"中, 2027년까지 대만 침공 태세 갖출 것": 美 의회조사국 '대만안보' 보고서〉, 《동아일보》, 2023. 2. 22.
〈중국 기자들 '시진핑 사상' 시험 본다 … 불합격하면 자격 박탈〉, 《조선일보》, 2019. 10. 25.
〈중국, 당대회 앞두고 일부 인터넷 가상사설망도 차단〉, 《연합뉴스》, 2022. 10. 7.
〈중국, 신종코로나 '사람간 전염' 한 달 뒤에야 공개〉, 《연합뉴스》, 2020. 1. 31.
〈특파원코너: 중국몽〉, 《국민일보》, 2013. 1. 9.

《百度百科》
〈闢謠聯盟〉(검색일: 2022. 8. 9.)
〈四個自信〉(검색일: 2022. 7. 12.)
〈網絡水軍〉(검색일: 2022. 8. 10.)
〈網絡信息內容生態治理規定〉(검색일: 2022. 7. 15.)
〈小粉紅〉(검색일: 2022. 8. 10.)
〈新時代愛國主義教育實施綱要〉(검색일: 2022. 7. 8.)
〈學習强國〉(검색일: 2022. 7. 12.)
〈中國共産主義靑年團〉(검색일: 2022. 7. 6.)
〈中華人民共和國網絡安全法〉(검색일: 2022. 7. 1.)

《Youtube》
Allison, Graham, 〈Is war between China and the US inevitable?〉, Nov. 21, 2018.

陳秋實,〈我和武漢人民共同進退〉, 2020. 2. 7.

方斌,〈方斌2月7日〉, 2020. 2. 7.

李澤華,〈我是李澤華Kcriss, 這是2月26日至今關於我的一些情況〉, 2020. 4. 22.

〈三位中國公民記者"人間蒸發"〉,《VOA》, 2020. 3. 7.

〈雙黃連口服液有豫防新型冠狀病毒的作用嗎?〉,《中國醫藥信息查詢平臺》,
　　2020. 2. 1.

〈武漢疫情記錄者張展:"我無法後退, 因爲這個國家不能後退"〉,《BBC News 中
　　文》, 2020. 12. 29.

〈張展在法庭上設: "公民有言論自由的權利, 你們沒有權力來審判我"〉,《VOA》,
　　2020. 12. 30.

《Wikipedia》

〈American Dream〉, Feb. 19, 2023.

〈Internet censorship in China〉, Feb. 28, 2023.

〈Jiang Yanyong〉, Aug. 20, 2022.

WHO,〈Investigations into the origin of COVID-19〉, Mar. 2, 2023.

찾아보기 (용어)

찾아보기 (인명)

찾아보기 (매체명)

지은이 소개

정원교

중국 미디어 분야 연구자.
뉴미디어와 중국 사회의 변화에 주목하고 있다.
뉴미디어 커뮤니케이션, 인터넷 여론 등이 주요 관심 분야.
이와 관련한 연구와 집필 활동을 계속하려고 한다.

《연합뉴스》기자(수습 4기)로 언론계에 입문했다.
《국민일보》에서 베이징특파원, 논설위원 등을 지내고 정년을 맞았다.
그 뒤 《아주경제》중문판 총편집(편집국장)으로 일했다.
성균관대에 이어 경희대에서 강의하고 있다.

성균관대 무역학과를 거쳐 대만대 경제연구소에서 공부했다.
중국런민대에서 언론학 박사 학위를 받았다.
학위 논문은 〈뉴미디어가 정치 참여에 미치는 영향〉이었다.

《교수신문》에 중국 미디어 관련 칼럼을 2020년 1년 동안 기고했다.
《관훈저널》2020년 여름호에 특별기고 〈중국 언론, 코로나19 왜
조기경보 못 울렸나〉를 발표했다.
계간 《한중저널》편집위원을 맡고 있다.